# SCHREIB DICH REICH

RENEE ROSE

Übersetzt von
STEPHANIE WALTERS

Copyright © 2022 Write to Riches und 2023 Schreib dich reich von Renee Rose und Renee Rose Romance

Alle Rechte vorbehalten. Dieses Exemplar ist NUR für den Erstkäufer dieses Buchs bestimmt. Kein Teil dieses Buchs darf ohne vorherige schriftliche Erlaubnis der Autorin in elektronischer oder gedruckter Form vervielfältigt, gescannt oder verbreitet werden. Bitte beteiligen Sie sich nicht an Piraterie urheberrechtlich geschützter Werk oder unterstützen diese, was eine Verletzung der Autor*innenrechte darstellt. Kaufen Sie nur autorisierte Ausgaben.

Veröffentlicht in den Vereinigten Staaten von Amerika

Wilrose Dream Ventures LLC

Umschlagbild von Jade Beall Photography

Umschlaggestaltung von Kasmit Covers

 Erstellt mit Vellum

## INHALT

| | |
|---|---|
| Kapitel 1 | 1 |
| Schritt 1: Fertig machen zum Gefecht | 15 |
| Kapitel 2 | 17 |
| Freies Schreiben: Erforsche dein Genie | 31 |
| Kapitel 3 | 35 |
| Fallstudie: Molly O'Hare – Auf die Liste kommen | 51 |
| Kapitel 4 | 57 |
| Fallstudie: Felicity Brandon – Gesehen werden | 99 |
| Freies Schreiben: Erforsche dein Genie | 103 |
| Kapitel 5 | 105 |
| Fallstudie: Alta Hensley – Aus der Schublade ausbrechen | 109 |
| Freies Schreiben: Erforsche deine Intuition | 113 |
| Schritt 2: Das Feuer schüren | 115 |
| Kapitel 6 | 117 |
| Freies Schreiben: Erforsche deine Intuition | 121 |
| Heimspiel | 125 |
| Fallstudie: Alicia Rades – Gesetz der Annahme | 133 |
| Freies Schreiben: Erforsche dein Genie | 137 |
| Kapitel 7 | 139 |
| Sorge dich nicht um das „Wie" | 147 |
| Fallstudie: Tess Thompson – Klare Intentionen | 151 |
| Schritt 3: Liebe deine Bücher | 155 |
| Kapitel 8 | 157 |
| Meditation: Liebe deine Bücher | 161 |
| Fallstudie: Leigh James – Empfangen und auf die USA-Today-Bestsellerliste kommen | 163 |
| Kapitel 9 | 167 |

| | |
|---|---|
| Fallstudie: Mary E. Thompson – Das eigene Buch lieben | 175 |
| Freies Schreiben: Erforsche deine Intuition | 179 |
| Schritt 4: Vertraue deinem Bauchgefühl | 181 |
| Kapitel 10 | 183 |
| Freies Schreiben: Erforsche dein Genie | 201 |
| Kapitel 11 | 203 |
| Heimspiel: Intuitive Einladungen | 213 |
| Schritt 5: Lebe es jetzt | 217 |
| Kapitel 12 | 219 |
| Meditation: Geld anziehen und empfangen | 227 |
| Fallstudie: Mia Brody – Wie man Vollzeitautor*in wird | 229 |
| Kapitel 13 | 233 |
| Heimspiel: Upgrades | 245 |
| Freies Schreiben: Erforsche dein Genie | 259 |
| Kapitel 14 | 261 |
| Heimspiel: Schreibe deine Geschichte neu | 269 |
| Meditation: Hot Tub Timemachine – Zeitmaschine im Whirlpool | 271 |
| Freies Schreiben: Erforsche dein Genie | 273 |
| Schritt 6: Let It Be – Lass los | 275 |
| Kapitel 15 | 277 |
| Fallstudie: Maggie Dallen – Weniger tun, um mehr zu empfangen | 281 |
| Kapitel 16 | 287 |
| Freies Schreiben: Erforsche dein Genie | 291 |
| Kapitel 17 | 293 |
| Freies Schreiben: Erforsche dein Genie | 299 |
| Schritt 7: Stehe für dich selbst ein | 301 |
| Kapitel 18 | 303 |
| Fallstudie: Rebecca Hefner / Ayla Asher – Es regnet BookBubs! | 317 |
| Kapitel 19 | 321 |
| Heimspiel | 325 |
| Kapitel 20 | 329 |
| Überfluss-Meditation: Energieausrichtung | 339 |
| Freies Schreiben: Erforsche dein Genie | 341 |
| Kapitel 21 | 343 |

| | |
|---|---|
| Heimspiel | 353 |
| Kapitel 22 | 355 |
| Heimspiel | 359 |
| Freies Schreiben: Erforsche dein Genie | 363 |
| Kapitel 23 | 365 |
| Kinder sind hervorragende Teammitglieder, um Überfluss anzuziehen! | 379 |
| Freies Schreiben: Erforsche dein Genie | 381 |
| Kapitel 24 | 383 |
| Mit Rückschlägen umgehen | 387 |
| Kapitel 25 | 389 |
| Fallstudie: Jennifer Owenby – Schneller schreiben | 397 |
| Kapitel 26 | 399 |
| Überflussmeditation: Rezensionen anziehen | 405 |
| Kapitel 27 | 407 |
| Fallstudie: A.L. Jackson – Höhen und Tiefen | 413 |
| Deine Zeit ist jetzt! | 417 |
| Kapitel 28 | 419 |
| | |
| *Bücher, die meine Welt verändert haben* | 423 |
| *Danksagungen* | 425 |
| *Über Renee Rose* | 427 |

*Für Lee Savino, die vom ersten Tag an, als wir uns kennenlernten, meine Komplizin auf dieser Reise zum Überfluss war, und unendlich verständnisvoll reagierte, als ich ihr die Idee für das Buch als Co-Autorin vorschlug, dann aber die Richtung änderte und entschied, ich würde es doch lieber allein schreiben. Ich liebe dich!*

# 1

## EINLEITUNG

*Ka-ching!*

Im Dezember 2020, acht Jahre, nachdem ich meinen ersten Liebesroman veröffentlicht und meine Karriere als Autorin begonnen hatte, hörte ich endlich dieses *Ka-ching*-Geräusch auf BookReport, das mein erstes, offizielles siebenstelliges Jahr als Autorin verkündete. Ich hatte meine erste Million in Tantiemen verdient – ein Traum war wahr geworden.

Mein „schlagartiger" Erfolg war endlich eingetreten. Dieses Ziel hatte auf meinem Vision-Board gestanden, seit ich dieses erste Buch veröffentlicht hatte, und ich hatte endlich das Gefühl, nach langer, rauer Überfahrt im sprichwörtlichen Hafen angekommen zu sein. Um den Erfolg zu feiern, kaufte ich mir eine Gourmet-Torte, machte eine Flasche Wein auf und zündete Wunderkerzen an, während ich mit meinen Kindern in der Küche herumtanzte, ganz aufgekratzt von dem Gefühl, etwas Großes geleistet zu haben.

Mein System hatte sich endlich ausgezahlt. Ich hatte die nötigen Schritte befolgt und immer höhere Rendite aus der

Investition herausgeholt, mein Mindset geändert zu haben. Und jetzt werde ich diese sieben praktischen Schritte mit dir teilen.

Ich will damit beginnen, dir zu sagen, dass du großartig bist.

Du bist bereits ein Erfolg. Du hast ein Buch geschrieben! Vielleicht sogar einen ganzen Katalog von Büchern. Das ist mehr, als die meisten Menschen zu träumen wagen.

Aber ich verstehe schon – du willst alles haben. Du willst Autor*in sein, der oder die sechs- oder siebenstellig (oder achtstellig!) verdient. Du willst das neue Auto kaufen, du willst deine Kinder aufs College schicken und deiner/deinem Ehepartner*in ermöglichen, nicht mehr arbeiten zu müssen. Du willst eine riesige Fangemeinde – begeisterte Leser*innen, die ungeduldig auf dein nächstes Buch warten. Die sich bei der nächsten Buchmesse anstellen, um sich an deinem Tisch ein Autogramm zu holen. Und wenn du so bist wie ich, dann willst du deine Romane auf der großen Leinwand oder im Fernsehen sehen.

Du willst das volle Programm.

Ich auch!

Und warum solltest du das nicht bekommen?

Die Chancen stehen gut, dass ich mich schon an genau der gleichen Stelle befunden habe, an der du jetzt stehst. Du bist Autor*in. Vielleicht hast du bereits ein Buch geschrieben oder vielleicht hast du auch schon hundert Bücher geschrieben und du hast noch immer große Träume, aber trotz allem, was du bereits unternommen hast, sind diese Träume noch immer nicht in Erfüllung gegangen. Du weißt, was möglich ist. Du hast den kometenhaften Erfolg von *Fifty Shades of Grey* verfolgt, ebenso wie die etwas moderateren Erfolge befreundeter Autor*innen und Kolleg*innen.

Vielleicht hast du ja sogar selbst schon vom Erfolg gekostet, aber dann stagnierte er wieder. Ganz egal, ob du als Autor*in drei-, vier-, fünf- oder sechsstellig verdient hast, du willst mehr. Du spielst das fiese Vergleichsspiel und manchmal lässt dich das frustriert und demotiviert zurück.

Du machst alles, was von dir erwartet wird, um in diesem Beruf erfolgreich zu sein.

Du arbeitest hart. Du mühst dich ab. Du sitzt jeden Tag an deinem Schreibtisch und tippst die Worte. Du bemühst Social Media auf jede nur erdenkliche Art und Weise. Du knüpfst Kontakte, betreibst Marketing und Werbung. Aber obwohl du unablässig Kohlen ins Feuer schaufelst, um den Traum weiter anzufeuern, läuft dein Schiff einfach nicht im Hafen ein. Oder vielleicht ist es auch schon angekommen, aber du willst mehr.

Dieses Buch ist für dich.

Autorpreneur*in zu sein, ist harte Arbeit. Es ist eine einsame Karriere und wir fühlen uns oft allein. Es herrscht eine deutliche Atmosphäre des Wettbewerbs um das, was einem wie eine nur sehr begrenzte Anzahl Plätze an der Sonne vorkommen mag. Selbstkritische Gedanken können in uns aufsteigen. Hochstapler-Syndrom. Angst, dass die eigenen Bücher nicht gut genug sind oder man nicht weiß, wie man sie ordentlich verkaufen soll. Es ist nicht schwer, das Gefühl zu bekommen, als ob man das Rätsel knacken könnte, wenn man nur ein einziges fehlendes Puzzleteil zur Verfügung hätte.

Du bist nicht allein, wenn du aus einem Gefühl des Hungers und einem Streben, das von Verzweiflung zeugt, heraus agierst, ebenso wie aus permanenter Versagensangst. Du beobachtest, wie andere Autor*innen eine bestimmte Marke auf Amazon knacken oder auf der *USA Today*/*Spiegel*-Bestsellerliste landen, und fragst dich:

„Warum nicht ich?", oder du denkst: „Das werde ich nie schaffen."

Du hörst, wie die anderen es geschafft haben, und sagst: „Sie hatten Glück. Sie hatten schon einen Fuß in der Tür, bevor der E-Buch- / Audiobuch- / Facebook-Anzeigenboom losgegangen ist." Oder du denkst: „Diese Methode wird für mich nicht funktionieren."

Künstler*in zu sein – welcher Art auch immer –, kann schmerzhaft sein. Deine Bücher sind deine Babys und du willst, dass sie Erfolg haben. Vielleicht hast du deine Träume mit einem Zeitlimit versehen. „Wenn ich nicht bis zum Ende des Jahres mit den Büchern meine Rechnungen bezahlen kann, höre ich mit Schreiben auf."

Bitte höre nicht mit dem Schreiben auf. Ich stehe hinter dir.

Die *Schreib-dich-reich*-Methode nimmt dem Autor*innendasein den Schrecken. Wenn du die Schritte in diesem Buch befolgst, wird der Überfluss zu fließen beginnen. Du wirst das Gefühl des Versagens oder das Hochstapler-Syndrom loswerden, ebenso die Geldwunden und die Blockaden, die dem Überfluss im Wege stehen und die dich davon abhalten, jetzt bereits die Autor*innenkarriere zu haben, die du haben willst. Du wirst deine Kraft als Künstler*in finden, Vertrauen in deine Bücher gewinnen und wissen, wie du sie promoten kannst.

KURZ GESAGT, du wirst lernen, was ich gemacht habe. Schritt für Schritt, von einem Mindestlohn-Job hin zur Autorin, die Millionen verdient – und wie auch du genau das erreichen kannst.

. . .

WILLST DU:

- Begeisterte Fans gewinnen
  - Dabei zusehen, wie deine Bücher virale Hits werden
  - Auf den Bestsellerlisten stehen
  - Inspiriert sein und deine Bücher und deinen Arbeitsprozess lieben
  - Mit deinen Büchern mehr Wohlstand generieren, als du dir jemals vorgestellt hast?

BEVOR ICH ANGEFANGEN HABE, den Überfluss zu spüren, habe ich immer wieder kurze Momente des Erfolgs erlebt, aber ich konnte einfach keine beständigen Ergebnisse erzielen. Ich bin dem Erfolg von einem Standpunkt des Mangels aus nachgejagt. Wenn du auch nur im Geringsten an das Gesetz der Anziehung glaubst oder an das Gesetz der Annahme, dann weißt du, dass deine Gedanken deine Realität erschaffen. Mein verzweifeltes Jagen nach Erfolg (und meine Angst, ich würde dennoch versagen) gingen mit meiner Erfolglosigkeit und der mich plagenden Vorstellung, ich wäre nicht gut genug, Hand in Hand.

Die Antwort auf dieses Dilemma ist: Härter arbeiten.
*Scherz!*
Aber das war es, was ich geglaubt habe. Das war es, was mir von meiner schwer arbeitenden Mom, die auf einer Farm aufgewachsen war, eingebläut worden war, zusammen mit dem Glauben, ich wäre nicht gut genug, und nur Bescheidenheit, gute Taten und Sparsamkeit würden mich gut genug machen (alles Energien, die zu beseitigen ich mich richtig anstrengen musste, um endlich Überfluss zu erfahren).

Nein. Die Antwort liegt in einem Mindset des Überflusses, was mehr bedeutet, als sich in Dankbarkeit zu üben oder es mit dem Positivitätsansatz des liebenswerten Ted Lasso zu versuchen. (Aber im Ernst, ich liebe diese Serie von ganzem Herzen.)

Ich sage auch nicht, dass Dankbarkeit und Positivität nicht funktionieren oder nicht ein Teil des Ganzen sind, aber wenn man dieses Mindset nicht spürt, dann kann es einem schnell aufgesetzt und falsch vorkommen. Als ob man Affirmationen herunterleiert, an die man nicht glaubt. Dieses Buch wird zum Kern deiner Probleme vordringen und dir die Kraft geben, sie zu lösen, sich dein eigenes Genie zunutze zu machen und dein neues Leben jetzt sofort zu beginnen.

Die *Schreib-dich-reich*-Methode ist ein Prozess von sieben Schritten, um Überfluss zu generieren. Und sie funktioniert nicht nur für Autor*innen. Dieser Prozess kann für jedes Problem in deinem Leben angewandt werden, aber da ich nun einmal Autorin bin, habe ich ihn auch dafür eingesetzt.

Die *Schreib-dich-reich*-Methode wird dir dabei helfen, dein Mindset zu verändern, deine Energie und deinen Überfluss auf den Empfangen-Modus umzuprogrammieren und wieder Freude am Schreiben zu finden.

Die Methode ist eine vertiefte Übung für alle Facetten, die eine Rolle dabei spielen, deine Traumkarriere zu manifestieren, angefangen damit, limitierende Glaubenssätze über Bord zu schmeißen und dir über deine Intentionen klar zu werden, und damit endend, Vertrauen zu finden und Überfluss zu gewinnen.

Spoiler-Warnung: Ich habe keine Antworten für dich.

Du hast die Antworten. Du weißt bereits alles, was du wissen musst. Und sollte das einmal nicht der Fall sein, dann kannst du die Antworten ganz einfach finden, wenn du sie brauchst.

Du wirst nicht meinen Weg zum Erfolg kopieren, denn wir besitzen jeder unser ganz eigenes Genie, unseren eigenen Weg. Ein Teil der *Schreib-dich-reich*-Methode wird dir beibringen, dein eigenes Wissen anzuzapfen, deine eigene Intuition oder dein Bewusstsein zu nutzen, um deine strahlende Zukunft zu verwirklichen.

Dieses Buch ist nicht dazu da, um zu erklären, wie ich es geschafft habe, als Autorin siebenstellige Summen zu verdienen, abgesehen von dem Aspekt des Mindsets. Die Schritte, die ich unternommen habe, werden nicht die Schritte sei, die du unternehmen wirst, um deinen Erfolg zu erreichen. Überfluss wird für dich nicht auf die gleiche Art und Weise passieren – oder vielleicht ja doch. Ich werde nicht die neusten Tipps und Tricks der Branche mit dir teilen – wie man bessere TikTok-Videos produziert oder sein BookBub-Profil optimiert, denn egal, ob du schon längst Profi in diesen Dingen bist oder noch nie davon gehört hast, du solltest wissen, dass das, was heute für mich funktioniert, in drei Monaten schon wieder nicht mehr funktionieren kann (oder wann immer du dieses Buch in die Hand nimmst). Stattdessen ist dieses Buch mit dem Ziel geschrieben, dir die sieben praktischen Schritte beizubringen, mit denen du in deiner Autor*innenkarriere Überfluss anziehen und deine Träume manifestieren kannst.

Es gibt bereits jede Menge Bücher zu diesem Thema, die einen weitaus wissenschaftlicheren oder psychologischeren Ansatz bieten, inklusive Studien, die diese Theorien unterstützen. Ich bin keine Wissenschaftlerin: Ich bin Kreativschaffende. Ich höre auf mein Bauchgefühl, wenn ich schreibe und meine Bücher vermarkte. Meine Sprache ist Energie – das ist es, womit ich mein Business, meine Bücher und meine Zukunft erschaffen habe. Trotzdem, das ist nicht alles Eso-Kram. Dieses Buch enthält eine Vielzahl an praktischen Hilfsmitteln, die du, als Autor*in, anwenden kannst, einschließlich Übungen, um dir dabei zu helfen, deine eigene Intuition anzuzapfen und die Zukunft zu erschaffen, von der du immer geträumt hast.

Es ist ein Arbeits- und Spielbuch. Ich schlage vor, das Buch immer wieder in die Hand zu nehmen – jedes Mal, wenn du bereit bist, deine Karriere auf das nächste Level zu bringen.

Ich verfüge über eine Menge Ressourcen, um dir bei deinem Fortschritt durch *Schreib dich reich* zu helfen. Wenn du der Author-Abundance-Facebookgruppe beitrittst und die Erkenntnisse teilst, die du bei der Arbeit mit diesem Buch hast, würde mich das wahnsinnig freuen. Es ist eine wundervolle, unterstützende Gruppe von Autor*innen, die deine Erfolge mit dir feiern werden, während du dich für den Überfluss öffnest. Außerdem sind in diesem Buch einige Meditationen als Bonus angefügt, und um weiterführende Unterstützung zu bekommen oder schnellere Veränderung zu erwirken, kannst du dich in der Author-Abundance-Mitgliedercommunity anmelden, in der es monatliche Videoanrufe gibt, um Fragen zu beantworten, Energien zu reinigen und dir Unterstützung zu bieten. Mit deiner Mitgliedschaft erhältst du dort zudem Zugriff auf eine ganze Bibliothek von Meditationen.

**Mein Hintergrund**

Vor über zwanzig Jahren, lange bevor der Film *The Secret – Traue dich zu träumen* herauskam und uns beibrachte, dass unsere Intentionen und Gedanken unsere Realität erschaffen, hatte ich eine Nachbarin, die den interessanten

Glauben vertrat, dass, wenn man die Sache, die man sich wünschte, einfach dem Universum[1] „anvertraute", das Universum auch antworten würde.

So einfach.

Nachdem ich gesehen hatte, wie sie innerhalb kurzer Zeit regelrechte Wunder in ihrem Leben bewirkt hatte, folgte ich dem Beispiel meiner Nachbarin. Ich „vertraute" dem Universum an, dass ich gerne ein Haus hätte, auch wenn ich derzeit nur Mindestlohn verdiente, keine Ersparnisse hatte und in den letzten zwei Jahren fünfmal umgezogen war – etwas, wovon ich leider feststellen musste, dass es bei einem Hypothekenantrag gar nicht gut ankam. Außerdem „vertraute" ich ihm an, dass ich gerne einen Job hätte, bei dem ich meinen Collegeabschluss in Englisch und Kreativem Schreiben tatsächlich auch benutzen könnte, bei dem ich aber dennoch flexible Arbeitszeiten hätte, die mir erlauben würden, weiterhin als professionelle Tänzerin zu arbeiten, damit ich endlich den Teilzeitjob als Sekretärin aufgeben konnte, der mir immerhin die nötige Flexibilität für die Tanzproben ermöglichte.

Innerhalb von drei Wochen fragte mich mein Dad völlig unvermittelt und ohne von meinen Intentionen zu wissen, ob ich Interesse an seiner Hilfe hätte, in ein – richtig geraten – Haus zu investieren. Ein paar Wochen später erzählte mir eine Freundin in der Tanzkompanie, dass eine Stelle für eine technische Redakteurin in einem Ingenieursbüro freigeworden wäre, und ob du es glaubst oder nicht, in einer Zeit lange vor flexibler Arbeitszeiteinteilung waren sie gewillt, mich nur 30 Stunden in der Woche arbeiten zu lassen, damit ich meinen Probenplan wahrnehmen konnte. Der Job bedeutete außerdem eine Gehaltserhöhung und tolle Zusatzleistungen.

*Bäm.*

Ich war für alle Ewigkeit angefixt vom Manifestieren.

Jahre später, nachdem mir eine Freundin einen Roman von Jennifer Crusie geschenkt hatte, verliebte ich mich in Liebesromane. In meinen Kursen für kreatives Schreiben hatten wir gelernt, dass nur Belletristik es wert sei, gelesen und geschrieben zu werden, also schaute ich folglich auf jegliche Genreliteratur herab. Aber die Happy Ends von Liebesromanen sprachen mir aus meinem Gesetz-der-Anziehung-liebenden Herzen. Warum sollte man die „Das Leben ist schrecklich, aber wenigstens habe ich etwas gelernt"-Sorte Literatur lesen, wenn man auch etwas lesen konnte, was sich gut anfühlte? Hatte ich nicht viel mehr Lust auf gute Vibes als auf die traurigen?

Ich fing also an, Liebesromane zu lesen, und verbrachte ein Jahr damit, eine episch lange Mittelalterromanze zu schreiben, die niemals das Licht des Tages erblickte. Aber das Universum stand hinter mir. Eine andere Freundin erwähnte dieses Phänomen namens *Fifty Shades of Grey*, das die Literaturwelt veränderte, und ich hörte förmlich Engelschöre das Signal zum Angriff blasen. Perverse Machtdynamiken in Liebesromanen waren *genau mein Ding*. Als ich begriff, dass es einen Markt für so etwas gibt, setzte ich mich hin und schrieb innerhalb von sechs Tagen eine Geschichte von 250.000 Wörtern, die ich an einen Nischenverlag für Fetische schickte. Wie es das Glück (oder Quantenverschränkungen) wollte, hatten sie dort einen neuen Lektor eingestellt und mein Buch war das erste, das auf seinem Schreibtisch landete. Zwei Wochen später wurde das Buch veröffentlicht, und weil es 2012 war und E-Bücher noch in den Kinderschuhen steckten, wurde das kleine Buch bei Amazon eingestellt und verkaufte sich. Mein erster Scheck betrug 4.800 Dollar – genug, um die Finanzierung für mein Haus zu bezahlen.

Es fühlte sich an wie eine Botschaft des Universums. Ich hatte meine Berufung gefunden. Ich konnte meinen Collegeabschluss benutzen – und meine Fantasie –, um meinen Lebensunterhalt zu verdienen.

Natürlich lief danach nicht alles ähnlich reibungslos. Wie du sicher weißt, wird sich das, was momentan in dieser Branche funktioniert, in drei Monaten schon wieder verändert haben. Meine nächsten Bücher waren eher mäßig erfolgreich, aber ich machte einfach weiter. Es verstrichen ein paar Jahren, in denen ich am laufenden Band Bücher produzierte und vierzig- bis fünfzigtausend pro Jahr verdiente, was eine anständige Summe war, wenn man bedenkt, dass neunzig Prozent aller Autor*innen niemals fünfstellige Summen pro Jahr verdienen. Aber ich hatte noch viel größere Träume.

Und ich hatte meine Mühe. Zweifel. Neuerfindungen. Ich blieb hartnäckig.

Ich lernte, den Trends zu folgen und für den Markt zu schreiben. 2017 versuchte ich es mit der Rapid-Release-Methode auf Kindle Unlimited – dem unmittelbaren Veröffentlichen mehrerer bereits geschriebener Bücher hintereinander – und steigerte mein Einkommen von fünfzigtausend pro Jahr auf zweihundertfünfzigtausend Dollar.

Meine Backlist wuchs an, ebenso wie mein Einkommen. Mithilfe von Facebook-Anzeigen konnte ich dieses Einkommen im folgenden Jahr noch verdoppeln, aber dann, als jede*r andere Autor*in ebenfalls lernte, wie man Facebook-Anzeigen einsetzte, stagnierten meine Verkäufe wieder, stiegen von einer halben Million Dollar im Jahr 2018 auf sechshundertfünfzigtausend Dollar im Jahr 2019, während ich allerdings viel höhere Werbeausgaben hatte.

2020 schließlich stellte ich mich breiter auf und veröffentlichte Übersetzungen meiner Bücher auf Deutsch, Französisch, Italienisch und Spanisch, die mich zu meinem siebenstelligen Ziel brachten – von dem ich von Anfang an geträumt hatte. Das Ziel, das mir damals wie ein Luftschloss vorgekommen war. Im nächsten Jahr verdoppelte ich diese Summe erneut, als die Backlist meiner Übersetzungen anwuchs.

Habe ich mir den Arsch abgearbeitet?

Ja.

Man könnte sagen, dass ich es dank Durchhaltevermögen und harter Arbeit geschafft habe, aber das ist ein Mindset, das zu durchbrechen ich mich permanent bemühe (denn was, wenn wir all unsere Träume auch mit absoluter Leichtigkeit erreichen könnten?). Sicherlich, ich musste mich jahrelang auf den Hosenboden setzen. Ich habe hart gearbeitet, habe jede Menge Bücher geschrieben und in Marketing investiert. Ich habe sämtliche Ratgeber studiert.

Aber ich führe meinen Erfolg nicht auf die Rapid-Releases, das Schreiben für den Markt, Facebook-Anzeigen oder dem Hinterherjagen von Trends zurück, auch wenn diese Dinge wesentlich waren. Ich führe meinen Erfolg darauf zurück, meine Geldwunden geheilt zu haben, den Überfluss herbeigerufen zu haben, auf mein Bauchgefühl gehört und mich dafür geöffnet zu haben, zu empfangen. Ich verdanke meinen Erfolg der Macht der Intention und der Manifestation. Der Tatsache, dass ich jeden Morgen meinen Kaffee aus meiner Millionärsautorin-Tasse trinke und negative Selbstgespräche unterbinde. Dass ich Selbstverurteilung und limitierende Glaubenssätze loslasse und meine Stärken anerkenne. Dass ich an dem unumstößlichen Glauben festgehalten habe, eines Tages Millionärsautorin zu sein. Ich habe die *Schreib-dich-reich*-Methode eingesetzt, um Chancen zu erkennen und das Vertrauen in mich zu haben, entscheiden zu können, was für mich funktioniert und was nicht. Im Prinzip all die Schritte, die ich dir in diesem Buch beibringen werde.

Also, schnappe dir einen Stift, koche dir einen Kaffee oder einen Tee, suche dir einen bequemen Sessel und los geht's!

---

[1] **Eine Anmerkung zu Begriffen:** In diesem Buch beschreibe ich mit „Universum" eine kosmische Macht, die wir um Dinge bitten und von der wir sie erhalten können. Es ist ein Begriff, der für mich funktioniert, aber bitte ersetze ihn mit dem, was für dich stimmig ist – dein Unterbewusstsein, dein höheres Ich, Gott, das Große Ganze, Quantenverschränkungen oder was auch immer. Wie mit allem anderen in diesem Buch, nimm dir die Werkzeuge und Hilfsmittel, die für dich funktionieren, und lasse den Rest einfach liegen.

# SCHRITT 1: FERTIG MACHEN ZUM GEFECHT

## 2

## NIMM DEINE GELDWUNDEN IN ANGRIFF UND LASS LIMITIERENDE GLAUBENSSÄTZE LOS

Der erste Schritt, um irgendetwas zu manifestieren, ist, limitierende Glaubenssätze loszulassen und Wunden zu heilen. Man kann nicht die Zukunft erschaffen, die man sich wünscht, wenn man nicht glaubt, dass man sie verdient hat oder sie überhaupt möglich ist.

Ich schätze, wenn du dieses Buch gekauft hast, dann bist du bereits auf den Zug des Gesetzes der Anziehung aufgesprungen. Wenn nicht, dann reicht es zu wissen, dass die Prämisse des Gesetzes ist, dass wir mit unseren Gedanken unsere Realität erschaffen. Die Energie, in der wir leben, ist die Energie, die wir anziehen. Wenn man seine Zeit damit verbringt, über die Nachteile in der eigenen Karriere nachzudenken, darüber zu sprechen und die Energie dorthin zu lenken – zum Ausbleiben der Tantiemen, dem Ausbleiben von Leser*innen, dem Ausbleiben von guten Rezensionen, dem Ausbleiben von was auch immer –, dann ist das auch alles, was passieren wird.

Der erste Schritt, um den Schmerz in der Karriere als Autor*in zu heilen, ist, all die Gedanken zu identifizieren, anzusprechen und aufzulösen, die derzeit deine Realität bestimmen. An der Oberfläche glaubst du vielleicht, dass du solche Gedanken nicht hast – oder nur ein paar große, offensichtliche –, aber die Wahrheit ist, selbst wenn du bereits dein Traumleben lebst, gibt es immer noch mehr, was sich lösen ließe. Es ist ein fortlaufender Prozess, wie das Schälen einer Zwiebel.

Wir tendieren dazu, uns unglaublich klein zu machen. Wir haben Millionen limitierender Glaubenssätzen, die uns jeden Tag aufhalten. Die meisten davon sind wie diese Programme, die im Hintergrund auf einem Computer laufen. Wir bemerken sie nicht einmal, aber wir agieren basierend darauf, als ob sie Wahrheiten wären anstatt Lügen, die wir erfunden haben, um niemals Großes zu erreichen.

Dieses Zeug sitzt in deinem Energiefeld fest und zieht dich runter. Und es wird zu einem Feld des negativen Einflusses. Das bist nicht du, aber vielleicht fühlt es sich so an. Das wahre Du – dein innerster Kern, dein unendliches Ich – funktioniert nicht durch Schmerzen oder Limitationen.

Du kannst erreichen, was du willst. Bestseller, eine Vollzeitkarriere als Autor*in, Millionen von Leser*innen weltweit, die deine Bücher leidenschaftlich lieben. Das Einzige, was dich davon abhält, diese Zukunft zu erschaffen, bist du selbst. Oder genauer gesagt, deine limitierenden Glaubenssätze.

Die Wahrheit ist, alles, was du willst, steht dir auch zur Verfügung. Ja, das schließt auch Geld mit ein. Der Grund, warum du nicht hast, was du willst, ist der, dass du es fortstößt. Ich war auch an diesem Punkt. Wir stoßen Geld fort, weil wir Geld auf irgendeinem Level als falsch oder als Bedrohung begreifen, vielleicht sogar als schlecht, kompliziert, als zu fremd für die Person, die wir sind, nicht unsere Wahrheit, ein Agent des Wandels – oder weil wir es einfach nicht wert und „nicht genug" sind.

*Was, wenn die Leute mein Buch nicht mögen? Was, wenn ich nur Kritik bekomme? Was, wenn sie mich einen Stümper nennen? Vielleicht bin ich gar kein*e richtige*r Autor*in? Vielleicht bin ich ein*e Hochstapler*in?*

Kommt dir das bekannt vor? Die Zweifel müssen noch nicht einmal so offensichtlich sein. Sogar wenn du diese Gedanken nicht bewusst denkst, ist ihre unterschwellige Energie da.

Wir erzählen uns selbst alle möglichen Geschichten, die unsere Chance auf Erfolg vernichten. Dinge wie: „Ich bin nicht so gut wie _____ (füge hier deine*n Lieblingsschriftsteller*in ein) und werde es nie sein."

„Diese Veröffentlichung wird nicht so gut laufen wie die letzte. Vielleicht mögen die Leser*innen _____ nicht mehr."

Oder hast du schon mal gehört, wie jemand gesagt hat: „Ich habe versucht, einen Newsletter zu schreiben, aber das hat für mich nicht funktioniert", oder: „Ich habe es mit Facebook-Anzeigen versucht, aber die funktionieren für mich nicht"? Wie wäre es mit: „BookBub hasst mich. Die werden mir niemals einen Deal anbieten." Oder das hier: „Ich habe alles versucht, ich weiß nicht, was ich noch tun soll."

Hast du diese Gedanken selbst schon gehabt?

**Der erste Schritt ist es, zu erkennen, was deine Gedanken dir sagen wollen,** wenn du den Mut hast, genau hinzuhören.

. . .

Jedes Mal, wenn du etwas anderes empfindest als leichte, glückliche Gedanken, egal worüber, höre genau hin und frage dich: *Welche Lüge glaube ich?*

Denn unser natürlicher Zustand – der Zustand unseres unendlichen Ichs – ist Freude. Grenzenlosigkeit. Überfluss. Dankbarkeit. Wenn du also weniger als das empfindest, dann bist du einer Lüge aufgesessen.

In diesem Schritt werden wir all die Lügen ausgraben und beseitigen, die du über deinen kreativen Prozess, über das Schreiben und Vermarkten von Büchern und über Geld hegst. Alle Lügen über den Überfluss.

**Das alles zu beseitigen und sich fertig machen zum Gefecht, bevor man loslegt, ist essenziell.**

Bevor ich tatsächlich mit diesem Schritt beginne, will ich etwas gestehen. Als ich angefangen habe, mit dem Gesetz der Anziehung zu arbeiten, habe ich es benutzt, um Ängste oder Gefühle zu ignorieren, die ich nicht mochte. Ich habe versucht, zu ändern, wovor ich mich gefürchtet habe, indem ich diese Ängste weggedrückt habe, sie verhüllt habe, sie unter all den Dingen begraben habe, die ich stattdessen sehen wollte.

Kam ich mir wie eine schlechte Autorin vor, bin ich vor dieser Angst davongerannt und habe ihr einfach eine neue Affirmation in den Weg gestellt. Es gab Dinge in meiner Ehe, die nicht funktioniert haben, aber anstatt mich ihnen zu stellen und sie anzusprechen, habe ich den Kopf in den Sand gesteckt, gehofft und gewünscht und versucht, sie wegzumanifestieren. Ich dachte, ich könnte meinen Ängsten davonrennen.

Natürlich kann man auf diese Weise manifestieren. Manchmal funktioniert das sogar. Beispielsweise konnte ich manifestieren, dass mein Mann mir nach einem Streit Blumen mitbringt, indem ich es visualisiert habe, aber er wollte mir eigentlich gar keine Blumen mitbringen. Keiner von uns beiden war glücklich und das Geschenk, das ich erschaffen hatte, konnte unsere unterschwelligen Probleme auch nicht lösen.

Dieser Prozess, zu versuchen, meine Ängste und Emotionen wegzumanifestieren, führte zu eher durchwachsenen Erfolgen in meinem Autorinnendasein, ebenso wie in meinem Privatleben. Manchmal funktionierte es, zu manifestieren, was ich mir wünschte, aber manchmal auch nicht. Und vor allem gingen die unterschwelligen Ängste – die Sorge, ich wäre nicht genug, ich würde niemals Erfolg haben, ich würde nicht dazu gehören – niemals weg. Der Schmerz war noch immer da. Ich mühte mich noch immer von einer panischen Ich-werde-es-nie-schaffen-Energie ausgehend ab.

Fühlst du dich jemals genauso?

**Beseitigen der innersten Verletzungen**

Wenn du Prosa schreibst, dann bist du vermutlich geübt darin, die innersten Verletzungen deiner Figuren zu identifizieren. Es ist ihr limitierendster Glaubenssatz, der sie davon abhält, das zu bekommen, was sie sich wirklich wünschen. Sobald du diese innerste Verletzung kennst, wird das Schreiben einfach. In Liebesgeschichten ist es dieser Glaube, weswegen die Figuren sich gegen die Liebe sträuben oder sie in ihren dunkelsten Momenten schlichtweg ablehnen. Das Happy End kann erst stattfinden, wenn sie diese Verletzung angesprochen und sie mutig und aktiv überwunden haben.

Wir müssen uns verändern, um unser eigenes Happy End zu finden. Wenn du deine innersten Verletzungen nicht identifizierst, kannst du dich ihnen nicht stellen. Du kannst sie nicht als die Sündenböcke erkennen, wenn dein Mindset dich immer wieder in diesen Abgrund der Verzweiflung abrutschen lässt.

Für mich waren meine innersten Verletzungen der Glaube, nicht genug zu sein, Verlustangst und die Sorge, nicht dazuzugehören. Deshalb schreibe ich Liebesromane über besitzergreifende Männer wie Werwölfe, Alien oder Mafiosi, die wild entschlossen sind und absoluten Anspruch auf ihre Frauen erheben. Die Frau ist immer genug – tatsächlich ist sie alles, was der Mann braucht – und er wird sie nie wieder gehen lassen (*schmacht*!).

Die *USA-Today*-Bestsellerautorin Lyz Kelley war es, die mir dabei geholfen hat, das als eine Stärke meines Schreibens herauszukristallisieren. Sie unterstützt Autor*innen dabei, ihre Slogans anhand ihrer innersten Verletzungen und dem, was sie wollen, zu erschaffen, und hat auch mir dabei geholfen, meinen Slogan zu finden: „Von der Liebe eingefordert."

Aber ich kann nicht darauf warten, dass ein Werwolf auftaucht und seinen Anspruch auf mich erhebt und meine Wunden heilt. Ich muss selbst daran glauben, dass ich genug bin. Ich muss wissen, dass ich für mich selbst einstehen und mich nicht im Stich lassen werde. Ich muss erkennen, dass ich überall da dazugehöre, wo ich dazugehören will. Es gibt einen Platz für mich an der Tafel der Bestsellerautor*innen.

Mir ist bewusst, dass ich die Tendenz habe, mich in der Opferrolle zu sehen (immer noch darauf hoffe, dass ein dominanter Heldentyp hereingestürmt kommt und mich rettet), und einen auf Jammerlappen zu machen. Keine dieser Energien erschafft die Zukunft, die ich mir wünsche. Stattdessen muss ich erkennen, wenn diese Energien an die Oberfläche kommen, und die bewusste Entscheidung treffen, nicht aus ihnen heraus zu agieren, sie aufzuräumen und dann von einer Position der klaren Entscheidung und der Kraft heraus zu agieren.

Wie bereits erwähnt, ist eine tief sitzende Lüge, der ich viel zu oft aufsitze, folgende: „Ich bin nicht genug." Das ist mit der Grund dafür, weshalb ich so hart gearbeitet habe, um meine erste Million zu verdienen. Ich wollte beweisen, beweisen und beweisen, dass ich möglicherweise doch gut genug bin. Und wieder einmal spüre ich den Anflug der Verzweiflung hinter diesem Unterfangen.

Was, wenn ich einfach entscheiden würde, dass ich gut genug bin? Ich würde nicht aufhören zu schreiben, aber ich würde mit so viel mehr Freude statt aus angstbesetzter Not heraus schreiben.

Es gab viele Punkte in meinem Leben, an denen ich genau wusste, was nötig ist, um mit einer bestimmten Sache erfolgreich zu sein, aber weil mein Selbstbild nicht damit übereinstimmte, habe ich mich geweigert, die nötigen Schritte zu gehen, die so klar und deutlich vor mir lagen. Ich war mir nicht sicher, ob ich es verdient hatte. Ob ich in der Lage sein würde, mit diesem nächsten Schritt klarzukommen.

Am Anfang meiner Karriere habe ich Erotika geschrieben und eine Menge Scham in meinem Selbstbild als Autorin mit mir herumgeschleppt. Ich war keine „echte" Autorin. Ich war nicht „Mainstream". Ich glaubte nicht, dass an der Tafel der echten Autor*innen Platz für mich wäre. Zu meinen ersten „Romance Writer of America"-Treffen – der

Kongress der Liebesromanautor*innen von Amerika – bin ich voller Angst gegangen, dass ich und das, was ich geschrieben habe, verachtet werden könnte (zum Glück ist das nie passiert – oder ich habe es nicht mitbekommen).

Mit der Zeit wuchs mein Selbstbild und mein Selbstbewusstsein, aber es hat mich bewusste Anstrengungen gekostet. Das tut es noch immer! Vor ein paar Jahren haben meine Co-Autorin Lee Savino und ich herausgefunden, wie wir unsere Bücher auf Deutsch übersetzen und dort vermarkten können. Weil wir wussten, dass auch andere Autor*innen ihre Mühe damit hatten, dass es aber eine super Einnahmequelle sein konnte, haben wir eine kleine Übersetzungsfirma gegründet und angefangen, die Werke andere Autor*innen zu veröffentlichen. Aber mein Selbstbild war noch immer das der sich abmühenden Autorin – der *„Ich muss alles selbst machen und der Tag hat einfach nicht genug Stunden"*-Autorin – nicht das einer Unternehmerin, die kompetente Leute anheuern und in nur wenigen Stunden pro Woche alles beaufsichtigen kann. Als ich meine Probleme und das Bedürfnis, langsamer zu machen, bevor ich zusammenbrach, meinem Businesscoach beichtete, schlug er vor, eine Vollzeitlektorin in Deutschland anzuheuern, die das ganze Programm leitet, mit den Übersetzer*innen zusammenarbeitet und die Prozesse optimiert. Er hat gesagt:

„Jetzt ist es an der Zeit, aufs Gas zu treten, nicht auf die Bremse."

Ich habe seinen Vorschlag nicht angenommen, obwohl ich auf der Stelle wusste, dass er vernünftig war. Mein

Selbstbild konnte sich einfach nicht so schnell vergrößern und mich selbst als jemanden sehen, der ein Verlagsimperium leitet. Ich hatte noch immer das Gefühl, ich müsste alles selbst machen, und konnte mich überhaupt nicht darauf einlassen.

Wir sind auf die Bremse getreten. Das ist nun beinahe zwei Jahre her und wir denken wieder darüber nach, aufs Gas zu treten. Mittlerweile bin ich besser darin, mich mithilfe eines virtuellen Assistenten unterstützen zu lassen und mich selbst als Managerin eines Businesses zu sehen, nicht als die Person, die alle Aufgaben selbst erledigen muss.

Ich sehe diese Herausforderungen nicht als Misserfolge an. Ich verurteile mich nicht dafür. Ich habe im Laufe der Jahre gelernt, Mitgefühl für mich selbst zu haben und mich genau da zu akzeptieren, wo ich mich in meinem Leben gerade befinde. Aber es ist so schmerzhaft offensichtlich zu erkennen, dass es ein viel einfacherer Erfolg gewesen wäre statt diesem schwerfälligen Vorwärtshumpeln, wenn ich diese Schritte früher befolgt und mir selbst gestattet hätte, zur Bienenkönigin des Business zu werden.

Ähnlich gezögert habe ich, als der Schritt bevorstand, als Autor\*innencoach für Überfluss-Mindset öffentlich zu sprechen. So viele Befürchtungen stiegen in mir auf – was glaubte ich denn, wer ich sei? Was, wenn ich versage? Und habe ich diese Bezeichnung *wirklich verdient*?

Noch immer kämpfe ich gegen diese Zweifel an, aber der Punkt ist der, dass ich sie mir bewusst mache. Ich habe sie nicht in meinem Unterbewusstsein vergraben, von wo aus sie die Ansagen machen können. Ich zerre sie ans Licht, wo ich sie mir anschauen und dann beseitigen kann.

Und ich bin auch fertig mit anderen Lügen, Verurteilungen und Entschuldigungen, einschließlich dieser hier:

„Ich bin nicht gut im Networking."
„Ich muss jeden glücklich machen."
„Ich bin in sozialen Situationen völlig unbeholfen."
„Meine Bücher sind nicht tiefschürfend genug / gut genug geschrieben."
„Ich bin nicht gut organisiert."
„Die Verkaufszahlen / Lesegemeinden könnten schon morgen versiegen."
„Ich bin noch nicht bereit" (gilt für alles Mögliche)

Mir ist bewusst, dass diese Selbstkritik womöglich nur der Ausdruck von Barrieren ist, die ich selbst aufgestellt habe, um meine größten Stärken vor mir selbst zu verstecken. Als ob ich mir selbst ein Handicap auferlegt hätte, als ich in dieses Leben getreten bin, damit ich nicht alle um mich herum mit meiner Großartigkeit in den Schatten stellen würde. Wenn ich diese Barrieren beseitigen würde, würde ich herausfinden, dass all diese Bereiche tatsächlich die Bereiche sind, in denen ich besondere Fähigkeiten habe, keine Defizite.

Andere Methoden, mit denen wir uns selbst einschränken, sind Prokrastination, Angst, Zweifel, Bedauern, Scham, Schuldzuweisungen. Es sich in der Opferrolle bequem zu machen. Sich selbst bedauernswert zu machen, sich selbst kleinzumachen, um sich den anderen anzupassen.

Obwohl ich bereits viel harte Arbeit hineingesteckt habe, muss ich noch immer meine limitierenden Glaubenssätze aus dem Weg räumen. Vor Kurzem war die Hauptwasserleitung zu unserem Haus kaputt und ich hatte plötzlich einen See vor der Haustür. Das sollte eigentlich kein großes Problem sein. Ich habe mittlerweile Geld, um solche Sachen reparieren zu lassen, also stiegen keine finanziellen Sorgen in mir auf. Trotzdem, ich spürte, wie die alte Energie, mich selbst kleinzumachen, wenn es um Reparaturen ging (weil mein Ex sich immer darum gekümmert hatte), wieder ihren Kopf reckte. Ich stellte mich selbst infrage. Ich war mir unsicher, wen ich anrufen sollte. Wie ich die Sache angehen sollte. Die ganze Leitung austauschen lassen oder nur das Leck reparieren? Konnte ich mich auf meinen üblichen Wartungstechniker verlassen oder sollte ich besser drei Kostenvoranschläge einholen? Ich möchte wetten, dass sich nichts an dieser Situation besonders einschüchternd für dich anhört, und dennoch war sie das aus irgendeinem Grund für mich. Denn ich lag unter einem Berg von „Ich kann das nicht" und „Ich weiß nicht, was ich tue" und „Ich kann mich nicht auf mein Urteil verlassen" vergraben.

Zum Glück bin ich mittlerweile im Besitz der Hilfsmittel, die mir durch solche Situationen hindurchhelfen. Der erste Schritt war es, meine Gedanken und Glaubenssätze zu bemerken. Ich wusste es besser, als eine Freundin anzurufen und mich bei ihr über die Situation auszuheulen – mein alter modus operandi, wenn irgendwas in meinem Leben schieflief. Das ist nichts anderes, als in einer Energie zu marinieren, die ich in meinem Leben nicht haben will. Stattdessen habe ich nachgeforscht, warum diese Situation so stressig für mich war, und habe den Glaubenssatz ausgegraben, dass ich mir selbst in dieser Situation nicht vertrauen kann.

Diesen Glaubenssatz habe ich beseitigt (wir sprechen später in diesem Kapitel darüber, wie man diese Dinge beseitigt) und habe meine Intuition benutzt, um mich für einen Handwerker zu entscheiden. Augenblicklich fühlte ich mich leichter und hörte auf, mich ständig zu hinterfragen. Ein paar Tage später, als ich noch immer nichts von dem Handwerker gehört hatte, für den ich mich entschieden hatte, sagte mir mein Bauchgefühl, den Plan zu ändern. Anstatt mich Gedanken hinzugeben wie *„Wow, ich* *habe die falsche Entscheidung getroffen, ich weiß wirklich nicht, was ich tue"*, habe ich die Veränderung in der Energie anerkannt. Ich kenne nicht alle Seiten. Vielleicht hatte der Handwerker einen eigenen Notfall und ist nicht länger der perfekte Geschäftspartner für mich. Wer weiß? Ich habe meinem Bauchgefühl vertraut. Ein anderer Handwerker kam und hat mir wunderbar geholfen.

Natürlich ist das hier kein Buch über Reparaturen am Haus, aber unsere Einstellung hat eine Auswirkung darauf, wie wir uns in jedem Moment fühlen. In jedem Moment, in dem du dich nicht wachsend, frei, im Überfluss und voller Leichtigkeit fühlst, kannst du diese Werkzeuge und Hilfsmittel heranziehen und eine neue Realität für dich erschaffen.

Deine Aufgabe für diesen Schritt ist es also, anhand der folgenden Schreibanregungen deine limitierenden Glaubenssätze, Blockaden und Verletzungen zu identifizieren. Schreibe eine Liste. Wenn du möchtest, kannst du deine Erkenntnisse in der Facebookgruppe teilen, denn deine Einsichten werden auch anderen helfen. Anschließend entscheidest du, all das heute noch loszulassen. Am Ende dieses Abschnittes habe ich noch eine Reihe von Hilfsmitteln angefügt, mit denen du diese Wunden beseitigen und heilen kannst, damit du frisch durchstarten und den Überfluss einladen kannst.

Nachfolgend steht eine Reihe von Gedankenmustern, die uns daran hindern, das zu tun, was wir auf dieser Erde tun sollen, nämlich zu erstrahlen. Klingen manche davon vielleicht schmerzhaft vertraut?

- Ich werde niemals Erfolg haben.

- Anderen die Schuld geben: _____
  [Amazon, BookBub, Facebook, ein*e andere*r Autor*in] hat mich beschissen.
- Ich mache unentschuldbare Fehler.
- Ich habe kein Selbstbewusstsein.
- Angstdenken: Ich kann niemandem vertrauen.
- Opferdenken: Immer passiert mir das.
- Alles-oder-nichts-Denken: Es muss genau so gemacht werden oder es funktioniert nicht.
- Ich bin ein schlechter Mensch.
- Sollte-Aussagen: Ich sollte _____ [5.000 Wörter pro Tag schreiben, jeden Monat ein Buch veröffentlichen, einen Newsletter verschicken und _____].
- Mangel-Aussagen: Ich wäre besser, wenn ich nur _____.
- Ich habe es nicht verdient / Ich habe mehr verdient als andere.
- Übertreibungsaussagen: Facebook hat mein Anzeigenkonto gesperrt, also ist meine Autor*innenkarriere vorbei.
- Untertreibungsaussagen: Ich brauche keinen Lektor. Ich lese meine Bücher einfach laut durch. Das reicht.
- Dinge persönlich nehmen: BookBub hasst mich.
- Schwarzmalerei: Meine letzte Veröffentlichung war ein Reinfall, meine Karriere ist vorbei.
- Generalisierungen: Fantasy verkauft sich nicht. Newsletter funktionieren nicht. Facebook ist tot.
- Ich bin ein*e Versager*in / Ich bin besser als alle anderen.

# FREIES SCHREIBEN: ERFORSCHE DEIN GENIE

Schnappe dir dein Arbeitsbuch oder zücke dein Notizbuch. Wenn du die Schreibanregungen bearbeitest, behandle sie wie eine Übung zum freien Schreiben. Bewege deinen Stift ohne Pause über das Papier und schalte deinen inneren Kritiker aus. Denke nicht nach – schreibe einfach. Du wirst dein Unterbewusstsein oder deine Intuition anzapfen und die Antworten finden, die einen echten Beitrag zum Überfluss und zur Zukunft leisten können, die du erschaffen willst. Du meditierst quasi beim Schreiben – alles wird an die Oberfläche geholt – jeder Gedanke, jeder Impuls, jedes Gefühl, jedes Bild, das in dir auftaucht. Lasse alles zu. Fange mit der ersten Sache an, die dir in den Sinn kommt. Versuche nicht, die richtige Antwort zu finden oder mit deinem kognitiven Gehirn zu antworten – logische Schlussfolgerungen limitieren nur deine Möglichkeiten. Benutze stattdessen deine Wahrnehmung und deine Erkenntnisse, um Zugang zu deinen innersten Gedanken zu finden und ihnen Platz auf der leeren Seite und in deinem Bewusstsein zu schenken.

Denke daran – der Stift bewegt sich unablässig über die

Seite. Es ist ein Ort des Zulassens, der Freiheit, des Muts. Es ist nicht der Ort, um zu zensieren. Lasse zu, dass die Ideen fließen, damit du dein Unterbewusstsein anzapfen und dich wirklich in die intuitiven Antworten vertiefen kannst, die dir ein Maximum an Einsichten liefern werden. Je mehr du dir gestattest, mit deinen Gedanken zu spielen, umso schneller wirst du alle Blockaden beseitigen, die deinem Überfluss im Weg stehen. Bist du bereit, dich selbst zu überraschen?

Schreibe so lange, bis nichts mehr aus dir herauskommt, und mache anschließend mit der nächsten Anregung weiter. Wenn du müde wirst oder dich erschöpft fühlst, mache eine Pause und fahre später fort. Es ist kein Wettrennen. Du gehst auf ein Leben zu, in dem du Überfluss wirklich verkörpern und leben wirst. In dem Reichtum eine mühelose Norm ist. Wenn du dir wirklich gestattest, dich selbst eingehend zu erforschen, kann das eine Herausforderung für dein Nervensystem darstellen. Du trägst dein Anti-Bewusstsein – das Bewusstsein und die Erkenntnisse, gegen die du dich in deinem Leben sträubst – hinaus ins offene Bewusstsein. Es gibt Dinge, bei denen wir den Kopf in den Sand stecken – diese Übungen werden genau diese Dinge ans Licht holen. Dein gesamtes Realitätskonstrukt wird möglicherweise in sich zusammenbrechen, und das ist okay. Das ist es, was wir wollen. Was sind denn schließlich diese Dinge, die du loslassen willst? Mangel. Limitierungen. Glaubenssätze, die dich gefangen halten. Du musst bereit sein, das Alte hinter dir zu lassen, um etwas Neues zu werden. Bist du bereit, dich selbst neu kennenzulernen? Bist du bereit, dich wirklich zu erforschen? Klar zu sehen?

Holen wir die möglichen innersten Verletzungen ans Licht, von denen aus du agierst. Denke nicht nach. Schreibe einfach alles auf, was dir in den Sinn kommt, auch wenn es kein voll ausformulierter Gedanke ist:

1. Ich kann kein*e Millionärsautor*in werden, weil _____.
2. Die Lügen, an die ich glaube und die mich davon abhalten, mein bestes, strahlendstes Ich zu sein, sind _____.
3. Ich habe mir diese Lügen erzählt seit _____.
4. Ich hindere mich selbst daran, ein*e brillante*r Millionärsautor*in zu sein, indem ich _____.

Wartest du noch immer darauf, dass jemand anderes dich entdeckt? Dir die Erlaubnis erteilt? Was sind die Dinge, von denen du glaubst, sie müssten erst passieren, bevor du zum nächsten Level aufsteigen kannst? Beantworte diese Fragen mit den folgenden Schritten, von denen du glaubst, sie müssten zunächst passieren, bevor es für dich vorangehen kann. (Kleiner Tipp: Möglicherweise stimmt es gar nicht. Du benutzt diese Schritte nur als Ausreden, um dein zukünftiges Leben nicht jetzt schon zu leben.)

1. Ich werde ein*e erfolgreiche*r Autor*in sein, wenn _____.
2. Meine größte Angst vor Erfolg ist _____.
3. Meine größte Angst vor Misserfolg ist _____.
4. Ich lenke mich selbst davon ab, mein zukünftiges Ich zu werden, indem ich _____.
5. Meine Ausreden, weshalb ich noch nicht den nächsten Schritt tun kann, sind _____.

Diese Überlegungen sind deshalb so großartig, weil du immer wieder zu ihnen zurückkehren kannst. Möglicherweise wirst du einige Aspekte deiner Glaubenssätze in dein Unterbewusstsein einlassen und später, wenn du wieder zu diesen Denkanstößen zurückkehrst, taucht etwas Neues auf. Limitierende Glaubenssätze zu beseitigen, ist keine einmalige Sache. Mit jeder Haut der Zwiebel, die wir schälen, kommen wir der Wahrheit darüber, wer wir sind, näher, und von diesem erweiterten Bewusstsein aus können wir immer und immer wieder hineintauchen und unablässig empfangen.

# 3
## WIE MAN DEN SCHMUTZ BESEITIGT

Herzlichen Glückwunsch! Du hast gerade jede Menge Gedanken, Glaubenssätze und Muster generiert, die beseitigt werden können, damit du zum nächsten Level aufsteigen kannst. Sobald du diese Blockaden identifiziert hast, kannst du das alles endlich loslassen.

Nimm dein Tagebuch / Journal oder dein Arbeitsheft und kreise die größten Blockaden oder innersten Verletzungen ein, die für dich aufgetaucht sind. Jetzt suche dir eine davon aus, mit der du arbeiten willst. Ich schlage vor, auf dein Bauchgefühl zu hören – möglicherweise willst du direkt mit der größten, tiefsten Wunde anfangen oder du willst zuerst eine leichte Blockade lösen. Es gibt kein richtig oder falsch, mache einfach, was sich richtig anfühlt.

Der Akt des Entdeckens – des freien Schreibens, um herauszufinden, wo du blockiert bist – bringt die Gedanken und Glaubenssätze aus dem Anti-Bewusstsein oder dem Unterbewusstsein heraus in dein Bewusstsein. Das allein tritt schon den Heilungsprozess los, aber um eine Verschiebung deines Mindsets zu unterstützen, befreien wir dein Energiefeld vollständig davon.

Benenne die Verletzung oder den limitierenden Glaubenssatz, an dem du arbeiten willst. Als Beispiel wähle ich folgenden Satz aus: „Ich werde keine Millionärsautorin sein, weil meine Bücher nicht gut genug sind."

Zuerst einmal – mache dir bewusst, dass das eine Lüge ist. Wenn du dich von deinen Emotionen oder Reaktionen leiten lässt, ist alles, was dir ein schlechtes Gefühl gibt, eine Lüge. Aus diesem Grund kann diese Aussage nicht wahr sein. Folgst du mir so weit?

Du musst nichts weiter tun, als dich einfach zu entscheiden, diese Aussage zu verändern. Wenn du glaubst, es bräuchte mehr als diese Entscheidung, dann gibt es da draußen jede Menge effektive Beseitigungsmethoden.

Zum Beispiel könnte es so einfach sein, wie deinen Glaubenssatz auf einen Zettel zu schreiben und den Zettel zu verbrennen. Es muss gar nicht magisch oder spirituell sein.

Du könntest nach den Wurzeln dieses Glaubenssatzes forschen und fragen, warum er gepflanzt wurde.

Warum glaube ich, dass meine Bücher nicht gut genug sind?

Warum glaube ich das?

Warum glaube ich das?

Und immer weiter, bis du die Stelle aufgespürt hast, an dem dieser Glaubenssatz „Ich bin nicht gut genug" seinen Anfang gefunden hat. Dann nimmst du diese Lüge aller Lügen wahr – die Lüge, die diesen Glaubenssatz zur Folge hatte.

. . .

JETZT, nachdem du eine Lüge aufgedeckt hast, erschaffe etwas Neues:

### 1. Triff eine Entscheidung

WIRST DU WEITERHIN VON DIESER LÜGE AUSGEHEND AGIEREN? Oder bist du bereit, aus diesem Muster auszubrechen und die Zukunft zu leben, nach der du dich so sehnst? Wenn du noch nicht bereit bist, auszubrechen, dann grabe dir gerne ein Loch und bleibe darin sitzen. Tue ganz bedauernswert und warte darauf, dass jemand kommt und die Dinge für dich in Ordnung bringt – ich bin mir sicher, das wird irgendwann funktionieren. Oder suche dir die Leute in deinem Leben, die mit dir zusammen in diesem Loch sitzen wollen. (Ich bin an dieser Stelle aus nichts als Liebe sarkastisch.)

Oder du kannst eine andere Entscheidung treffen. Die Entscheidung, deine Beweggründe zu ändern und limitierende Glaubenssätze zu beseitigen, kann so einfach sein wie ein bestätigendes: „Ich entscheide mich für Veränderung. Ich weigere mich, mein Handeln weiter von diesen limitierenden Gedanken leiten zu lassen."

Wenn wir uns dieser Problematik bewusst sind, zerren wir sie aus dem Unterbewusstsein hervor (oder dem Anti-Bewusstsein, wo wir uns weigern, diese Sache zu sehen) und stellen sie ins Licht. Und das hat Veränderung zur Folge. Uns aktiv für Veränderung zu entscheiden, ist das Wichtigste, was wir zum Erschaffen unserer neuen Zukunft tun können.

Allerdings kann man sich seiner limitierenden Glaubenssätze auch bewusst werden und sie dann dazu benutzen, um weitere Grenzen und Blockaden zu errichten. Wenn du beispielsweise gerade herausgefunden hat, dass du Angst vor Erfolg hast, weil du dann deine*n beste*n Freund*in überstrahlst. Möglicherweise machst du dir Sorgen, dass ihr nicht länger zusammen mit einem Glas Rotwein auf der Couch abhängen und über das Business quatschen könnt, sobald du Millionär*in bist, oder dass dein*e Freund*in es dir übelnimmt und die Freundschaft zerbrechen wird. Aber das solltest du nicht als Beweis dafür verstehen, dich selbst einzuschränken und zurückzuhalten. Du darfst es nicht als Ausrede benutzen, jetzt, wo du dir dessen bewusst bist! Na gut, du könntest schon – du hast ja eine Wahl! Aber ich rate dir, dich für etwas zu entscheiden, was deine Zukunft erschaffen wird. Ich denke, wenn wir uns bis hierher einig sind, weißt du selbst, dass du etwas Neues erschaffen willst.

1. **Fasse deine Entscheidung in Worte, um sie zu verdeutlichen**

NACHDEM DU DICH DAZU ENTSCHIEDEN HAST, aus dieser limitierenden Energie auszubrechen, sie aus deinem Leben zu verbannen, fasse diese Entscheidung in Worte, indem du sagst: „Immer, wenn ich glaube, dass ich keine Millionärsautorin sein kann, weil meine Bücher nicht gut genug sind [füge hier deinen eigenen, limitierenden Glaubenssatz ein], beseitige ich diesen Glauben aus allen Ebenen, Lagen und Dimensionen meines gesamten Lebens."

Diesen Satz laut auszusprechen, verdeutlicht eine feste Absicht, sowohl für dich selbst als auch für das Universum.

1. **Visualisiere dein Energiefeld**

- Schließe die Augen und stelle dir deinen Körper umgeben von einer riesigen Lichtkugel vor, die einen Meter in jede Richtung um dich herumschwebt.
- Visualisiere, fühle oder spüre alle Stellen in deinem Körper, an denen deine innerste Verletzung möglicherweise verweilt. Vielleicht siehst du sie als einen dunstigen Film, der dein Energiefeld trübt, oder als eine Stelle, an der die Energie dichter und dunkler ist. Vielleicht spürst du sie sogar. Und auch wenn du nichts sehen, spüren oder erfahren solltest, denke dir etwas aus – deine Fantasie wird die notwendige Arbeit leisten, um die Verletzung zu beseitigen. Glaube an dich, auch wenn es keine haltbaren Beweise gibt.
- Stelle dir vor, wie du diese Verletzung mit einem Staubsauger oder einem riesigen Magneten aus dir heraussaugst. Außerdem könntest du visualisieren, wie sich eine violette Flamme durch dein Energiefeld bewegt und alles „verbrennt". Sauge oder brenne immer weiter, bis alle Überreste und Spuren dieser innersten Verletzung verschwunden sind und sich dein Energiefeld wieder klar oder sauber anfühlt.
- Atme tief ein und wieder aus, um auch die restlichen Blockaden auszustoßen.
- Wiederhole diesen Prozess, bis du dich leichter und klarer fühlst.

## 1. Drehe die Aussagen um

ERSETZE LIMITIERENDE GLAUBENSSÄTZE MIT SOLCHEN, die bestärken. Im Prinzip nimmt man dazu einfach einen limitierenden Glaubenssatz wie „Geld ist die Wurzel allen Übels" und verwandelt diese Aussage in etwas, was dir mehr bringt, wie beispielsweise: „Ich kann mit meinem Geld positive Veränderungen erwirken."

Wenn man nun das Beispiel von: „Ich werde keine Millionärsautorin sein, weil meine Bücher nicht gut genug sind" nimmt, würde ich diesen Satz beispielsweise damit ersetzen: „Meine Bücher sind fantastisch und ich werde Millionen von Leser*innen gewinnen, die die Bücher lieben werden." Oder: „Jeder* Autor*in kann Millionär*in werden, wenn er oder sie bereit ist, zu empfangen." (Muss ich dich daran erinnern, dass Anfänger-Autor*innen, die Fanfiction zu *Twilight/Bis(s) zum Morgengrauen* geschrieben haben, Millionen verdient haben?)

Was wir hier machen, ist einfach, Möglichkeiten zu erschaffen.

Apropos „positiv": Wir wollen nichts positiv oder negativ aufladen – ein ständiges Hü oder Hott erschafft nur neue Limitationen. Dieser Glaubenssatz, dass etwas schwarz oder weiß ist, richtig oder falsch, gut oder schlecht, ist ein zerstörerischer Gedanke. Wenn man versucht, etwas zu erschaffen, dann will man Zugriff auf alle darin erhaltenen Energien haben. Jedes Mal, wenn man entscheidet, dass etwas gut ist, etwas anderes schlecht, begrenzt man damit, was für den Schaffensprozess zur Verfügung steht. Das Universum diskriminiert nicht zwischen Gut und Schlecht. Das Universum beinhaltet alles, was ist. Wenn wir also auf eine Weise erschaffen wollen, wie das Universum erschafft, müssen wir Zugriff auf alles haben, was ist, was voraussetzt, dass wir im Fluss bleiben und uns von Polarisierungen fernhalten. Energetisch betrachtet sehe ich es so, dass jede Entscheidung, die man trifft, jede Beurteilung, die man fällt, wie das Bauen einer Kiste oder eines Zimmers ist, in die man sich selbst einschließt. Man errichtet Mauern. Wenn man von diesen Mauern und Grenzen umgeben und von ihnen gefangen gehalten wird, ist es viel schwieriger, Dinge anzulocken und zu empfangen.

In dem oben genannten Beispiel hat die Aussage „Ich kann mit meinem Geld positive Veränderungen erwirken" vermutlich keine positive oder negative Aufladung (trotz der Verwendung des Wortes *positiv*). Wenn das eine Aussage ist, die dir das Gefühl vermittelt, offen und frei zu sein, und dass Energie fließen kann, dann ist das okay. Du musst zu keiner Schlussfolgerung kommen, wie beispielsweise „Ich gebe mein Geld nur aus, um damit anderen Menschen zu helfen." Spürst du, wie das etwas einsperrt? In dieser Aussage liegt die unausgesprochene Bewertung, es wäre positiv, mit Geld anderen Menschen zu helfen, und negativ, es für sich selbst auszugeben.

Ehrlich gesagt könnten manche von uns ruhig ein bisschen egoistischer mit unserem Geld, unserer Aufmerksamkeit und unserer Zeit umgehen. Diese Vorstellung von *egoistisch* abzulehnen, wird die Welt nicht zu einem besseren Ort machen. Aber sich um sich selbst zu kümmern und sich zu gestatten, erfolgreich zu sein und Überfluss zu empfangen, schon. Wenn wir mit uns selbst großzügig umgehen, können wir auch anderen gegenüber großzügig sein, und es wird unsere Kraft nicht auslaugen. Tatsächlich wird deine Kraft dann sogar grenzenlos sein.

Um Polarität zu vermeiden, achte in den folgenden Aussagen auf Worte wie *nie* oder *nur*:

- „Ich werde nie wieder arm sein." In diesem Fall wird die negative Aufladung dagegen, arm zu sein, die Armut nur anziehen. Anstatt sich gegen das zu sträuben, was du nicht willst, formuliere deine Bitte an das Universum basierend auf den Dingen, die du willst. Zum Beispiel: „Geld strömt völlig mühelos zu mir." Sprich das laut aus und achte darauf, wie du dich fühlst, wenn du diese Worte aussprichst. Schließe die Augen, entspanne dich in diesem Gedanken, sprich ihn ein paar Mal aus. Möglicherweise fühlst du dich unwohl dabei, einen Widerstand, ein Sträuben oder dass etwas nicht ganz stimmt. Lasse dich auf diese Gefühle ein und finde heraus, was sich hinter diesem Widerstand verbirgt. Womöglich findest du ja auch völlige Leichtigkeit und den Flow. Achte darauf.
- „Ich habe nicht genug Geld dafür" könnte zu „Jeder Euro, den ich ausgebe, kommt zehnfach zu mir zurück" werden. Wie fühlt es sich an, das laut auszusprechen?
- „BookBub hasst mich" könnte zu „BookBub liebt mich" werden, oder wenn du das noch nicht glaubst, dann versuche es mit: „Jede Einreichung eines Buchs bringt mich einem Feature in BookBub näher." Fühlt sich das leicht an oder ist da noch immer Anspannung zu spüren? Welche Aussage könntest du formulieren, die dir erlaubt, eine Verbindung zu dem Glauben aufzubauen, dass dein Buch auf BookBub erscheint, wenn es das ist, was du willst?

- „Ich mache alles, was ich machen soll, aber es passiert einfach nichts" könnte zu „Meine Zeit kommt" werden. Wie fühlt sich das an?
- „Ich kann nicht, weil ..." könnte zu „Ich weiß noch nicht, wie, aber ich bin mir sicher, dass es auch für mich passieren wird ..." Was fühlst du?

UM MIR DABEI ZU HELFEN, Polaritäten auszubalancieren, wiederhole ich gerne sowohl die positiven als auch die negativen Aussagen, bis in keiner von beiden mehr eine Auflading vorhanden ist. Zum Beispiel ist eine Sache, die mich aufhält, meine Versagensangst und mein Wunsch nach Erfolg. Also wiederhole ich: „Ich bin ein Erfolg. Ich bin eine Versagerin. Ich bin ein Erfolg. Ich bin eine Versagerin." Immer und immer wieder, bis ich nicht mehr das Gefühl habe, eine der beiden Aussagen mit einer Wertung aufzuladen.

HIER IST EINE AUSSAGE, die jede*r ausprobieren sollte. Wiederhole „Ich liebe Geld, ich liebe Geld, ich liebe Geld ...", bis du es sagen kannst, ohne vor Scham im Boden zu versinken. Bis du es voller Überzeugung behaupten kannst. Verkörpere es. Empfange es. Lee Savino, meine Co-Autorin und Partnerin im Überfluss-Coaching, hat mich dazu herausgefordert, und es hat ein bisschen Übung gebraucht, bis ich es mit dem Brustton der Überzeugung sagen konnte. Versuche es mit: „Ich liebe reiche Leute." (Weil du ja eine*r davon sein wirst!) Übe, es zu sagen, bis aller Widerstand gegen diese Worte verschwunden ist!

## Zusätzliche Methoden zur Energiereinigung

DIE GERADE BESPROCHENEN METHODEN SIND DIE SCHRITTE, die ich zur Reinigung benutze. Wenn du damit nichts anfangen kannst, suche dir eine oder mehrere der untenstehenden Methoden aus und reinige deine Energie von deinen limitierenden Glaubenssätzen.

**Energiereinigungs-Session**
Ich arbeite gerne in jedem Aspekt meines Lebens mit Energie. Du kannst dir einen Energieheiler suchen, der die Arbeit für dich übernimmt. Diese Formen der geführten Meditation und der Energiereinigung biete ich außerdem in meinen monatlichen Mitglieder-Zoommeetings an. Wenn du zuerst eine gratis Kostprobe wünschst, habe ich hier eine zehnminütige Meditation, mit der du dein Ziel der täglichen Wortzahl mühelos erreichen kannst.

Du kannst sie hier anhören *(alle Inhalte auf Englisch)*:

https://millionaire-author-coaching.teachable.com/p/a-meditation-for-fast-writing

**Um dich für die Mitgliedschaft in der Author-Abundance-Community anzumelden, klicke hier** *(alle Inhalte auf Englisch)*:

https://millionaire-author-coaching.teachable.com/p/author-abundance-membership

. . .

EMOTIONAL FREEDOM TECHNIQUE (EFT – TECHNIK ZUR EMOTIONALEN FREIHEIT) ODER „KLOPFEN"

EFT ist eine wundervolle Methode, um Störungen im Nervensystem zu beseitigen. Wann immer du eine Aufladung zu etwas entwickelt hast, Stress in deinem Körper spürst oder einen limitierenden Glaubenssatz oder eine Emotion beseitigen willst, kann EFT helfen, dein Nervensystem wieder auszubalancieren. Ich werde nicht versuchen, hier einen Vortrag darüber zu halten, wie man diese Methode anwendet, denn es gibt Unmengen von Veröffentlichungen und Anleitungen im Internet, einschließlich einiger wundervoller YouTube-Videos. Immer wieder posten Mitglieder ihre Lieblingsvideos in meinen Facebookgruppen, also stelle sicher, dass du dich anmeldest, wenn du diese Empfehlungen nicht verpassen willst. Ein Mitglied der Gruppe hat kürzlich ein sechsminütiges Klopf-Video geteilt, um zusätzliche dreitausend Dollar pro Monat zu verdienen, und hat dieses Ziel genau einen Monat, nachdem sie das Video geteilt hat, auch erreicht!

**Die Sedona-Methode®**

Ein Buch von Hale Dwoskin, das eine klare, einfache Methode in fünf Schritten darstellt, anhand derer man Dinge loslassen kann. Ich habe ziemlich große Flugangst und habe dieses Buch einmal direkt vor einer Reise gelesen und die darin erklärten Methoden auf der Fahrt zum Flughafen praktiziert. Als ich schließlich am Flughafen ankam, schwebte ich förmlich voller Leichtigkeit und Entspannung über der Erde!

. . .

## Die Access Consciousness **Clearing Statements®**

Das ist eine Methode, die ich ständig benutze. Es ist eine Serie von Worten, die Kurzformen für seitenweise Listen von Reinigungen sind, um Zugriff auf alle Ebenen, Schichten, Dimensionen, Zeit und Raum zu bekommen. Beispielsweise hege ich möglicherweise den limitierenden Glaubenssatz, ich hätte tagsüber nicht genug Zeit, um zu schreiben. Sobald ich diesen Gedanken bemerke oder mich dabei ertappe, wie ich jemand anderem diese traurige Geschichte erzähle, beseitige ich ihn, indem ich sage: „Ich zerstöre und entschaffe den Glauben, dass ich nicht genug Zeit in meinem Tag finde, um zu schreiben. Richtig / falsch, gut / schlecht, POD / POCE, alle 9, Shorts, Jungs, POVADs und darüber hinaus." Mit ist klar, dass nichts davon für dich Sinn ergibt und es mag wie irgendein Zauberspruch klingen, aber das liegt daran, dass es die Kurzformen für das Reinigen von limitierenden Glaubenssätzen sind, überall dort, wo ich feststecke. Du kannst hier nachlesen, wofür all diese Worte und Abkürzungen stehen *(alle Inhalte auf Englisch)*:

https://www.accessconsciousness.com/en/about/how-it-works/the-clearing-statement/

### Hypnose oder Selbsthypnose

Ich bin ein riesiger Fan von Selbsthypnose, um mein Mindset neu zu programmieren. Ich habe Hypnose benutzt, um meine Migränen loszuwerden und um meine beiden Kinder natürlich und zu Hause zur Welt zu bringen (das zweite innerhalb von nur vierzig Minuten nach der ersten Wehe – mein Mann musste ihn auffangen, weil die Hebamme noch nicht da war!). Online gibt es so viele großartige Ressourcen für geführte Hypnosen. Oder du kannst mit einem Hypnosetherapeuten arbeiten, der dir eine Audioaufnahme geben kann, die du dir nachts anhörst, um deine limitierenden Glaubenssätze und Verhaltensmuster zu beseitigen.

### Access Bars®

Für diese Reinigungsmethode brauchst du einen Praktiker, der die Punkte (Bars) an deinem Körper berührt. In den Sitzungen werden 32 Punkte an deinem Kopf berührt, um limitierende Glaubenssätze und Energieblockaden zu lösen. Ich bin ein großer Fan. Meine erste Sitzung hat meine Intuition auf eine gewaltige Art und Weise geöffnet und eine riesige Blockade gelöst, die ich hatte, indem ich mich selbst klein gemacht habe, damit andere sich nicht „weniger-als" fühlen. Ich habe die Veränderung nicht sofort bemerkt, aber als ich das nächste Mal meinen Tanzkurs unterrichtet habe, wurde mir plötzlich klar, wie sehr ich mein eigenes Licht unter den Scheffel gestellt habe aus Angst, andere in den Schatten zu stellen.

Access-Bars-Sitzungen können Angststörungen und Depressionen behandeln und bis zu zehntausend limitierende Gedanken pro Sitzung beseitigen!

Ich hatte einige wirklich magische Erlebnisse mit Access Bars. Einmal hatte eine Freundin eine aufwühlende Geschichte mit mir geteilt, wie ein Kollege all ihre Klient*innen abgeworben hatte. Ihretwegen entrüstet, erzählte ich diese Geschichte ein paar anderen Leuten weiter, habe das Drama nur noch weiter angefeuert. Nachdem ich wieder eine Bars-Sitzung hatte, gab es einen Moment, als ich meinen Mund aufmachen und die Geschichte erneut erzählen wollte, aber eine kleine Stimme in meinem Kopf sagte: „Erzähle diese Geschichte nie wieder."

Ich verstand augenblicklich, warum – ich wusste genug über Energien, um zu begreifen, dass ich nur noch mehr Drama und Konflikt in dieser Situation heraufbeschwören würde, anstatt eine sinnvolle Veränderung zu bewirken. Meine Access-Bars-Sitzung hatte irgendwie meine Sichtweise aufgeräumt, sodass meine innere Weisheit hervorbrechen und mich leiten konnte.

## Wie wähle ich die für mich richtige Methode zur Energiereinigung aus? **Und warum ist das wichtig?**

Setze deine innere Führung ein. Wähle die Methode aus, die am unterhaltsamsten, leichtesten oder strahlendsten wirkt oder von der du dich am meisten angezogen fühlst. Oder probiere alle aus!

Wenn wir eine Geschichte erzählen, werden wir zur Energie der Geschichte und leisten einen Beitrag zu ihrer Energie. Wenn wir gegen irgendwas Widerstand leisten oder uns in einer Energie der limitierenden Glaubenssätze befinden, können wir nicht die Energie der Sache verkörpern, die wir uns am meisten wünschen. Wenn wir in einen Zustand der Harmonie mit einer Sache treten können, können wir auch ihre Energie verkörpern. Wenn du beispielsweise einen limitierenden Glaubenssatz zu der Aussage *„Geld strömt völlig mühelos zu mir"* hast, kann das Geld nicht mühelos zu dir strömen. Wenn du glaubst, dass *Geld völlig mühelos zu dir strömt*, dann wird es das auch tun. Wenn du glaubst, dass du es niemals schaffen wirst, ein*e *USA Today*-Bestsellerautor*in zu werden, dann wirst du es auch nicht schaffen. Wenn du allerdings die Energie der*s *USA Today*-Bestsellerautor*in verkörperst, dann wirst du es auch werden.

Hören wir uns an, wie eine andere Autorin die Energie der Bestsellerautorin verkörpert hat.

# FALLSTUDIE: MOLLY O'HARE – AUF DIE LISTE KOMMEN

Molly O'Hare, Autorin von Liebesromanen, kontaktierte mich direkt vor ihrem zweiten Anlauf auf die *USA-Today*-Bestsellerliste. Sie hatte bereits einen vorherigen Versuch gestartet, war allerdings nicht auf der Liste gelandet. Als Mitglied der Author-Abundance-Community verstand sie, dass ihre Energie aufgrund ihrer Enttäuschung und dem Gefühl, versagt zu haben, feststeckte, die sie mit sich herumtrug, und sie wollte diese Energie reinigen, damit sie sich auf ihr Ziel ausrichten konnte.

Während unserer Sitzung gab sie zu, dass einer der Gründe, weshalb es so wichtig für sie war, auf die Liste zu kommen, der war, „beweisen" zu wollen, dass sie gut genug, intelligent genug, wertvoll genug war. Wie ich bei meinem ersten Anlauf auf die Liste wollte auch sie auf die Bestsellerliste kommen, um zu zeigen, dass sie eine seriöse Autorin war. Eine echte Autorin. Um sich diese Auszeichnung zu verdienen.

Aber für sie war es noch wichtiger. Als Kind hatte Molly eine Lernschwäche gehabt und einer ihrer Therapeuten hatte ihren Selbstwert als Teenagerin ruiniert, indem er ihr gesagt hatte, sie würde niemals in einem professionellen Job arbeiten können. Ein Aspekt, um diese Wunde für sich selbst und andere zu heilen, war für Molly, das Buch *Learning Curves* zu schreiben, in dem eine Heldin ganz wie sie vorkam – eine mollige Lehrerin für alternatives Lernen, die sich in einen alleinerziehenden Vater verliebt. Das war das Buch, für das sie eine BookBub-Promotion erhielt – anhand der sie hoffte, es diesmal auf die Bestsellerliste zu schaffen.

Ich wusste, dass die Energie des „Beweisenwollens" tatsächlich eher blockiert als erschafft, denn man agiert aus einem Gefühl des Mangels heraus. Wenn man es auf die Liste schaffen muss, um zu beweisen, dass man seriös ist (und glaube mir, das verurteile ich gar nicht – ich habe diesen Druck selbst sehr stark empfunden!), dann befindet sich die Energie in einem Zustand des „Noch-nicht-seriös-Seins". Man vermittelt dem Universum, dass man es nicht wert sei, anstatt die Energie einer*s wertgeschätzten *USA Today* (oder *New York Times!*) Bestsellerautor*in zu verbreiten.

Molly stimmte mir zu. „Beim ersten Versuch habe ich förmlich nach Verzweiflung gestunken. Das sehe ich jetzt. Ich wollte allen anderen so verzweifelt beweisen, dass ich dazugehöre, anstatt es mir selbst zu beweisen. Und ich war ständig auf der Suche nach externer Bestätigung, damit sie mir beweist, dass ich dazugehöre."

Ich wusste natürlich, dass wir niemanden von Mollys Wert überzeugen mussten, außer Molly selbst. Vor allem diese traumatisierte Teenagerin in ihrem Innern, der gesagt worden war, sie würde es nie zu etwas bringen. Ich schlug vor, dass sie dieser Teenagerin auf energetischer Ebene das Buch *Learning Curves* schenken sollte. Um ihr zu zeigen, was aus ihr werden würde – eine veröffentlichte Autorin, die in der Lage war, großartige Bücher zu schreiben. Molly musste weinen, als sie diese Vision ihres Teenager-Selbst hatte, das sich in der Ecke der Praxis des Therapeuten zusammenkauerte und das Buch las – unendlich bestätigt durch diesen Beweis, was sie erreichen würde.

Nach unserem Anruf fuhr Molly damit fort, diese herausfordernde Energiearbeit durchzuführen. Am Tag bevor die Verkaufswoche für die Bestsellerliste startete, nahm sie eine lange, „spirituelle Dusche" (ist das nicht der Ort, an dem wir alle das Göttliche anzapfen können?). Sie beschreibt es so: „Ich stand unter der Dusche und ich hatte förmlich einen ‚Komm zu Gott'-Moment mit mir selbst. Ich fragte: *Was würde passieren, wenn ich nicht auf der Liste lande? Wäre das auch okay?* Mir wurde klar: *Weißt du was? Es ist nicht wichtig, ob ich auf der Liste lande oder nicht, denn mittlerweile habe ich wirklich das Gefühl, schon dort zu sein. Ich verkörpere* bereits die Energie der *USA Today*-Bestsellerautorin.

Ich entschied, dass ich in einem parallelen Universum so groß wie Kristen Ashley war, wie Colleen Hoover oder jeder andere dieser großen Namen. Ich musste also nichts weiter tun, als diese Energie, diese Dimension in das Universum hinauszuschicken. Ich dachte: *Also, was ist das für ein Buch?* Dieses Buch handelt davon, wie ich mit einer Lernschwäche aufgewachsen bin und mich unendlich allein gefühlt habe. Mir wurde klar, dass es okay für mich wäre, nicht auf der Liste zu landen, denn das Ziel war nicht die Liste. Das Ziel sollte es sein, ein Buch zu veröffentlichen, dass jemand anderem möglicherweise das Gefühl vermitteln konnte, nicht wertlos oder allein zu sein – so wie ich mich gefühlt hatte. Ich stand eine dreiviertel Stunde unter dieser Dusche. Es war kurz vor Mitternacht an der Ostküste. Also trat ich für den Startschuss des Verkaufs unter die

Dusche und dachte: *Ja, weißt du was? Es ist in Ordnung, egal, was passiert, egal, wie es passiert. Es wird okay für mich sein.*"

Ich denke oft, dass es irgendwie ironisch ist, dass etwas in dem Augenblick, in dem wir es nicht mehr brauchen, für uns auftaucht. Man hört immer wieder diese Geschichten von Paaren, die versuchen, schwanger zu werden, und in dem Augenblick, in dem sie adoptieren, werden sie plötzlich auch schwanger. Das liegt daran, dass sie endlich den Widerstand gegen die Schwangerschaft gelöst haben. Sie sind in die Energie des *„Wir sind jetzt Eltern"* hineingetreten, anstatt in der *„Warum passiert das gerade uns?"*-Energie zu verweilen, und die Tore haben sich geöffnet.

Das war der Grund, weshalb Mollys Aha-Erlebnis unter der Dusche – als ihr klar wurde, dass sie bereits genug war und so oder so nichts beweisen musste – so wichtig war. Sie ließ die Verzweiflung ziehen, die Notwendigkeit einer Bestätigung von außen, und trat in ihre *„Ich bin bereits angekommen"*-Energie hinein.

Die ganze Woche lang machte sie mit dieser fantastischen Energiearbeit weiter, um in dieser Energie zu verweilen. Jedes Mal, wenn sie sich mit Gefühlen der Enttäuschung oder der Verzweiflung oder dem Glauben, sie wäre nicht „genug", konfrontiert sah, setzte sie EFT und „Klopfen" ein, um diese Energie zu reinigen. Sie meditierte, rief die Energien extrem erfolgreicher Liebesroman-Autorinnen wie Colleen Hoover oder Kristen Ashley an und dankte ihnen dafür, den Weg für ihren Erfolg geebnet zu haben. Richtete sich danach aus.

Sie benutzte eine Meditation, die ich in den monatlichen Community-Anrufen anleite, um sich mit der Energie ihres Buchs *Learning Curves* zu verbinden und es zu fragen, was es braucht – Ausgaben für Anzeigen, Newsletter etc. „Ich sagte immer nur: *Glaube, glaube einfach. Vertraue mir.*

Und die kleine Molly saß noch immer in der Ecke in der Praxis des Therapeuten, wo ich ihr das Buch geschenkt hatte, und las es voller Begeisterung oder feuerte mich an. Ich wusste, egal was passierte, sie war in diesem Moment stolz auf mich."

Während einer sehr starken Meditation hatte Molly eine Vision, wie all ihre Bücher anfingen, ihre Einbände zu verändern, und plötzlich Sticker hatten, auf denen *USA-Today-Bestsellerautorin* stand.

Außerdem benutzte Molly für ihre täglichen Ziele, und um ihre Facebook-Anzeigen zu einem niedrigen Preis genehmigt zu bekommen, das „Gesetz der Annahme".

„Am Dienstag, direkt, bevor ich ins Bett gegangen bin, sagte ich: *Ich nehme an, dass ich in den USA über 2000 Exemplare von Learning Curves verkaufen werde.* Dann bin ich ins Bett gegangen. Am nächsten Morgen schaute ich nach und hatte 2100 Exemplare verkauft. Weil ich dank des Gesetzes der Annahme diesen Schub für mein Selbstvertrauen erhalten hatte, machte ich das ab dann jeden Tag."

Molly schrieb jeden Tag in ihr Tagebuch und beendete jeden Eintrag mit den Worten: *Ich bin bereits genug. Ich bin genug, unabhängig davon, was passiert.* Also bestätigte sie, dass es nicht wichtig war, ob sie auf der Liste landete oder nicht. Sie war bereits genug.

„Ich habe so viele E-Mails von Leuten erhalten, die als Kinder Lernschwächen hatten und genau das Gleiche durchgemacht haben. In einer E-Mail schrieb eine Leserin, dass ein Therapeut mit ihr genau das Gleiche gemacht hatte, wie auch ich erlebt hatte. Ich fühlte mich nicht mehr allein. Das Universum hatte mir all diese Menschen geschenkt, damit ich mich nicht länger allein fühlen musste.

Wenn du mir vor vier Jahren, als ich *Hollywood Dreams* veröffentlichte, erzählt hättest, dass eins meiner Bücher mehr als zehn Exemplare verkauft, hätte ich dich ausgelacht. Ich war das Kind mit der Lernschwäche, mit massiver Dyslexie, und so etwas war für mich einfach nicht vorgesehen."

Am Tag, als die *USA-Today*-Bestsellerliste veröffentlicht wurde und Molly feststellte, dass sie es tatsächlich draufgeschafft hatte, hatte sie das Gefühl, dass auch ich oft bekomme, wenn ich etwas manifestiere – Begeisterung darüber, dass es passiert ist, aber auch ein sehr ruhiges „Natürlich"-Gefühl; denn etwas in mir wusste die ganze Zeit über, dass ich es empfangen würde.

Aber Mollys Freude lag nicht nur daran, es auf die Liste geschafft zu haben. Während sie die Energiearbeit durchgeführt hatte, um sich auf ihr Ziel auszurichten, hatte sie die wichtigen Gefühle des Selbstwerts und des Stolzes für ihre Bücher entdeckt.

„Mein ganzes Leben über saß ich immer nur an meinem Schultisch, während andere Leute aufgerufen wurden, weil sie eine Auszeichnung und diesen dämlichen Aufkleber ausgehändigt bekamen, den ihre Eltern auf die Stoßstange kleben konnten. *Mein Kind ist ein Einserschüler auf der so-und-so Schule.* Ich durfte das nie erfahren. Aber als die Bestsellerliste rauskam, wusste ich endlich, wie sich das anfühlt", erklärt Molly. „Aber es war auch nur die Kirsche auf dem Sahnehäubchen. Wir schreiben Liebesgeschichten, die mit einem Happy End enden. *Learning Curves* ist ein Kampflied. Es geht darum, neue Wege zu finden, um Herausforderungen zu meistern und zu beweisen, dass du nicht weniger wert bist, nur weil irgendjemand das gesagt hat. Es ging immer darum, die innere Stärke zu finden, auch wenn man möglicherweise keine äußere Stärke hat. **Es war also schon immer vorhergesehen, dass dieses Buch auf die Bestsellerliste kommt.**"

# 4

## GELDBLOCKADEN

Geldblockaden sind limitierende Glaubenssätze, Widerstände und schlechte Gefühle, die wir zu Geld, Wohlstand und Überfluss haben. Schritt 1, um Überfluss in unserer Autor*innenkarriere zu manifestieren, ist „Fertig machen zum Gefecht": all unsere negativen Gedanken und Gefühle zu Wohlstand zu beseitigen. Wenn wir diese Verletzungen, limitierenden Glaubenssätze und Blockaden nicht angehen, werden wir kaum die Chance bekommen, etwas Neues zu erschaffen. Es ist so, als ob man versuchen würde, sein Haus auf Treibsand zu bauen. Dein wundervolles Bauwerk wird einsinken.

Die meisten von uns wurden so programmiert, Geld zu hassen. Zu glauben, dass Geld zu haben – vor allem Geld im ÜBERFLUSS –, eine Quelle des Übels in der Welt ist. Milliardäre werden verteufelt.

Sogar wenn wir glauben, wir hätten die Arbeit verrichtet, wenn wir glauben, wir wollten das Geld, laufen diese Glaubenssätze noch immer im Hintergrund, suchen unsere unterbewusste Programmierung heim.

Die Reichen werden als gierig, egoistisch, knauserig und

gefährlich für ihre Umwelt angesehen – du kennst diese Beschreibungen sicher. Keine*r von uns will eine*r von denen sein.

Es ist unmöglich, in dieser Realität zu leben, ohne Tausende von Glaubenssätzen über Geld und Wohlstand zu haben. Es gibt einfach so viele Verurteilungen darüber! Tatsächlich wird es sogar als unhöflich oder plump angesehen, über Geld zu sprechen.

Scheißegal. Hier sprechen wir über Geld.

Ich garantiere dir eins: Es sei denn, du bist bereits extrem wohlhabend und fühlst dich im Überfluss lebend, hegst du viele Blockaden und Verletzungen, was Geld angeht. Wie oft fällst du eine Entscheidung ausschließlich aufgrund von Geld? Oder lehnst eine Chance ab, weil du es dir nicht leisten kannst? Was wäre, wenn du stattdessen glaubst, dass du haben kannst, was du dir wünschst, auch wenn du nicht weißt, wie du es erhalten wirst?

Ja! Sogar wenn du nicht weißt, wie du es erhalten wirst. Du musst noch gar nicht wissen, wo es herkommt. Der Schlüssel ist, sich zur Energie der Sache auszurichten, der Möglichkeit dieser Sache.

Ein weit verbreitetes Missverständnis bezüglich des Geldes ist, je mehr du davon hast, umso weniger hat jemand anderes. Als ob es ein Kuchen auf einer Geburtstagsfeier wäre und man sich nur so viel nehmen darf, wie vorgesehen ist, oder eins der Kinder bekommt nichts mehr ab. Es herrscht der Glaube, dass Gier der Niedergang der Menschheit sei, und das mag sehr wohl stimmen.

Gier ist eine ganz andere Energie als Überfluss. Gier trägt die Energie der Verzweiflung und des Mangels mit sich. Wenn wir bei diesem Kindergeburtstagsthema bleiben, dann ist Gier das Vorpreschen, nachdem die Süßigkeiten aus der Piñata gefallen sind. In diesem Fall willst du natürlich nicht darauf warten, bis du deinen vorgesehenen Anteil erhältst. Jedes Kind weiß, dass man leer ausgeht, wenn man nicht augenblicklich vorprescht und so viele Süßigkeiten aufsammelt, wie man tragen kann. Kannst du das Gefühl des Mangels in diesem Szenario spüren? Es ist da, auch wenn es tatsächlich genug Süßigkeiten für alle gibt – in der Regel sogar viel mehr, als irgendein Kind tatsächlich brauchen oder wollen könnte.

Mir ist es schwergefallen, meinen Wunsch nach Überfluss damit zu versöhnen, nicht gierig sein zu wollen.

Ich bin Umweltschützerin. Ich habe *Der Lorax* gelesen. Ich habe gesehen, wie Gier zur Zerstörung unserer Ressourcen geführt hat. Ich wollte mich auf keinen Fall mit den Leuten verbünden, die hinter den Firmen stehen, die unsere Erde plündern.

Aber mir selbst Wohlstand zu verweigern, hilft in dieser Situation nicht. Tatsächlich kann ich mit Geld besser dabei helfen, die Umwelt zu schützen, als ohne. Ich habe mit meinem eigenen Zuhause angefangen, habe Solarplatten installiert, sammle Regenwasser und recycle Grauwasser. Habe ein E-Auto gekauft, um Abgase und die Abhängigkeit von fossilen Brennstoffen zu reduzieren. Ich spende für Aufforstung und träume davon, mein Geld in die Biodiversität meiner Kommune zu investieren.

In ihrem Buch *We Should All Be Millionaires,* weist Rachel Rodgers auf all das Gute hin, das wir mit unserem Geld anstellen können. „Geld zu verdienen und die Welt zu verbessern, sind keine Widersprüche", sagt sie.

„WENN WIR ALS FRAUEN WIRKLICH LEIDENSCHAFTLICH DAFÜR BRENNEN, unser Leben zu verbessern, die Welt für unsere Kinder zu verbessern und Gerechtigkeit für alle marginalisierten Gruppen zu erreichen, dann müssen wir antreten und Kasse machen."

- Rachel Rodgers

WENN DU ALS AUTOR*IN ernsthaft Geld verdienen willst, dann musst du anfangen, deine Geldblockaden anzugehen, oder du wirst den Überfluss daran hindern, zu dir zu strömen.

Hier sind einige der häufigsten limitierende Glaubenssätze über Geld, die eine Auswirkung darauf haben, wie viel Geld du mit deinen Büchern verdienen kannst.

**Das kann ich mir nicht leisten**

WIE OFT HAST DU SCHON ETWAS ABGETAN, ohne dir zu gestatten, wirklich darüber nachzudenken, weil du geglaubt hast, du könntest es dir nicht leisten? Die Wahrheit ist, wir können uns alles, was wir wollen, leisten oder herausfinden, wie wir es kriegen können, unabhängig davon, was unsere Umstände sind. Ich habe eine gute Freundin, die nach ihrer Scheidung praktisch mittellos dastand. Ihr Haus wurde zwangsversteigert, sie hatte keinen Job und erhielt keinen Unterhalt von ihrem Ex, aber sie hat es geschafft, sich Housesitting-Jobs in wunderschönen, teuren Häusern zu manifestieren, sodass sie ihre Kinder mit Luxus umgeben konnte, während sie ihre nächsten Schritte plante.

Wie wäre es, wenn du Entscheidungen nicht anhand von Geld triffst, sondern darauf basierend, was dich wirklich begeistert und zum Strahlen bringt? Darauf basierend, was dir am meisten bringt? Versuche, dir diese Frage zu stellen: **Wenn Geld keine Rolle spielen würde, wofür würde ich mich dann entscheiden?** Manchmal ist es die günstigere Version von etwas, manchmal nicht. Wenigstens bekommst du somit Klarheit darüber, was du wirklich willst, im Gegensatz zu dem, von dem du glaubst, du könntest es dir leisten.

Wenn du glaubst, du könntest etwas aufgrund deiner Finanzen oder anderer Umstände nicht haben, kannst du in der Zwischenzeit auch eine Art Schaufensterbummel machen. Versuche, dir die Energie der Sache zu gestatten, die du dir im Augenblick wünschst. Sage einfach: „Ich hätte gerne das da", und tue so, als ob es schon der Fall wäre. Empfange seine Energie.

Nach meiner Scheidung, aber noch bevor ich wieder bereit war, zu daten, fühlte ich mich zu einem Mann hingezogen. Ich bin mir sicher, er wäre mit mir ausgegangen – er hat mir definitiv die Signale gesendet –, aber ich befand mich absolut nicht in der Verfassung, irgendetwas zu starten. Ich wollte nicht daten. Ich war erschöpft von meiner ersten Ehe und der Scheidung und musste einfach heilen. Stattdessen entschied ich also, die Energie zu empfangen, Sex mit ihm zu haben. Ich schloss die Augen und lud diese Energie ein. Mein Körper kribbelte. Ich empfing seine Energie wie ein Geschenk. Es fühlte sich wundervoll an! Du kannst die Energie jeder Sache besitzen, die du dir im Augenblick wünschst, einfach, indem du sie empfängst. Darüber sprechen wir in Schritt 5 noch ausführlicher.

Gebiete dir selbst Einhalt, wenn du denkst oder sagst „Das kann ich mir nicht leisten" oder jede andere Variation davon, wie beispielsweise:

- Das ist zu teuer.
- Ich habe kein Geld dafür.
- Das liegt außerhalb meines Budgets.

Versuche zu bemerken, wenn du nicht einmal über Dinge in einer bestimmten Preiskategorie nachdenkst. Als ich nach einem Haus gesucht habe, habe ich in einer Preisspanne gesucht, die deutlich unter dem lag, was ich letztendlich bezahlt habe, einfach, weil ich nicht daran geglaubt habe, ich könnte mir mehr leisten. Mein Makler hat mir immer wieder das Haus gezeigt, in dem ich jetzt wohne, und als mir klar wurde, dass es mein Haus ist, habe ich einen Weg gefunden, wie es funktionieren kann. Mein Leben hat sich vollkommen geändert, einfach nur dadurch, dass ich mein Selbstimage neu gedacht habe und es ein wunderschönes Haus jenseits meiner ursprünglichen Preisspanne beinhaltet. Es war ein Upgrade, das noch immer auf so viele herrliche Arten Einfluss auf mein Leben hat.

Jedes Mal, wenn du dich dabei ertappst, einen dieser limitierenden Gedanken zu denken, tausche ihn mit einer der folgenden, umgekehrten Aussagen aus:

*Ich entscheide, mein Geld im Augenblick für andere Dinge auszugeben.*

Das ist ein guter Satz, den man zu Kindern sagen kann, falls du Kinder hast. Auf diese Weise sagst du nicht, dass deine Familie sich etwas nicht leisten kann, sondern zeigst ihnen, dass etwas *nicht* zu kaufen die Entscheidung ist, die du in diesem Moment triffst.

*Ich nehme das da.*

Kein Grund, weiter auszuführen, ob du es jetzt willst oder später, ob du es kaufen oder auf magische Weise erhalten wirst. Sprich einfach aus, dass du diese Sache gerne haben würdest, im Moment zwar nicht die Mittel dazu hast, aber bereit bist, sie auf jede Art zu empfangen, auf die sie in deinem Leben auftauchen wird.

*Alles, was ich ausgebe, wird zehnfach zu mir zurückkehren.*

Wenn du entscheidest, für etwas Geld auszugeben, von dem du glaubst, dass du es dir nicht leisten kannst – vielleicht eine unerwartete Rechnung oder einfach etwas, was ein wenig teurer ist –, sprich diesen Satz laut aus, wenn du das Geld ausgibst. Oder versuche es mit den folgenden Sätzen:

*Ich investiere in mich selbst / in meine Zukunft / in mein Business.*

*Ich bin es wert.*

Und wenn du diese Sätze aussprichst, achte darauf, wie es sich anfühlt. Wenn du einen Widerstand spürst, gehe diesem Gefühl nach und arbeite damit, bis es verschwunden ist.

### Ich muss jeden Cent sparen

DAS WAR DIE ERSTE LIMITATION, die ich von meiner Mom gelernt habe, und ein Satz, den ich nachgeäfft habe, bis ich mich aktiv dafür entschieden habe, mich von diesem Glaubenssatz zu trennen. Dieses Verständnis entsteht aus einem Mangel heraus – der Überzeugung, dass etwas Furchtbares passieren wird und man all das Geld auf dem Konto brauchen wird. Ich habe nichts gegen Sparen. Im Gegenteil, ich habe in letzter Zeit gelernt, Sparen so unterhaltsam wie möglich zu gestalten, aber man muss sich der Energie hinter dem Sparen bewusst sein. Passiert es aus Angst? Oder macht Sparen Spaß? Geld auf die College-Sparkonten meiner Kinder zu überweisen, macht mir Spaß. Ich habe Freude daran, mir ihre Zukunft auszumalen, und ich bin so froh und so geehrt, ihnen auf diese Weise helfen zu können. Das ist eine ganz andere Energie, als zu glauben, ich müsste jeden Cent sparen für den Fall, dass morgen schon meine Tantiemen austrocknen und ich mit leeren Händen dastehe. Ehrlich gesagt, ist das eine Angst, die ich immer noch regelmäßig beseitigen muss. Aber ich erinnere mich daran, dass ich diesen Einkommensstrom erschaffen habe, und sollte er versiegen, könnte ich einen anderen erschaffen. Ich habe Vertrauen in mich selbst und Vertrauen darauf, dass das Universum mir den Rücken freihält.

Sei auf der Hut vor den folgenden Sätzen, die aus deinem Mund kommen könnten:

- Man weiß nie, wann die Katastrophe eintritt.
- Morgen schon könnte alles verloren sein.
- Wer den Pfennig nicht ehrt, ist den Taler nicht wert.
- Ich spare jeden Cent für den Ruhestand.
- Ich muss Rücklagen für jede Eventualität bilden.

VERSUCHE ES MIT EINER DIESER UMGEKEHRTEN AUSSAGEN:
*Ich bin die Quelle meines Überflusses. Wenn ich mehr brauche, kann ich es selbst erschaffen.*
*Ich kann es nicht mitnehmen.*
*Ich habe es verdient.*

. . .

## MAN MUSS AUSGEBEN, solange man hat

DIESE AUSSAGE IST DAS GEGENTEIL DER VORANGEGANGENEN GELDWUNDE. Es ist der Zustand, wenn man das Bedürfnis hat, alle Rechnungen zu bezahlen, all die Dinge zu kaufen, die man braucht, und all das Geld so schnell wieder auszugeben, wie man es verdient, denn man fühlt sich unwohl damit, es zu BESITZEN oder zu behalten.

Vermutlich hast du schon von der Statistik gehört, dass Lottogewinner eine höhere Wahrscheinlichkeit haben, innerhalb von drei bis fünf Jahren nach ihrem Gewinn Privatinsolvenz anmelden zu müssen, als der Durchschnittsamerikaner in seinem ganzen Leben. Manchmal erhalten Menschen Geld, aber sie fühlen sich unwohl damit, es bei sich zu behalten, vor allem, wenn es alles auf einmal und rasend schnell in ihren Schoß fällt. Letztlich liegt das vielleicht an dem Gefühl, sie hätten das Geld nicht verdient, das sie gewonnen oder geerbt haben. Oder vielleicht haben sie keine Zeit darauf verwendet, ihr Selbstbild anzugleichen und sich als jemand zu begreifen, der Geld hat. Reich ist. Ein volles Konto besitzt.

Nachdem ich mich von der Einstellung meiner Mutter geheilt hatte, jeden Penny sparen zu müssen, habe ich die gegenteilige Richtung eingeschlagen. Ich habe mich nicht übernommen oder Geld ausgegeben, das ich nicht hatte, aber in dem Augenblick, als Geld reinkam, habe ich es sofort wieder weitergegeben. Ich habe sofort alle Rechnungen bezahlt und anschließend den Rest des Geldes für Dinge auf meiner Wunschliste ausgegeben. Scheinbar habe ich mich nicht wohl damit gefühlt, einfach Geld zu *haben*. Das mit dem Geld verdienen hatte ich verstanden und das Ausgeben klappte auch sehr gut, aber das *Behalten* war keine vertraute Energie. Meine Freundin und spirituelle Beraterin Simone Gers hat mir gesagt, der Grund dafür sei der, dass Sparen scheinbar keinen Spaß macht. Ich sollte es als das „Befüllen meiner Schatztruhe" begreifen anstatt als langweilige Geizhalsaktivität, die meine Mom immer gepredigt hatte. Also habe ich mein Sparkonto in „Schatztruhe" umbenannt und es zur Priorität gemacht, jeden Monat mindestens zehn Prozent meiner Einnahmen dorthin zu überweisen. Dabei zuzusehen, wie es anwächst, ist mittlerweile so unterhaltsam für mich, wie das Geld auszugeben.

Ziehe also in Erwägung, erst dich selbst zu bezahlen, bevor du Dinge kaufst, die du brauchst, oder die Rechnungen bezahlst, die noch offen sind. Lege ein Sparkonto an, das der Ort ist, an dem du Geld anwachsen lässt, einfach nur, um es zu behalten, zu haben, für nichts Bestimmtes.

Achte auf Glaubenssätze oder Verhalten wie Folgende:

- Es gibt keine Garantie, dass ich jemals wieder so viel verdiene. (Autor*innen können diesen Gedanken so gut nachvollziehen!)
- Ich muss meine Rechnungen bezahlen, sobald sie ins Haus flattern.
- Man muss ausgeben, solange man hat, denn man weiß nie, wann es wiederkommt.
- Dieser Geldsegen war möglicherweise nur ein Zufall.
- Das war mein großer Zahltag, also muss ich jetzt all die Dinge kaufen, die ich mir bisher immer versagt habe.
- Ich fühle mich flüssig, also sollte ich meinen Wohlstand teilen. (An Großzügigkeit ist nichts

auszusetzen, aber hast du zuerst dich selbst bezahlt?)

GEGENTEILIGE AUSSAGEN HIER KÖNNTEN SEIN:
*Das Geld kommt zu mir und bleibt bei mir.*
*Ich liebe es, Geld auf dem Konto zu haben.*
*Ich bezahle mich selbst zuerst (und spare einen gewissen Prozentsatz, bevor ich jemand anderen bezahle).*

## Es gibt nur ein bestimmtes Kontingent an Überfluss

ICH BIN MIR NICHT SICHER, woher diese Idee kommt, aber sie ist überall verbreitet. Das Konzept hier ist, dass es nicht genug für alle gibt. Wenn du also mehr hast, muss jemand anderes folglich weniger haben.

Manchmal taucht diese Vorstellung als eine Art Aberglaube auf, als ob es eine kosmische Waage gäbe, die ausbalanciert werden müsste. Vielleicht glaubst du, wenn du gierig bist oder Glück hast, wird etwas Schlimmes passieren.

Am selben Tag, als eine befreundete Autorin, Tess Summers, es auf die *USA-Today*-Bestsellerliste geschafft hatte – ein lebenslanger Traum von ihr –, gab es in unserer Heimatstadt eine Tragödie. Ihr Mann ist Polizeibeamter und einer seiner Kollegen wurde während eines Einsatzes erschossen. Als wir zusammen Tess' Erfolg gefeiert haben, hat sie mir gestanden, dass sie nichts gegen den Gedanken tun konnte, diese Tragödie wäre die Tat des Universums gewesen, das das Gute, was Tess passiert war, mit etwas Schlimmem ausbalancieren musste.

Ich widersprach damit, dass in der Welt ständig schlimme Dinge passierten, die nichts mit den guten Dingen zu tun haben, die passieren. Wir haben die Tendenz, uns schuldig zu fühlen, wenn wir unsere Erfolge feiern und Überfluss erfahren, während jemand anderes leiden muss. Vielleicht kommt es uns sogar mitleidlos oder grausam vor.

Wir haben bereits ein wenig über diese Problematik gesprochen. Die Vorstellung, dass Wohlstand zu haben irgendwie einem anderen Menschen den Wohlstand verwehren würde. Das hier ist deine Erinnerung daran, dass du einem anderen Menschen nicht die Luft zum Atmen nimmst, wenn du atmest. Niemand steht in der Sonne und lenkt die Strahlen von jemand anderem weg. Genau wie Sonnenstrahlen und Sauerstoff ist Überfluss eine Energie, die für alle verfügbar ist. Es ist keine begrenzte Ressource. Wenn sich jeder im Überfluss fühlen würde, dann würde unsere Wirtschaft einen Höhenflug erleben, es gäbe mehr Jobs und mehr Millionäre.

Als Covid eingeschlagen hat und wir in die ersten Lockdowns gingen, gab es in der ganzen Welt große finanzielle Engpässe. Erinnerst du dich noch an die Klopapier-Knappheit? Das war buchstäblich das Resultat von Leuten, die Angst hatten, nicht genug zu bekommen, und in die Läden gestürmt sind und die Regale leergeräumt haben. In Wahrheit wäre genug Toilettenpapier dagewesen, wenn nicht alle völlig durchgedreht wären und Vorräte gehamstert hätten. Das ist ein erstklassiger Beweis dafür, wie eine Mentalität des Mangels Toilettenpapier zum Verschwinden bringen kann.

Mir wurde bewusst, dass die Wirtschaftslage in Wirklichkeit nur ein kollektiver Bewusstseinszustand ist. Wenn Leute ihr Empfinden des Überflusses schrumpfen lassen, hören sie auf, Geld auszugeben, und die Wirtschaft verlangsamt sich. Wenn sie die Einstellung vergrößern, fließt die Wirtschaft wieder. Natürlich weiß ich, dass mein Glaubenssystem ein wenig unorthodox ist, und in der Regel behalte ich es für mich, aber Ökonomen sagen tatsächlich das Gleiche. Laut dem Brookings Institute[1] spielt Inflationserwartung – das Maß der Überzeugung, mit dem die Leute einen Preisanstieg in der Zukunft erwarten – eine wichtige Rolle, denn die tatsächliche Inflation hängt davon ab, was wir erwarten.

Und viel wichtiger noch, wenn du dich selbst für Überfluss entscheidest, wird er für alle anderen *zugänglicher*, denn das ist die Energie, die in diesem Feld herrscht. Du trägst zum Überfluss-Bewusstsein aller auf dem Planeten bei.

Stelle dir vor, es ginge dir nicht gut, dann ist die Person, mit der du sprechen willst, doch jemand, der bekräftigt, was möglich ist, nicht das, was ohnehin schon mit der Welt im Argen ist. Du brauchst keine Freunde, damit sie zusammen mit dir ein Loch graben und sich darin verkriechen. Du brauchst Freunde, die dir die Hand anreichen und heraushelfen.

Ich muss aufpassen, weil ich sehr mitfühlend bin. Es ist einfach für mich, mich schnell mit den emotionalen Geschichten zu identifizieren, die ich höre. Schon allein die Nachrichten zu schauen, hat zur Folge, dass ich mir über das Unglück anderer die Augen aus dem Kopf weine. In diesen Momenten muss ich mich einfach daran erinnern, dass es ihren Schmerz nicht lindert, wenn ich ihn auch spüre, sondern dass es nur für noch mehr Schmerz auf der Welt sorgt. Mein Talent ist, heiter zu bleiben, mein Licht zu verströmen und andere mit meiner Energie emporzuheben.

Achte auf Gedanken oder Glaubenssätze wie:

- Ich kann nicht alles haben.
- Großer Reichtum verlangt große Opfer (von Zeit, Arbeit, Gesundheit etc.)
- Es ist nicht richtig, dass ich glücklich bin, wenn andere leide.

DIE UMGEKEHRTEN AUSSAGEN:
*Meine Freude und mein Überfluss tragen auch zur Freude und zum Überfluss anderer bei.*
*Ich kann alles haben.*
*Meine Freude ist ein Geschenk für die Welt.*

**Geld ist die Wurzel allen Übels**

GELD IST MACHT. Es ist Freiheit. Es ist das Mittel, mit dem wir viele der Dinge kaufen, die wir haben wollen. Ist es Böse? Nein. Geld ist nur Geld. Ja, Gier kann Menschen dazu bringen, sich grausam zu verhalten. Aber du wirst das nicht tun. Du wirst mit deinem Geld wundervolle, fantastische Dinge tun. Du wirst eine große Bereicherung für unseren Planten sein, einfach, indem du dir erlaubst, Geld zu haben, und ich weiß, dass du es zum Guten einsetzen wirst.

Als ich zum ersten Mal sechsstellig verdient habe, habe ich meine Garderobe auf Vordermann gebracht. Eine Freundin von mir, die Modeexpertin ist, hat mich zu *Off Saks* geschleppt und mich in einem Dutzend neuer Outfits gestylt. Das Problem war nur, dass ich wie einer dieser

Lottogewinner war, der sein Geld nicht zusammenhalten kann. Mein Selbstbild hatte sich nicht dahin mitentwickelt, Geld zu besitzen und mich gut anzuziehen. Ich fühlte mich in meinen neuen Sachen nicht wohl. Ich sah mich weiterhin als die Hippie-/Müslimami. Die künstlerische Kreative, die T-Shirts mit Grafikdrucken und Converse trug. Ich war im Elternausschuss einer Magnetschule aktiv. Ich kann mich noch lebhaft daran erinnern, wie ich in meinen neuen, glitzernden schwarz-silbernen Steve-Madden-Sneakern auf dem Schulhof stand und mir vorkam wie eine Mom aus den reichen Vororten. Die Sorte, die – wie ich mir vorstellte – während den Schulzeiten am Vormittag Pilatesunterricht nimmt und nicht zu arbeiten braucht, weil sie einen reichen Mann hat.

Nicht, dass ich denken würde, diese Moms wären schlechte Menschen oder so viel anders als ich. Ich meine, hey, ich bin auch schon vormittags zum Pilates gegangen! Aber ich hatte definitiv Vorurteile über sie. In meiner Vorstellung waren sie konservativ. Kümmerten sich nur um sich selbst und ihre Familien anstatt um die Gesellschaft als Ganzes. Ich meine, vermutlich haben sie sich dazu entschieden, in die Vorstädte zu ziehen, um der einkommensschwachen Bevölkerung aus dem Weg zu gehen, dachte ich. Diese Moms schicken ihre Kinder auf keine Magnetschule, um eine Veränderung für die Kinder aus einkommensschwachen Gegenden zu ermöglichen. Ich schätze, tief im Inneren glaubte ich immer noch, dass reichen Menschen doof sind. Sie waren habgierige Snobs, wollten immer gewinnen und kümmerten sich nicht um den Rest der Welt.

Es dauerte eine Weile, bis ich mich okay damit fühlte, hübschere Dinge zu besitzen, und zu begreifen, dass diese hübschen Dinge mich nicht automatisch in diesen Villenviertel-Mom-Stereotyp verwandelten, den ich so verurteilte.

Man muss nicht korrupt werden, um Geld haben zu wollen. Was, wenn du entscheidest, eine wohltätige, reiche Person zu sein? Was, wenn du deinen Reichtum dazu nutzt, um in der Welt Veränderungen zu bewirken? Was, wenn du Großzügigkeit zeigst, die das Leben anderer Menschen für immer verändert?

Höre in dich hinein und finde heraus, ob du solche Glaubenssätze beherbergst:

- Geld wird mich verändern und korrumpieren.
- Ich will kein Snob oder eine reiche Bitch sein.
- Meine Moral muss sich ändern oder verschlechtern, um sich daran anzupassen, Geld zu haben.
- Reiche Leute sind knauserig.
- Reiche Leute verdienen ihr Geld durch die Opfer anderer. Sie zerstören die Umwelt. Sie kümmern sich nur um sich selbst.

Versuche es mit diesen umgekehrten Aussagen:

*Ich werde mit meinem Wohlstand wundervolle Dinge für meine Gemeinschaft tun.*

*Geld ist ein Mittel, um Gutes zu tun.*

*Ich werde mein Geld nutzen, um in meinem Leben und im Leben anderer positive Veränderungen zu ermöglichen.*

**Egal, was ich tue, ich werde meine Schulden niemals tilgen können / niemals vorankommen**

. . .

Hast du schon mal von der *Happiness-Set-Point*-Theorie gehört, der Theorie eines festgelegten Punkts, an dem sich individuelles Glücksempfinden einpegelt? Es ist das Konzept, dass jede Person ein festgelegtes Level an Glück besitzt, das tagtäglich sowie im Laufe des Lebens keinen außergewöhnlichen Schwankungen unterliegt. Tja, **möglicherweise hast du genauso auch ein festgelegtes Level für Schulden und Einkommen.**

Ich wurde in der Vorstellung erzogen, dass Schulden gefährlich sind und nur mit sehr viel Vorsicht gemacht werden sollten, also war mein festgelegtes Level für Schulden immer sehr niedrig. Ich habe gespart, um gebrauchte Autos zu kaufen, und habe meine Kreditkartenrechnungen immer am Ende des Monats bezahlt. Als ich verheiratet war, hatte mein Ex-Mann ein anderes Level, auf dem er sich hinsichtlich Schulden wohlgefühlt hat. In seiner Vorstellung war ein Kredit etwas, was man einsetzte, um die Dinge zu erreichen, die man machen wollte. Es war ein Weg, das Geld für sich arbeiten zu lassen. Wir waren beide Entrepreneure und er hat mir gezeigt, wie ich unseren Kredit einsetzen konnte, um Equipment für das Start-up zu kaufen, oder in unser Unternehmen investieren konnte. Eine Weile lang habe ich mich wohl damit gefühlt, eine gewisse Summe auf unserer Kreditkarte zu haben. Ganz egal, was passierte, ich schien immer etwa zehntausend Dollar auf der Kreditschuldenseite zu haben. Das war mein neuer Set-Point.

Eines Tages habe ich das einer Freundin erzählt, die ihre Verurteilung meines Verhaltens durchschimmern ließ, als sie verkündete: „Ich würde niemals Schulden auf meiner Kreditkarte sammeln. Daran glaube ich einfach nicht." Augenblicklich fand ich mich wieder in Scham über meine Situation wieder und habe ganz schnell nach Lösungen gesucht, um diese Schulden innerhalb weniger Monate komplett abzubezahlen. Und seitdem hatte ich auf dieser Karte keine Schulden mehr. Wie du siehst, ist das alles eine Frage der Entscheidung. Es gab Jahre, in denen ich das Gefühl hatte, ich könnte nichts tun, um diese Schulden loszuwerden, sie schienen einfach immer gleich zu bleiben, bis ich es mir eines Tages einfach anders überlegt und mich darum gekümmert habe.

Das Gleiche gilt für dein Einkommen. Du hast möglicherweise einen bestimmten Spielraum, von dem du weißt, dass du darin leben musst, und alles darüber hinaus kommt dir unerreichbar vor. Darf ich dich darauf hinweisen, dass du vermutlich auch niemals weniger verdienen wirst? Es sei denn, es kommt zu gravierenden Umständen, möchte ich wetten, dass du immer wissen wirst, wie du das Geld verdienen kannst, das du brauchst.

Also ... die Antwort darauf, wie du aus den Schulden und vorankommen kannst, könnte möglicherweise so einfach sein, wie deinen Set-Point zu verschieben. Das Level, auf dem du dich mit deinen Schulden oder deinem Einkommen wohlfühlst.

Als meine Kinder noch klein waren, haben wir viele Jahre lang von einem Einkommen von 30.000 bis 40.000 Dollar pro Jahr für eine vierköpfige Familie gelebt. Das zählt noch nicht einmal zur Mittelschicht, und dennoch habe ich mich nie arm gefühlt. Wir besaßen ein Haus und Autos und haben preiswert Urlaub gemacht und niemals Mangel gelitten. Ich fühlte mich im Prinzip auf diesem Einkommenslevel wohl. Sicher, ich wollte mehr, und deshalb konzentrierte ich mich darauf, meine Bücher zu vermarkten, aber als ein Set-Point hat es funktioniert. Mittlerweile ist mein Set-Point viel höher angesetzt. Wenn ich in meiner Übersicht auf BookReport keine sechsstellige Zahl sehen, muss ich alles Kleinmachen in meiner Welt beseitigen, um mich davor zu bewahren, wieder in eine Einstellung des Mangels zu verfallen und mich zu fragen, was los ist, und Angst davor zu haben, dass es alles schon morgen vorbei sein wird.

Wie verschiebt man also einen Set-Point, dieses festgelegte Level? Es ist eine Intention, ein Vorsatz mit ein bisschen Kraft und Stärke dahinter. Der Ursprung des Wortes „Entscheidung" ist buchstäblich „(ab)schneiden, trennen, spalten". Wenn du also entscheidest, deine Schulden zu beseitigen, oder entscheidest, den Set-Point deines Einkommens zu verändern, trennst du alle anderen Optionen ab.

Meine Co-Autorin und beste Freundin Lee Savino erzählt immer, dass sie das erste Mal, als sie durch ihre Bücher sechstausend Dollar in einem Monat verdient hat, entschieden hat: „Ich bin jetzt eine Autorin mit sechsstelligem Einkommen. Ich werde nie wieder weniger verdienen als achttausend Dollar im Monat." Sie hatte keinen Grund, so eine Entscheidung aufgrund ihrer früheren Erfahrungen zu treffen, abgesehen davon, dass sie im Februar diese sechstausend Dollar verdient hatte, was ein kurzer Monat ist und die Einnahmen deshalb in einem längeren Monat möglicherweise noch höher hätten sein können. Sie hatte noch nie im Leben achttausend Dollar pro Monat verdient. Aber sie hat es an diesem Tag entschieden und es wurde augenblicklich zu ihrem neuen Set-Point. Zu ihrer neuen Realität. Seitdem hat sie nie wieder weniger als achttausend Dollar pro Monat verdient.

Schauen wir uns nochmal diese Lottogewinner an. Siebzig Prozent von ihnen sind innerhalb von sieben Jahren nach ihrem Gewinn pleite und ein Drittel von ihnen müssen Privatinsolvenz anmelden. Ich glaube, das könnte mit ihrem Set-Point zusammenhängen. Sie waren in der

Lage, riesige Summen Geld anzuziehen, aber da ihr Set-Point und ihr Selbstverständnis noch nicht angepasst waren, fühlten sie sich nicht wohl damit, das Geld auch zu behalten. Sie landeten am Ende wieder bei ihrem Set-Point. In dem Lebensbereich, in dem sie sich wohlfühlen.

**Weitere Set-Points**

Set-Points zeigen sich auch in anderen Bereichen des Autor*innen-Business. Hast du schon mal die Geschichte der Vier-Minuten-Meile gehört? Beinahe hundert Jahre lang haben Läufer immer wieder versucht, eine Meile in weniger als vier Minuten zu laufen, aber sie schienen es einfach nicht zu schaffen. Es wurde zu einer mentalen Barriere. Aber sobald Roger Barrister diesen Rekord 1954 geknackt hatte, machten es ihm andere sofort nach. Sobald sie gesehen hatten, dass es machbar war, sobald sie wussten, dass es eine Möglichkeit war, taten es ihm tausende andere Läufer gleich.

Auf Amazon in die Top 100 zu kommen, war für eine Gruppe von uns diese Vier-Minuten-Meile. Wir hatten alle zusammen einen Kurs zu Facebook-Anzeigen belegt, hatten gelernt, wie wir Anzeigen einsetzen, um unsere Kindle-Unlimited-Bücher mit einem Paukenschlag anzukündigen. In die Top 100 zu kommen, war ein Zeichen für Erfolg, aber keine von uns hatte es bisher geschafft. Das war etwas, was anderen Autor*innen vorbehalten war. Den Besonderen. Nicht uns.

Ich hatte angefangen, erotische, schmutzige Liebesromane zu schreiben, und irgendwann im Laufe des Prozesses hatte sich der Gedanke in meinem Kopf festgesetzt, dass nur „Mainstream"-Autor*innen auf diese Bestenliste kommen könnten. Meine Bücher waren zu unanständig. Sie würden immer in der Schmuddel-Schublade feststecken. Siehst du, wie aufgeladen mit Niederlagen und Limitierungen diese Vorstellung ist?

Und dann knackte eine aus unserer Gruppe mit ihrer Veröffentlichung diese Liste – die super clevere Stasia Black. Sobald wir gesehen hatten, wie sie es geschafft hatte, schafften wir es alle. Lee Savino und ich folgte ihr beinahe augenblicklich mit einem unserer *Bad-Boy-Alphas*-Büchern, dann schafften es auch andere in unserer Gruppe, bis es zur Norm wurde. Alle von uns schafften es mit unseren Neuveröffentlichungen in die Top 100.

Achte also auf Set-Points wie diese:

- Meine Bücher werden immer auf Platz X der Amazon-Rangliste stehen.
- Ich werde niemals ein BookBub-Konto bekommen.
- Ich habe keine „Auszeichnungen" (*New York Times*-, *Wall Street Journal*- oder *USA Today*-Bestsellerlisten).

DIE UMGEKEHRTEN AUSSAGEN:

*Jedes Buch, das ich schreibe, wird in die Top 100 kommen.*

*BookBub liebt mich – ich weiß genau, wann ich mich bewerben muss, und werde ein Angebot mit Vorankündigung bekommen.*

*Ich bin ein\*e New York Times-Bestsellerautor\*in.*

*Ich verdiene als Autor\*in siebenstellige Summen.*

. . .

## Es ist falsch, mehr zu besitzen, als ich brauche

Dieser Glaubenssatz ist in vielen Religionen tief verankert. Denke nur an das Zitat aus dem Neuen Testament: „Eher geht ein Kamel durch ein Nadelöhr, als dass ein Reicher in das Reich Gottes gelangt."

Es ist nicht falsch, sich mehr zu wünschen, als man hat oder braucht. Ehrlich gesagt, ist das ein natürliches Verlangen der Menschen. Wir wollen immer mehr. Wir versuchen immer, uns zu verbessern, zu wachsen, zu expandieren. Wir wollen das Leben in vollen Zügen genießen.

Ich erreichte mein Ziel, als Autorin pro Jahr eine siebenstellige Summe zu verdienen, und sobald ich das geschafft hatte, bat ich darum, diese Summe zu verdoppeln. Weil ich mehr Geld brauchte? Nein. Weil es mir Spaß macht, zu erschaffen. Es macht Spaß, Erfolg zu haben. Würde es Sinn ergeben, wenn ich jetzt einfach aufhören würde, zu schreiben, nachdem ich eine Million verdient habe? Aufhören würde, das zu tun, was ich liebe? Es zu beenden, ihm den Riegel vorzuschieben?

Natürlich nicht!

Aber selbst während ich das hier schreibe, schaudere ich innerlich ein bisschen, bekomme das Gefühl, als ob ich dafür verurteilt werden würde, zu sagen, eine Million pro Jahr wäre nicht genug. Ich bin so dankbar für das, was ich erhalte, aber es ist nie genug. Ich will immer noch weiter wachsen, mich ausstrecken, lernen, weiterentwickeln. Geld ist nur einer der Maßstäbe, anhand derer man Erfolg messen kann. Es ist eine Reflexion dieses Wachstums.

Für diejenigen, die religiös sind, kann ich von einer Sache berichten, die mir geholfen hat, diese Zweifel und Fragen als junge Erwachsene zu lösen, nämlich mithilfe von

Julia Camerons spirituellen Prinzipien der Kreativität in *Der Weg des Künstlers*. Kurz gesagt, stellt sie die Idee vor, dass Schöpfung ein Akt Gottes ist. Wenn wir also erschaffen (und jede Manifestierung ist ein Schöpfungsakt), dann erwidern wir dieses Geschenk. Sie sagt: „Unsere kreativen Träume und Sehnsüchte kommen aus einer göttlichen Quelle. Während wir unseren Träumen näherkommen, kommen wir auch dem Göttlichen in uns näher."

Wenn du dieses Buch noch nicht gelesen hast, kann ich es nur wärmstens empfehlen. Allein die vorgegebenen Morgenseiten und der Künstlertreff werden dein Leben verbessern und die Tore öffnen, um mehr zu empfangen.

- Wann ist es genug?
- Niemand braucht so viel Geld.
- Es ist falsch, mehr zu haben, als man braucht.

DIE UMGEKEHRTEN AUSSAGEN KÖNNTEN SO AUSSEHEN:

*Es gibt immer genug und immer mehr, was man haben kann.*

*Überfluss zu erschaffen, ist göttlich.*

*Geld zu verdienen, ist meine Lieblingsbeschäftigung.* (Ich weiß nicht, ob das wirklich die umgekehrte Aussage von irgendwas ist, aber es kam mir wie eine fantastische Affirmation vor.)

ICH HABE SO VIEL ERFOLG / **Geld nicht verdient**

. . .

Wir werden schon sehr früh im Leben mit der Frage des Verdient-Habens konfrontiert. Babys kommen nicht auf die Welt und fragen sich, ob sie Liebe oder Essen oder Pflege verdient haben. Aber Kinder lernen sehr schnell, wie viel oder wenig ihre Bezugspersonen und die Welt als solche austeilen.

Meine Mom wurde während der Großen Depression auf einer Farm geboren und war eine zwanghafte Sparerin. Wie man mit Geld umging, war bei ihr mit der Frage der Moralität eng verknüpft. Sie wurde in dem puritanischen Glauben erzogen, dass harte Arbeit und Bescheidenheit genug Wohlstand mit sich bringen würden, um sich um andere und sich selbst kümmern zu können. Gute Menschen machten keine Schulden und brauchten oder wollten auch nichts von anderen. Sie liehen sich kein Geld. Meine Großmutter besaß keine Kreditkarte, bis sie über achtzig war, und dann auch nur deswegen, um sich ein Flugticket zu kaufen! Die beiden waren niemals protzig oder extravagant. Sie kamen mit ihren Einkünften aus.

Meine Mutter hat sich nie irgendeinen Luxus gegönnt. Als sie am Ende ihres Lebens zu mir gezogen ist, um Hospizpflege zu erhalten, hatte ihr Betreuer vorgeschlagen, dass sie unsere Kabelrechnung bezahlt, damit sie ihre Lieblingssendung schauen kann. Wir hatten damals keinen Kabelanschluss und sie kam sich wie eine Last vor, also argumentierte der Betreuer, dass sie auf diese Weise das Gefühl bekommen könnte, etwas beizusteuern, und außerdem *The Good Wife* schauen konnte (das war natürlich vor der Zeit, als Netflix Einzug in jedes Haus hielt). Sie druckste eine Ewigkeit wegen dieser dreißig Dollar herum, die es im Monat kosten würde.

Als ich mit ihr zu einem Anwalt ging, um ihr Testament aufzusetzen, war ich schockiert, als ich herausfand, dass sie siebenhundertfünfzigtausend Dollar auf dem Konto hatte und mir und meinem Bruder eine ordentliche Erbschaft hinterlassen würde. Sie hatte in ihrem Job nie mehr als dreißigtausend pro Jahr verdient, also hatte sie das alles durch Sparen und sorgfältige Investitionen angesammelt – mit den Lektionen, die sie mir über Geld beigebracht hatte.

Das waren keine schlechten Lektionen. Sie hatten mir erlaubt, schon mit fünfundzwanzig in eine Immobilie zu investieren und die höchstmöglichen Beiträge zur privaten Altersvorsorge zu zahlen. Aber sie haben mir nie das Gefühl des Überflusses vermittelt. Sie haben mir beigebracht, aus dem Mangel heraus zu funktionieren. Nach diesem Besuch beim Anwalt erwähnte ich ihr Hin- und Herüberlegen wegen des Kabelanschlusses und wie albern mir das vorkam, wenn sie doch so viel Geld auf der hohen Kante hatte. Sie erklärte mir, dass sie immer befürchtet hatte, in einem Heim zu landen, was diese Ersparnisse sehr schnell auffressen konnte. Ihre Angst war gerechtfertigt gewesen, natürlich, aber aus Angst zu agieren, erschafft niemals mehr. Es zieht einfach nur mehr Mangel an. Meine Mutter starb, ohne ihr Geld genossen zu haben, abgesehen davon, in den drei Monaten vor ihrem Tod ihre Lieblingssendung zu schauen und zu wissen, dass sie für ihre Enkelkinder vorgesorgt hatte.

Und was war mit mir? Gab mir mein plötzliches Erbe das Gefühl, wohlhabend zu sein?

Das hätte es tun sollen.

Aber dann ... kam meine Tante zu uns geflogen, um mit der Beerdigung zu helfen, und hat mich eindringlich gewarnt, nichts dieser Erbschaft auszugeben ... (weil, du weißt schon, die gleichen Geldwunden). Also habe ich es nicht getan. Ich habe ein winziges bisschen ausgegeben. Ich habe meine Tochter zum Klavierunterricht angemeldet (eine Extravaganz, die ich mir bisher nicht hatte leisten können), weil ich wusste, dass meine Mom gerne gewollt hätte, dass ihre Enkeltochter Klavier spielt.

Mein Ex-Mann fühlte sich zu dieser Zeit etwas mehr im Überfluss als ich. Er hat mich dazu überredet, mit dem Geld eine Mietimmobilie in Taos, New Mexico, zu kaufen, wo er den Sommer über arbeitete. Ich konnte diesen Kauf als eine vernünftige Investition rechtfertigen und es vor meiner Tante und meinem Onkel begründen, also haben wir es durchgezogen. Aber immer, wenn ich jemandem davon erzählte, dass wir uns dieses Haus leisten konnten, habe ich es immer mit dem Satz eingeleitet: „Meine Mom ist gestorben, also ... ", damit bloß niemand glaubte, ich hätte bloß Glück gehabt. Oder Überfluss. Als ob dieses Haus der Trostpreis dafür wäre, meine Mom verloren zu haben, nicht eine Entscheidung, die ich gefällt hatte, um mit einer Einstellung des Überflusses zu leben anstelle der des Mangels. Denn ganz ehrlich? Ich glaubte noch immer nicht, dass ich ein Sommerhaus in Taos verdient hatte. Nur reiche Bitches hatten so etwas verdient, und ich war noch nicht bereit, eine von ihnen zu sein.

Ein paar Jahre später – und nach jeder Menge Heilen von Geldwunden – habe ich mich von meinem Mann getrennt und angefangen, nach einem neuen Zuhause zu suchen. Ich hätte zurückhaltend und vorsichtig mit meinem Geld sein können, wie es eine Mutter mir beigebracht hatte. Ich hätte das Haus in Taos verkaufen, meinen derzeitigen Wohnsitz verkleinern und mich zurückhalten und vorsichtig sein können. Ich war schließlich Autorin. Mein Einkommen war niemals garantiert. Sollte ich mich nicht auf die drohende Katastrophe vorbereiten, so wie meine Mutter es getan hatte?

Ich konnte definitiv die Stimme meiner Mutter in meinem Kopf hören, wie sie mir diesen Rat gab.

Aber ich hatte lange genug an meinen Blockaden gearbeitet, um zu wissen, dass ich mir so nicht die Zukunft erschaffen würde, von der ich träumte.

Ich wollte meine Wohnsituation nicht verkleinern. Nachdem ich an meinen Geldblockaden gearbeitet hatte, hatte ich es satt, zu glauben, ich hätte nicht mehr verdient. Ich dachte, wenn ich mich schon bewegen würde, dann doch nach oben, nicht lateral oder, schlimmer noch, nach unten. Ich bat das Universum um Hilfe und es hat geantwortet. Ich musste kreativ denken und mir viel einfallen lassen, aber ich habe mich dem Universum geöffnet, meine innere Führung angezapft und die Botschaft erhalten, dass ich einen Teil des Farmlands meiner Mutter in Iowa verkaufen und den Rest meines Erbes benutzen sollte – ja, genau, das, von dem meine Tante gesagt hat, ich solle es nicht ausgeben –, um mir ein großes, wunderschönes Haus zu kaufen. Mehr Haus, als ich brauchte. Ein größeres Haus als mein damaliges.

Ein Schloss.

Das war für mich ein riesiger Sprung. Ich versuchte, mir einzureden, dass meine Mom gewollt hätte, dass ich ihr Geld ausgebe, um mich um ihre Enkelkinder und mich selbst zu kümmern, aber ganz ehrlich? Sie hätte diese Extravaganz nicht gutgeheißen. Und das ist okay. Denn ich heiße es gut. Ich habe entschieden, dass ich es verdient habe. Diese Entscheidung zu treffen, hat in meiner finanziellen Realität *den entscheidenden Unterschied* gemacht. Ich habe ein mächtiges Signal ans Universum geschickt, dass ich es wert bin. Dass ich schöne Dinge verdient habe. Dass es mir erlaubt ist, mir etwas zu gönnen.

Jedes Mal, wenn du für dich einstehst, antwortet das

Universum auf die gleiche Weise und steht für dich ein. Es bringt mehr Überfluss, mehr Dinge, die du magst. Weniger Dinge, die du nicht willst.

Nachdem ich mir mein Schloss gekauft hatte, versiegte das Geld nicht etwa ganz plötzlich. Gott hat mich nicht bestraft, weil ich es ausgegeben habe. Mein Überfluss hat nicht dafür gesorgt, dass jemand anderes auf der Straße landet. Tatsächlich habe ich sogar dadurch, mich für mich selbst zu entscheiden, diese Möglichkeit auch in das Energiefeld jeder anderen Person geschickt. An dich, die du dieses Buch liest. Jedes Mal, wenn wir uns für den Überfluss entscheiden, machen wir ihn auch für alle anderen zugänglicher. Sich um sich selbst zu kümmern, ist ein Geschenk an die Menschheit.

Ich glaube mehr und mehr, dass es mir erlaubt ist, Geld zu haben. Es wird bleiben. Ich habe es verdient. Ich heiße es willkommen. *Ich bin bereit, es zu empfangen.*

Weitere Beispiele könnten sein:

- Das passiert nur anderen Menschen, nicht mir.
- Ich bin nicht besonders genug, nicht gut genug, um all das zu haben.
- Es ist Bestandteil des Künstlerdaseins, erfolglos zu sein.
- Ich sollte nicht _____.

Umgekehrte Aussagen:
*Ich habe das alles verdient.*
*Ich habe es verdient.*
*Ich bin genug.*

. . .

**Ich muss hart für mein Geld arbeiten**

ICH GESTEHE, ich kann ein absoluter Workaholic sein. Hartnäckig am Schuften, ohne Unterlass. Ich produziere ein Buch nach dem nächsten. Die Zeit, in der ich nicht schreibe, verbringe ich damit, meine Bücher zu vermarkten. In meinem Haus gibt es keine Rast für die Gottlosen und ich bin mir sicher, dass ich irgendwann auch dem Glauben aufgesessen bin, dass es dieses Schuften braucht, um erfolgreich zu sein.

DIE WAHRHEIT IST, man muss sich nicht kaputtmachen, um Überfluss zu genießen.

DU MUSST GAR NICHTS TUN. **Was, wenn du einfach für dein *Sein* schon Geld bekommen könntest?**

Ich weiß, logisch betrachtet klingt das völlig absurd, aber höre mir einen Augenblick zu. Wenn du fest daran glaubst, dass deine Stunden einer bestimmten Summe Geld entsprechen, dann wirst du immer in diesem Chaos verfangen sein, hart arbeiten zu müssen, um Überfluss genießen zu können.

Überfluss ist ein Energiefluss. Es ist kein Boss, der deine Arbeitszeiten kontrolliert. Dein Körper und dein Sein können als Empfänger oder Leiter für Geld fungieren, damit es einfach zu dir fließt. Das bedeutet nicht, dass du den ganzen Tag auf der Couch sitzen und Bonbons futtern wirst. Oder vielleicht ja doch! Du wirst deinem Bauchgefühl folgen, wissen, wann du agieren musst und wann du deinen Schöpfungen Zeit zum Atmen geben musst. Du wirst lernen, dass den Dingen ein göttliches Timing innewohnt, und manchmal braucht es nur ein bisschen Geduld, nicht harte Arbeit oder Frustration oder Schufterei. Über dieses Konzept sprechen wir in Schritt 6: „Let it Be – Lass los" noch weiter.

In der monatlichen Author-Abundance-Mitgliedschaft hatten wir kürzlich einen Videoanruf, bei dem es darum ging, unsere Bücher auf TikTok viral gehen zu lassen. Viele der Teilnehmer*innen sträuben sich, sich voll und ganz auf TikTok einzulassen, weil es sich anfühlte wie eine weitere Aufgabe, die sie auf ihre ohnehin schon volle To-do-Liste schreiben mussten. Du kennst diese Ratschläge – wir sollten pro Woche drei bis fünf Videos posten. Oder pro Tag, je nachdem, wen man fragt.

Während des Anrufs habe ich eine Meditation über virale TikTok-Videos angeleitet, und die Teilnehmer*innen wurden ermutigt, ihrer Intuition zu folgen, sich der göttlichen Weisung darüber zu öffnen, was für Videos sie wann posten sollten, und nicht das Gefühl zu haben, sie müssten darüber hinaus irgendwelche Videos erstellen, nur um Zeit und Konto zu füllen.

Was, wenn deine gesamte Autor*innenkarriere so verlaufen würde? Du folgst deiner inneren Führung und agierst, wenn du den Anstoß dazu verspürst. Ich habe festgestellt, wenn ich anhand von solchen Anstößen agiere, wird die Arbeit schnell und einfach erledigt und es fühlt sich nicht einmal an wie Arbeit. Wenn ich mich mit etwas abmühe und herumplacke, wenn ich eine Aufgabe erledige, weil ich es „soll" oder „muss" oder schlimmer noch – wenn ich es hinausschiebe, weil es sich wie Schinderei anfühlt

und ich mich dann dafür verurteile, es nicht zu tun –, dann erschaffe ich keinen Überfluss.
Dann erschaffe ich Barrieren gegen den Überfluss.

Übliche Kehrverse, die wir immer wieder hören und die es allesamt verdient haben, rausgeschmissen zu werden, sind unter anderem:

- Harte Arbeit zahlt sich aus.
- Man muss die nötige Zeit reinstecken.
- Harte Arbeit ist der Schlüssel zum Erfolg.
- Zeit ist Geld.

Die umgedrehten Aussagen:
*Überfluss strömt zu mir, einfach, weil ich ich bin.*
*Ich lebe ein Leben des Überflusses.*
*Ich liebe Überfluss.*

## Ich bin hungernde Künstlerin, kein Geldsklave

Ich identifiziere mich ziemlich mit diesem Bild der hungernden Künstlerin. Im College habe ich kreatives Schreiben studiert, aber ich habe mich nicht auf Romanliteratur oder Drehbücher konzentriert. Nein, ich entschied mich für Lyrik. Weil es, wie du sicherlich weißt, eine wahnsinnige Fangemeinde für gefühlsduselige Gedichte über zerbrochene Beziehungen gibt. Nach dem College konzentrierte ich mich auf eine Karriere als Tänzerin. Für modernen Tanz. Du weißt schon – die Sorte, von der niemand glaubt, er würde sie verstehen. Genau diese.

Ich habe immer gescherzt, dass ich die beiden unbeliebtesten und am wenigsten verstandenen Kunstformen überhaupt ausgewählt habe. Ich würde mit meinen Aufführungen keine Stadien füllen. Wie es schien, war ich dafür bestimmt, mit meiner Kunst niemals genug Geld zu verdienen. Was mir irgendwie wahnsinnig unkonventionell und cool vorkam. Was ein Glück, dass ich auf Secondhandläden stand und ein echter Pfennigfuchser bin.

Diese Vorstellung des hungernden Künstlers, der seiner Arbeit immer treu bleibt und seiner künstlerischen Vision niemals untreu wird, nur um schnelles Geld zu machen, ist eine weitere Geschichte, die du entweder glauben oder hinter dir lassen kannst.

Der Kunstausschuss von Arizona hatte mal einen Tag zur beruflichen Weiterentwicklung für künstlerische Leiter*innen von Tanzkompanien im Staat organisiert. Während dieses Workshops kam die uralte Frage auf: „Sollten wir Kunst machen oder unterhalten?" Ich war überrascht vom Direktor der größten und erfolgreichsten Kompanie im Staat: „Gute Kunst sollte unterhaltsam sein."

In der Schriftstellerbranche hören wir diese Einstellung als „für den Markt schreiben" versus „aus dem Herzen Schreiben". Die Wahrheit ist, wir können beides tun. Wir können schreiben, was wir lieben, was wir schreiben wollen, aber es dennoch auf das ausrichten, was sich verkauft. Verpacke es und positioniere es und gestalte es so, dass es sich gut verkauft.

Ich will damit sagen, dass Künstler nicht hungern müssen, noch ihre Vision oder ihre Kunst verraten müssen, um Geld zu verdienen. Du kannst Geld damit verdienen, das zu schreiben, was du liebst. Ich garantiere dir, wenn du es liebst, wird jemand anderes es auch lieben. Beschränke dich nicht auf das eine oder das andere. Schiebe deinen Möglichkeiten und dem Überfluss keinen Riegel vor. Bleibe offen für alle Möglichkeiten und sei bereit, Geld für deine Kunst zu bekommen.

OBACHT VOR DIESEN LIMITIERENDEN GLAUBENSSÄTZEN:

- Niemand will lesen, was ich schreiben will.
- Ich muss mir selbst untreu werden und _____ schreiben, weil sich sowas gerade verkauft.
- Ich muss mich zwischen Kunst und Unterhaltung entscheiden.
- Ich muss für den Markt schreiben, anstatt das zu schreiben, was ich liebe.

VERSUCHE ES MIT DIESEN UMGEKEHRTEN AUSSAGEN:
*Ich schreibe das, was ich liebe, und liebe, was ich schreibe.*
*Überfluss strömt zu mir.*
*Es gibt Leser\*innen für meine Bücher.*
*Ich höre auf mein Bauchgefühl, um meine Bücher zu vermarkten.*
*Wenn ich es liebe, dann liebt es auch jemand anderes.*

**Ich könnte morgen schon alles verlieren**

· · ·

ICH DENKE, vielen von uns ist diese Angst vor Mangel in die Seele geschrieben. Wir erben sie von unseren Familien und anderen Menschen und durch die Botschaften, die uns permanent umgeben. Wenn du Liebesroman-Autor*in bist, dann setzt du diese Wunde vermutlich oft in der Liebe ein. Der Held oder die Heldin weigert sich, sich wieder zu verlieben, weil sie bereits einmal verletzt wurde. Sie sind gewillt, sich alle Freude, die Herrlichkeit, die Macht einer wundervollen Beziehung zu versagen, weil es zu sehr schmerzen würde, wieder alles zu verlieren.

So unlogisch das auch sein mag, wir sehen dieses Verhalten tagtäglich in unserem Leben. Nach meiner Scheidung habe ich mehrere Jahre gebraucht, bis ich mich wieder bereit gefühlt habe, mein Herz zu öffnen.

Nachdem mein erstes Kind geboren war, erinnere ich mich, dass ich das Gefühl hatte, sie so sehr zu lieben, dass es wehtat. Dieser Schmerz kam aus der Angst heraus, sie zu verlieren. Angst davor, dass mir etwas, was ich so sehr liebte, genommen werden könnte. Während einer Meditation (soll heißen, einem vom Schlafmangel befeuertem Download von Spirit) lernte ich, wie ich mich öffnen kann, damit die Liebe nicht mehr wehtut, sondern eher Teil der unendlichen / bedingungslosen Liebe des Einsseins werden kann.

Vielleicht könnte es ähnlich schmerzhaft sein, Geld zu haben. Was, wenn du es lieben wirst, Geld zu haben, nur um dann alles wieder zu verlieren?

Nachdem du ein Leben lang nur über die Runden gekommen bist, an den Schmerz des Mangels gewöhnt bist, ist es vielleicht zu furchteinflößend, sich damit „wohlzufühlen", Geld zu haben. Vielleicht gewöhnst du dich daran und dann tut es umso mehr weh, wenn es wieder verschwindet.

Ich muss diese Angst immer noch regelmäßig beseitigen. Ich habe Gedanke wie:

. . .

- Ich sollte mich nicht zu sehr an dieses Level von Erfolg gewöhnen.
- Ich will mich nicht ausschließlich auf diesen Überfluss verlassen.
- Amazon könnte mein Konto sperren.
- Es könnte sich alles in Luft auflösen.
- Es könnte einen Börsencrash geben.
- Ich könnte einen Autounfall haben oder schwer krank werden und nicht mehr schreiben können.
- Jeden Tag gehen Vermögen verloren.

SICHER, alle diese schrecklichen *Was-wäre-wenns* könnten auch passieren. Aber weißt du, was auch stimmt? Wenn du es einmal erschaffen hast, kannst du es auch wieder erschaffen. Du bist Herr*in über dein Schicksal und Architekt*in deines Lebens. Du entscheidest, wie viel Wohlstand du bereit bist, zu besitzen, und du kannst ihn jetzt und in der Zukunft zu dir rufen. Und es gibt auch nicht nur einen Weg, um ihn zu erschaffen. Es muss nicht alles an den Verkaufszahlen dieses einen Buchs oder der einen Serie hängen. Wenn du dich dafür öffnest, Überfluss aus allen Kanälen zu empfangen, dann erschaffst du diese magischen „multiplen Einkommensströme", von denen die Finanzgurus immer sprechen, was dich ein bisschen kugelsicherer macht. Oder rezessionssicherer. Oder *morgen-schon-alles-verlieren-sicherer.*

VERSUCHE ES MIT DIESEN UMGEKEHRTEN AUSSAGEN:

*Wenn ich es einmal erschaffen habe, kann ich es auch wieder erschaffen.*
*Es ist einfach, mehr Geld zu verdienen.*
*Geld wird immer seinen Weg zu mir finden.*
*Ich bin der Schöpfer meines eigenen Glücks und so lange ich lebe, werde ich erschaffen.*
*Ich verkörpere die Schwingung des Überflusses.*
*Ich strotze vor Überfluss.*

## Geld zu haben, macht mich zu einer Zielscheibe

Als ich das erste Mal gehört habe, dass Porsche ein E-Auto auf den Markt bringt, habe ich meinem Dad davon vorgeschwärmt, der ein totaler Autonarr ist. Ich meine, was war besser als ein sexy Porsche mit grüner Technologie, die den Planeten retten konnte, hab ich recht?

Aber mein Dad schüttelte nur den Kopf. „Mein Lexus hat einen entscheidenden Vorteil", erwiderte er. „Wenn ich auf dem Parkplatz stehe, stehen da noch ein Haufen anderer weißer Lexus SUV. Ich werde niemals auffallen."

Ähm ... was?

Aber wie vielen von uns wurde das vermutlich seit der Grundschule eingebläut?

- Nicht auffallen
- Keine ungewollte Aufmerksamkeit auf sich ziehen
- Sich nicht zur Zielscheibe machen

Ich habe selbst zwei Teenager, die extrem hart daran arbeiten, niemals aufzufallen oder etwas außerhalb der Norm zu machen.

Aber denke nur an all den Überfluss, die Freude, die Selbstentfaltung und die Kreativität, die du verpasst, wenn du dich immer weigerst, aufzufallen.

In Angst davor zu leben, zu viel Aufmerksamkeit zu bekommen – oder gesehen zu werden –, kann zu einer riesigen Blockade für deinen Erfolg werden. Denke mal darüber nach. Du vermittelst dem Universum damit: *„Ich will nicht, dass mich irgendjemand sieht."* Taste dich stattdessen langsam an die Vorstellung heran, gesehen zu werden. Wenn du ganz ehrlich mit dir bist, wie bereit bist du dann, gesehen zu werden? Wo in deinem Leben bist du bereit, aufzufallen? Trägst du die Kleidung oder die Schuhe oder den Haarschnitt, die du willst? Sagst du, was du sagen willst? Bist du bereit, dich und dein Leben zu zeigen? Teil dieser Angst ist es, öffentlich zu versagen. Sich zu blamieren. Ausgelacht zu werden. Sich zu schämen. Schikaniert zu werden. Oder sich schlecht zu fühlen und dafür zu schämen, weil man mehr will.

**Wirst du deine Bücher erfolgreich vermarkten, wenn du Angst davor hast, gesehen zu werden?**

Wirst du zögern, ein TikTok-Video zu posten oder einen persönlichen Newsletter zu starten? Wie können deine Bücher ein viraler Hit werden, wenn du Angst davor hast, aufzufallen? Wie kannst du Wohlstand anziehen, wenn du Angst davor hast, dadurch zu einer Zielscheibe zu werden? Selbst wenn du Überfluss anziehen solltest, wirst du dir auch erlauben, ein protziges Auto zu fahren, wenn es das ist, was dir Freude bereitet? Oder wirst du das Auto kaufen, mit dem du in der Masse verschwinden kannst?

Was interessant ist, ist, dass Leser, Fans, Zuschauer und Menschen im Allgemeinen es genießen, die Höhen und Tiefen des Lebens zu erfahren.

Meine Anfänge liegen im Schreiben von unanständiger, erotischer Fiktion. Viele von uns, die Geschichten schreiben, die als nicht vollkommen akzeptabel angesehen werden oder die nicht mal als Literatur verstanden werden, ziehen sich eine „verschleierte" Energie über. Die Leute können einen nicht so einfach finden, wenn man sich immer versteckt!

Vielleicht willst du nicht, dass dein ehemaliger Dozent aus dem Schreibkurs herausfindet, dass du jetzt Genre-Fiktion schreibst, oder vielleicht willst du nicht, dass deine religiöse Mutter herausfindet, dass du explizite Sexszenen in deinen Büchern schreibst. Was auch immer deine Beweggründe sein mögen, zu glauben, du müsstest dich schämen oder verstecken, was du schreibst, denke ernsthaft darüber nach, es einfach loszulassen und zu bekräftigen, dass du bereit bist, gesehen zu werden.

Vor Kurzem habe ich von Paris Hiltons schillernd pinkem BMW i8 gehört und musste ihn mir einfach anschauen (google es selbst, damit du weißt, wovon ich spreche!). Es ist eine Kreation des absoluten, überragenden Charisma. Ungeniert feminin. Besser als ein Barbie-Auto (und nein, ich habe nie eins besessen, aber meine Freundin Claudia hatte eins und ich war wahnsinnig eifersüchtig). Wir sehen hier eine Frau, die keine Angst davor hat, das Auto zu fahren, das ihr Spaß macht, oder der Welt zu zeigen, dass sie Geld besitzt.

Meine Energie-Coachin Erin Chanel hat mich mal gefragt: *„Bist du bereit, gesehen zu werden?"*
Ich zögerte. War ich das? In den ersten Jahren meines Schriftstellerdaseins habe ich immer versteckt, was ich schrieb, habe ein Pseudonym benutzt. Ich hatte Angst, der Elternausschuss würde es herausfinden und mich rausschmeißen, weil meiner Fantasie derart verdorbene Geschichten entsprangen. Und außerdem – wenn man gesehen wird, wird man meistens auch verurteilt. Möglicherweise würde ich einen ganzen Berg negativer Rezensionen erhalten. Ich würde mich möglicherweise zum Gespött von ganz Romancelandia machen.

Aber nein, ich entschied trotzdem, dass ich bereit war. Ich war bereit, gesehen zu werden.

„Ja", versicherte ich ihr.

Wie du selbst herausfinden wirst, wenn du die sieben Schritte befolgst, um Überfluss zu manifestieren, antwortet das Universum zügig, sobald wir uns nicht länger selbst im Weg stehen. Buchstäblich am nächsten Tag wurde ich in meinem Supermarkt von einer anderen Kundin angesprochen. „Entschuldigen Sie", sagte sie.

Ich blieb stehen und drehte mich mit einem freundlichen Lächeln zu ihr herum. Ich erwartete, dass sie eine der üblichen Sachen sagen würde, die ich von Fremden zu hören bekomme. Entweder „Ich mag Ihre Frisur" (ich hatte zu der Zeit pinke Strähnchen) oder „Ich mag Ihre Handtasche" (ein niedlicher Kate-Spade-Minirucksack). Stattdessen sagte sie: „Ich wollte Ihnen nur sagen, dass ich Ihre Bücher liebe."

*Was?!*

Ich konnte es gar nicht glauben.

*„Sie haben meine Bücher gelesen?"*

„Ja, und ich liebe sie."

Ich fühlte mich berühmt. Wertgeschätzt. Nicht ganz so allein (seien wir ehrlich – Autor*in zu sein, kann ein einsames Geschäft sein!). Meine Bereitschaft, zu empfangen, hatte sich aufgetan (wir sprechen in Schritt 7: „Stehe für dich selbst ein" noch mehr darüber). Sobald ich dem Universum mitgeteilt hatte, dass ich bereit war, gesehen zu werden, passierte es auf einmal, direkt hier in meinem Supermarkt – jemand liebte meine Bücher.

Also ... bist du bereit, gesehen zu werden? Bist du bereit, als berühmte*r Autor*in gesehen zu werden? Als ein*e *Millionärsautor\*in*?

Oder befürchtest du, die Aufmerksamkeit könnte negativ sein? Leute, die auf dem Supermarktparkplatz mit Eiern auf dein Auto werfen, in dein Haus einbrechen, um deine Reichtümer zu klauen, oder dir nachjagen, um ein Autogramm zu bekommen? Kannst du darauf vertrauen, dass du außerdem manifestieren kannst, dass die Aufmerksamkeit, die du erhalten wirst, positiv ist und alles, was weniger als positiv ist, in deiner Welt nicht auftauchen wird, weil du ihm keine Energie gibst? Das bedeutet nicht, dass es keinerlei Negativität geben wird, aber du kannst entscheiden, wie du sie empfangen wirst, ohne dich von ihr völlig aus dem Konzept bringen zu lassen. Wir können jegliche Energien zu unserem Vorteil nutzen, um etwas Großartigeres zu erschaffen. (Mehr dazu in den nächsten Kapiteln.)

Möglicherweise blockst du Rezensionen im Augenblick ab, weil du Angst davor hast, schlechte Kritiken zu bekommen. Das sorgt dafür, dass die Energie deiner Bücher vor der Welt verborgen bleibt, sodass die Leser*innen sie nicht finden können. Ist es das, was du willst? Oder können wir uns darauf einigen, dass selbst die besten, beliebtesten, erfolgreichsten Autor*innen manchmal schlechte Kritiken bekommen? Deine Bücher werden nicht allen gefallen, aber du kannst damit diejenigen Leute anlocken, die deine Bücher lieben werden, und das ist ein Gewinn für alle.

Wenn das eine Sache ist, mit der du immer wieder zu kämpfen hast, kann ich dir eine zehnminütige Meditation anbieten, die dir dabei hilft, dieses Problem zu bereinigen, und die schon viele andere sehr hilfreich gefunden haben. Du bekommst mit der Author-Abundance-Mitgliedschaft Zugriff darauf.

UMGEKEHRTEN AUSSAGEN:

*Ich bin bereit, gesehen zu werden.*

*Ich werde gesehen und geliebt.* (Oder sogar: *Seht mich, liebt mich!*)

*Mein Gesicht ist mein Geldmacher.* (Das hilft mir, auf TikTok aufzutauchen!)

*Es ist sicher, vermögend zu sein.* (Oder: *Ich bin vermögend und in Sicherheit.*)

*Es ist sicher, erfolgreich zu sein.* (Oder: *Ich bin erfolgreich und in Sicherheit.*)

1 (HTTPS://WWW.BROOKINGS.EDU/BLOG/UP-FRONT/2020/11/30/WHAT-ARE-INFLATION-EXPECTATIONS-WHY-DO-THEY-MATTER/)

# FALLSTUDIE: FELICITY BRANDON – GESEHEN WERDEN

Die *USA-Today*-Bestsellerautorin Felicity Brandon war von Anfang an Mitglied unserer Author-Abundance-Meetings. Anfangs war es für sie schon eine riesige Herausforderung, einfach nur bei einem Zoomanruf mitzumachen und vor ihren Kolleg*innen ihr Gesicht zu zeigen.

Felicity ist ein Pseudonym, das sie als eine Art Schutzbarriere benutzt. „Meine Angst davor, gesehen zu werden, war förmlich körperlich spürbar. Das hatte mit dem Genre zu tun, in dem ich schreibe [düstere Liebesromane]." Felicity wollte nicht, dass die Menschen in ihrem Leben wussten, dass sie über Sex schrieb. Vor allem nicht über perversen Sex. Sie dachte: *Was wird passieren, wenn die Leute herausfinden, dass ich Geld damit verdiene?* „Ich konnte spüren, wie ich mich selbst zurückgehalten habe, aber ich wusste nicht, wie ich diese Fallstricke entwirren sollte, in die ich mich verwickelt hatte."

Durch die Arbeit am Überfluss-Mindset wurde ihr klar: „Je mehr Angst ich davor hatte, gesehen zu werden, umso weniger Geld verdiente ich, weil niemand meine Bücher entdecken konnte. Niemand wusste überhaupt, dass ich sie schreibe.

Ich kann beinahe mit dem Finger auf den exakten Moment zeigen, als ich diese Reise des Gesehen-Werdens angetreten habe. Das war 2021 – wir hatten das erste [Author-Abundance-] Meeting. Das war das erste Mal, dass ich bereit dazu war, gesehen zu werden. Vor diesem Videoanruf kannte niemand mein Gesicht oder wusste, wer ich war, abgesehen von meinem Avatar."

Nach diesem ersten Anruf traf Felicity die bewusste Entscheidung, sich der Möglichkeit zu öffnen, gesehen zu werden. Und von diesem Augenblick an veränderte sich alles. „Ich fing an, mich für all die Möglichkeiten zu öffnen. Ich gab mir selbst das Versprechen, raus in die Welt zu gehen und allem gegenüber offen zu sein. Mich von meinen Leser*innen sehen zu lassen, die Leser*innen zu mir kommen zu lassen." Felicity entschied sich sogar dafür, ein professionelles Fotoshooting zu machen, und postete die Fotos auf den sozialen Medien, um ihren Leser*innen ihr Gesicht zu zeigen. „Ich musste loslassen und die Energie ziehen lassen, die mir nicht mehr gedient hat, und mich der Energie derjenigen öffnen, die meine Bücher LIEBEN. Es war wundervoll."

Außerdem erfuhr Felicity eine Steigerung ihres Einkommens, vor allem, nachdem sie die „Viral auf TikTok"-Meditation gemacht hatte, die in der Bibliothek der Author-Abundance-Community zu finden ist. „Ich hatte wirklich erst eine Woche vorher mein TikTok-Konto eröffnet. Ich hatte keine Ahnung, wie das funktioniert. Als ich mir die Meditation angehört habe, habe ich mich darauf konzentriert, mich zu öffnen und die Vorschläge des Universums zu empfangen." Felicity fand heraus, dass einige spezielle Aspekte der Meditation besonders hilfreich waren – die

Energie loszulassen, die wir von anderen Leuten in unsere Energiefelder mit hineintragen, und stattdessen all die Energie von potenziellen Leser*innen dort draußen auf TikTok anzuziehen.

„Später am Tag, buchstäblich nur ein paar Stunden später, haben sich meine Verkäufe mehr als verdreifacht. Ich würde jetzt nicht behaupten, dass es viral war, aber – *wow* – irgendwas ist passiert." Sie verbindet das damit, sich zu öffnen, die Energie all dieser Leser*innen einzuladen und gesehen werden zu wollen, was vollkommen neu für sie war. „Die Meditation hat es wirklich untermauert. Ich habe sie seitdem zweimal gemacht und jedes Mal habe ich meine Verkäufe anschließend verdoppelt. Das ist Magie! Vielen Dank, Universum!"

Wenn Felicity all diese Magie des Überfluss-Mindsets in eine Sache konzentrieren könnte, würde es die der Dankbarkeit sein. „Der Game Changer ist einfach nur Dankbarkeit. Anstatt immerzu zu denken: *Ich habe noch keine 4 Millionen Pfund auf dem Konto* oder sich mit Vergleichen aufzuhalten, schaue ich mir ganz genau an, was ich eigentlich schon habe – ein wunderschönes Zuhause, eine Familie, einen Job, den ich liebe, heißes Wasser in der Dusche – ich habe mich sozusagen wieder der Basics erinnert. Dann wird einem klar, dass man bereits im Überfluss lebt. In dem Moment, als ich mir das bewusst gemacht habe, kam der Überfluss schneller auf mich zugeflogen, als ich ihn fangen konnte. Das Universum hat gesagt: *Sie hat es endlich begriffen – hier, hab noch ein bisschen mehr, hab noch ein bisschen mehr.*

Felicitys Rat für andere Autor*innen ist: „Sei dir wirklich bewusst, was du hast. Verbringe Zeit damit, darüber nachzudenken, was du hast, und genieße es, anstatt daran zu denken, was du nicht hast oder wovor du Angst hast. Du wirst definitiv die Energie dessen spüren, was du verkörperst – was du ausstrahlst, ist das, was zu dir zurückkommt.

Ich kann es buchstäblich bis zu dem Moment zurückverfolgen, als wir angefangen haben, diese Anrufe unter den Mitgliedern durchzuführen – das war eine unfassbare Veränderung. **Dieses Mindset ist für immer. Ich kann es in jedem Aspekt meines Lebens anwenden und glücklicher sein, mich leichter fühlen, mehr Freude empfinden. Das ist es doch, was wir alle wollen!"**

# FREIES SCHREIBEN: ERFORSCHE DEIN GENIE

Schauen wir uns einige deiner limitierenden Glaubenssätze zu Geld und Wohlstand etwas genauer an. Was sind deine Geldwunden? Hole dein Notizbuch und einen Stift raus. Erinnere dich daran, den Stift einfach immerzu über das Papier gleiten zu lassen und dich nicht selbst zu zensieren oder den Gedankenfluss abreißen zu lassen.

Schreibe, bis du nichts mehr über Folgendes zu sagen hast:

- Welche Glaubenssätze hast du über reiche Leute?
- Was wird passieren, wenn du reich wirst?
- Was hasst du an Geld?
- Was liebst du an Geld?
- Ich kann nicht reich sein, weil …
- Welcher Glaubenssatz über Geld oder Wohlstand hält dich am meisten zurück?
- Was wird passieren, wenn du als der oder die Autor*in gesehen wirst, die/der du bist?

Jetzt, nachdem du in deinem Unterbewusstsein nach diesen limitierenden Glaubenssätzen und Gedankenmustern gegraben hast, unterbrich sie, indem du eine oder mehrere der Reinigungsmethoden benutzen, die in Kapitel 3 beschrieben sind: „Wie man den Schmutz beseitigt."

# 5

## WIDERSTÄNDE BESEITIGEN UND EIN NEUES SELBSTBILD SCHAFFEN

Nachdem ich mein zweites Kind bekommen hatte, entschieden wir, dass es besser wäre, aus unserem 110qm großen Haus in ein größeres Haus umzuziehen. Weil Immobilien als gute Investitionsmöglichkeit gelten (wie sich herausstellte, war das allerdings das Jahr, in dem der Immobilienmarkt vollkommen renditelos blieb!), wollten wir unser erstes Haus behalten und vermieten, um damit die Hypothek abzubezahlen.

Genau in der Woche, als ich mich endlich dafür qualifizierte, die Hypothek umzuschulden und Geld für unsere Anzahlung auf das neue Haus zu bekommen, verlor ich meinen Job als technische Redakteurin. Das war definitiv einer dieser Momente, in denen das Universum mir servierte, was ich selbst zu feige war, zu tun. Ich beendete gerade eine vierjährige Ausbildung als Feldenkrais-Therapeutin und unterrichtete außerdem Körperarbeit zur Bewegungsumschulung, aber meinen sichern Job mit den Zusatzleistungen aufzugeben, machte mir einfach noch zu viel Angst. Ich bat das Universum, sich darum zu kümmern, und das tat es. Ich bekam eine Abfindung von drei Monatsgehältern, zusammen mit der Weiterführung meiner Krankenversicherung, was durch Obamacare gerade erschwinglich geworden war, sowie die Möglichkeit, Arbeitslosengeld zu erhalten, während ich meine Ausbildung abschloss und meine neue Praxis auf den Weg brachte.

Aber nie im Leben würde die Kreditbank mir diese Hypothek finanzieren, ohne dass ich einen festen Job hatte. Mein Mann war zu der Zeit ebenfalls selbstständig und die Bank hatte uns bereits darüber informiert, dass sie sein Einkommen nicht auf die Finanzierungsqualifikation anrechnen würden. Ich erklärte meiner Personalabteilung meine Situation. Die Kreditbank rief an diesem Tag bei meiner Sachbearbeiterin an und sie musste nicht lügen – sie bestätigte, dass ich (an diesem Tag) Angestellte der Firma war und was mein Gehalt war. Die Information, dass meine Anstellung in einer Woche enden würde, behielt sie für sich, und die Bank fragte nicht nach. Wieder einmal hatte das Universum geliefert.

Aber dann brach meine Geldwunde erneut auf, als es daran ging, das alte Haus zu vermieten. Wie viele Geschichten hast du schon gehört, wie viele Filme gesehen oder Bücher gelesen, in denen der Vermieter das Arschloch ist? Mir war nicht einmal bewusst, dass ich eine Blockade bei Vermietern hatte, aber wie es schien, war es mir unfassbar peinlich, in diese Rolle zu treten. Ich verweigerte mich der Vorstellung, ein „Slumlord" zu sein, so sehr, dass ich, als meine Mieter einmal die Miete nicht pünktlich zahlten, tagelang wartete, bevor ich anrief und sehr, sehr freundlich darum bat, sie mögen doch bitte die Miete zahlen, weil ich sonst die Kreditrate für unser Haus nicht abbezahlen könne. Ich ließ sie ohne Strafe zu spät zahlen. Ich habe nie gedrängt, viel eher habe ich sie um das Geld angebettelt.

Energetisch war ich so wenig bereit, die Person mit der finanziellen Macht zu sein, dass ich die Vorteile dieser Situation förmlich von mir fortschob und es mir selbst schwer machte, was die Ausgaben meiner Familie und mein eigenes Stresslevel anging. Wie Rachel Rodgers, die Autorin von *We Should All Be Millionaires*, sagen würde, das waren „Total-pleite-Gedanken", nicht „Millionärsgedanken".

Wir sprechen hier nicht darüber, ob es richtig oder falsch ist, Vermieter zu sein, nach dem Geld zu fragen, das einem geschuldet wird, oder in den Immobilienmarkt einzusteigen.

Das Problem in dieser Situation war, dass ich mich einer Energie verwehrte, und das brachte mein Universum aus dem Gleichgewicht.

Jedes Mal, wenn du dich weigerst, etwas zu sein, jedes Mal, wenn du schwörst (in welcher Lebenszeit auch immer): „Das werde ich niemals sein" oder „Das werde ich niemals tun", verursacht das eine Begrenzung in deiner derzeitigen Welt. Wenn du manipulative Menschen hasst und geschworen hast, niemals so eine Person zu sein, dann ziehst du diese Menschen nur in dein Leben an, denn du hast es mit einer positiven oder negativen Energie versehen. Jegliche Polarisierungen verursachen Schwierigkeiten, indem sie genau diese Muster zu dir anziehen.

Wenn du niemals die Person sein willst, die nach einem Essen im Restaurant nach der Rechnung greift und mit einem Taschenrechner ihre exakte Summe ausrechnet, wirst du dich vermutlich oft in Situationen mit solchen Menschen wiederfinden. Wenn du niemals der Schmarotzer sein willst, der nie anbietet, für etwas zu zahlen, dann gibt es in deinem Leben vermutlich viele Leute, die sich von dir finanzieren lassen. Du ziehst es an, indem du dem Verhalten dieser Leute eine energetische Ladung zuweist.

Als ich das erste Mal versucht habe, mir eine Putzhilfe für mein Haus zu holen, fiel es mir sehr schwer, jemanden anzuheuern. Es rief alle möglichen Schamgefühle in mir hoch. Manches davon hatte mit dem Gedanken zu tun, ich sollte doch bitte in der Lage sein, mein eigenes Haus zu putzen, aber viel der Scham wurde tatsächlich dadurch hervorgerufen, dass ich nicht die reiche Schlampe sein wollte, die Haushaltshilfen hatte und herumkommandierte. Wie gesagt, diese Frau wird in Büchern und Filmen immer negativ dargestellt.

Um mir dabei zu helfen, diese Energie zu reinigen, sagte ich fünfmal laut: „Ich bin eine reiche Schlampe, ich bin eine reiche Schlampe, ich bin eine reiche Schlampe, ich bin eine reiche Schlampe, ich bin eine reiche Schlampe", und dann habe ich alles beseitigt, was dieser Satz in mir hervorrief.

Übe selbst, fünfmal laut zu sagen: „Ich liebe Geld", ohne dass dir die Worte im Hals stecken bleiben, deine Stimme bricht oder dein Körper davonrennen will. Dann finde den Mut, dich voll und ganz in dieses Gefühl zu begeben und zu bereinigen, was du dort findest.

Welche Beurteilungen fällst du jetzt gerade über dein eigenes Leben? Welche Strukturen oder Muster in deinem Leben halten dich in bestimmten Schubladen fest und lassen dich immer und immer wieder die gleichen Dinge tun? Welche Glaubenssätze, Vorurteile und Sichtweisen halten dich klein?

# FALLSTUDIE: ALTA HENSLEY – AUS DER SCHUBLADE AUSBRECHEN

Die *USA-Today*-Bestsellerautorin Alta Hensley war eine meiner ersten Freundinnen in der Autor*innen-Community. 2018 holte sie mich nichts ahnend am Flughafen von Reno ab, um mit mir die RT-Booklover-Konferenz zu besuchen, nur um völlig überrumpelt zu sein, als ich in ihrem Auto plötzlich in Tränen ausbrach und ihr erzählte, dass ich mich tags zuvor von meinem Mann getrennt hatte. Während der Konferenz teilten wir uns ein Hotelzimmer, und da ich es offensichtlich brauchte, führten wir in dem Zimmer auch zusammen Energiearbeit durch.

Eine Sache, über die wir gesprochen haben, war unser Wunsch, unsere anscheinende Limitation zu überwinden, „nur" als Autorinnen von erotischer Literatur gesehen zu werden. „Als Autorinnen sind wir derart kreative Biester, aber wir haben auch so viele Zweifel", sagte sie, als ich vor Kurzem mit ihr sprach. „Ich habe mich immer so klein gefühlt und so, als ob ich nicht wirklich ausbrechen konnte. Ich war bereit dazu, ans Licht zu treten und mehr als nur eine versaute Autorin zu sein. Ich wollte Mainstream sein."

Während ich ihre Bars[1] für sie las, ließ sie diese selbstauferlegten Limitationen los, die sie darüber hatte, als Autorin von erotischer Literatur an den Rand gedrängt zu sein, ausgeschlossen zu sein. „Es war schwer für mich, das Gefühl zu bekommen, als ob ich aus dieser Schublade ausbrechen könnte, in der ich angefangen habe. Aber während wir meditiert haben, wurde mir klar, dass *ich* es war, die mich selbst in diese Schublade sperrte. Ich hatte das Hochstapler-Syndrom. Ich fühlte mich klein. Ich wusste nicht, wie ich groß werden sollte. Ich wusste nicht einmal, was das war. Du hast mich aus dieser Schublade herausgeholt."

Während wir zusammen meditierten und visualisierten, sahen wir beide das Wort *Imperium* für Alta.

„Es hat mir die Tränen in die Augen getrieben. Ich hatte ein weiches, aber sehr mächtiges Gefühl. Mir wurde klar, dass ich mich selbst darin zurückhalte, ein Imperium zu besitzen. Das war die mentale Veränderung, die ich vollbringen musste", sagt sie.

„In dem Augenblick, als die Konferenz vorbei war, ist meine Karriere durch die Decke gegangen. Ich habe diese Blockade losgelassen. Ich bin aus dieser kleinen Schublade herausgetreten und wurde zur Mainstream-Autorin. Meine Bücher haben sich auch besser verkauft. Ich habe meine Reichweite als Autorin vergrößert. Leute haben Kontakt zu mir aufgenommen und ich habe den Fuß in die Welt der zeitgenössischen Liebesromane gesetzt. Ich bin aus dieser kleinen Erotika-Nische herausgetreten. Zu visualisieren, dass ich größer sein könnte und dass ich wachsen könnte, hat wirklich funktioniert!"

Sogar jetzt hat Alta das Wort *Imperium* noch immer auf einem Zettel stehen, der wie ein Anker auf ihrem Schreibtisch liegt und der sie an die Energie erinnert, die sie verkörpern möchte. „Für mich bedeutet es: *Denke groß, sei groß.*

*Stecke dich nicht selbst wieder in diese kleine Schublade. Autor\*innen denken, sie sind klein, und sie hoffen, dass sie eines Tages vielleicht groß werden könnten, anstatt einfach sie selbst zu sein und jetzt schon groß zu sein."*

Natürlich ist das wie für uns alle ein fortlaufender Prozess. „Sogar jetzt noch ist es work in progress", sagt sie. „Ich muss mich immer wieder auf das Gefühl fokussieren, das das Wort *Imperium* in mir hervorruft. Größer sein. Ich muss mich dagegen wehren, in dieser kleinen Schublade bleiben zu wollen. Ich muss mich daran erinnern, mein Licht nicht unter den Scheffel zu stellen.

Manchmal kann ich mein eigener schlimmster Feind sein. Ich lege mir selber Grenzen auf. Ich denke Gedanken wie: *Oh, ich schreibe nur düstere Liebesromane. Und wegen meines Inhalts, wegen des Inhalts meiner Bücher, werde ich nie wirklich Mainstream sein.*" Alta hat mir erzählt, wie Skye Warren sie eingeladen hat, in ihrer Welt zu schreiben, und Alta sie gefragt hat, was für ein Maß an Sexiness Skye wollte und wie sie es am besten schreiben sollte. „Ich hegte die Vorstellung, ich müsste mich verändern, um in Skyes Welt zu passen." Natürlich hat Skye Alta gesagt, sie solle genau das schreiben, was sie bereits jetzt schon schreibt. „Sie hat mich wegen der Bücher angefragt, die ich bereits geschrieben hatte. Ich fing wieder an, mich selbst einzusperren, indem ich dachte, ich müsste jemand anderes sein, obwohl ich doch schon längst bei mir angekommen war."

Intentionen zu formulieren, indem sie Meditation und Visualisierung einsetzt und sich auf ihr Wort des Jahres konzentriert, sind Werkzeuge, die Alta regelmäßig benutzt. „Ich suche mir ein Wort, mit dem ich mein Jahr beginne. *Imperium* war für eine sehr lange Zeit mein Wort. Aber ich habe auch schon Worte wie *Geld*, *Mut* oder *Fokus* benutzt."

Außerdem hat sie eine Intention für eine Bücherserie festgelegt.

„Ich lasse meine Einbände frühzeitig designen. Dann fühlt sich die Energie so an, als ob die Bücher schon geschrieben wären."

-Alta Hensley

Sie sagt: „Viel der Arbeit, die ich mit dir zusammen gemacht habe, war es, aufzuhören, mich selbst in eine kleine Schublade zu stecken. Ich musste aufhören, mich selbst zu limitieren. Ich kehre immer wieder zu dieser Energie von *Imperium* zurück – große Energie. Ich muss mich nicht so klein machen."

1 *Access Bars® ist eine sanfte Behandlung, die Berührungen am Kopf einsetzt.

# FREIES SCHREIBEN: ERFORSCHE DEINE INTUITION

Schreibe frei über die folgende Frage: **Auf welche Weise mache ich mich selbst klein?**

Erstelle eine Liste oder füllen eine Seite als Antwort auf diese Frage: **Was bin ich nicht bereit, zu sein?**

Ich bin mir sicher, du hast sehr gute Gründe, all diese Dinge nicht sein zu wollen. Oder vielleicht sind die Gründe auch keine bewussten Entscheidungen – vielleicht ist es etwas, was du verinnerlicht hast, als du *101 Dalmatiner* geschaut hast, oder es ist etwas, was deine Mutter, dein Vater, deine Großeltern oder Lehrer geglaubt haben.

Bist du bereit, das alles zu beseitigen, damit es keine Polarität oder Aufladung durch diese Aspekte gibt und du das Leben im Überfluss erschaffen kannst, um das du bittest? Schreibe ein gigantisches JA oder spreche es laut aus.

Nachdem du diese Schreibaufforderungen voll ausgeschlachtet hast, wähle Strategien zur Reinigung, die dir dabei helfen, diese Energien aus deinem Feld zu beseitigen. Kremple die Ärmel hoch und mache dich ans Werk.

# SCHRITT 2: DAS FEUER SCHÜREN

# 6

## FINDE DEIN „WARUM" UND MACHE DIR DEINE INTENTIONEN KLAR

Der nächste Schritt, um Überfluss zu manifestieren, ist es, das Feuer zu schüren. Das ist das Stadium, in dem du dir über deine Intentionen klar wirst, dein *Warum* findest und all die Gefühle und Energien heraufbeförderst, die diese Intentionen mit sich bringen werden.

Ich persönlich hasse es, wenn Bücher oder Filme ihren Helden oder ihre Heldin am Ende die Reichtümer ablehnen lassen, um zu zeigen, wie moralisch positiv diese Figur ist. Als ob der Held oder die Heldin das Geld nicht nehmen und wundervolle Dinge damit bewirken könnte?

Natürlich wirst du dich nicht in Ebenezer Scrooge verwandeln. Stelle dir stattdessen all das Gute vor, was du mit deinem Überfluss erreichen kannst. Die Spenden an den Elternausschuss, Aufforstungen im Amazonas-Regenwald, deiner Nichte das erste Auto finanzieren. Stelle dir vor, wie du deinen Körper mit guter Kleidung oder seidiger Bettwäsche verwöhnen kannst. Mache Urlaub. Sorge dich nie wieder um unbezahlte Rechnungen. Was auch immer dich zum Strahlen bringt, was immer dich glücklich macht, es wird ein Geschenk an die ganze Menschheit sein.

Die Chancen stehen gut, dass du bereits weißt, was du willst. Deshalb hast du dieses Buch in die Hand genommen. Schüren wir also das Feuer. Stelle dir deine strahlendste Zukunft in allen Einzelheiten vor, damit du die Energie und die Schwingungen davon spüren und anfangen kannst, diese Zukunft jetzt bereits zu besitzen. (Mehr dazu in Schritt 6.)

Das ist der unterhaltsame Teil! Du kannst über dein perfektes Leben fantasieren. Denke daran, dass es eine sich immer weiterentwickelnde Landkarte sein kann. Du legst dich auf nichts fest. Du kannst einen anderen Kurs einschlagen und deine Ziele ändern. Du kannst entscheiden und deine Entscheidungen korrigieren oder etwas ganz Neues wählen. Es gibt keine richtige oder falsche Entscheidung, abgesehen davon, zu glauben, etwas wäre richtig oder falsch.

**Finden wir dein *Warum*!**

Viele Leute werden nicht dadurch motiviert, einfach reich zu sein. Eine Summe auf dem Konto. Sie werden dadurch motiviert, ihre Kinder aufs College schicken zu können, ihren sicheren, langweiligen Job kündigen zu können, das neue Auto zu kaufen oder einen Traumurlaub zu machen. Grabe tiefer und du wirst schnell erkennen, dass es tatsächlich ein Gefühl der Energie ist, nach dem diese Leute suchen.

Möglicherweise das Gefühl, Luxus zu besitzen. Ein Ende des Gefühls, sich machtlos oder wertlos zu fühlen. Freiheit zu haben. Eine der vielen Sachen, die Geld für mich gelöst hat, war meine Angst davor, die Rückschläge im Leben nicht ausgleichen zu können. Wie beispielsweise, wenn der Boiler im Haus kaputtgeht. Oder das Auto nicht mehr anspringt. Ein unerwarteter Krankenhausaufenthalt. Probleme sind ein bisschen einfacher zu ertragen, wenn man die Ressourcen besitzt, sich ohne Anstrengung daraus zu befreien. Aber die Wahrheit ist, man braucht dafür kein Geld. Das Universum hält dir bereits den Rücken frei, wenn du entscheidest, daran zu glauben, um Hilfe zu bitten und sie anzunehmen, wenn sie kommt. Und du kannst die Energien des Luxus, der Macht und des Selbstwerts schon jetzt bereits besitzen. Wir sprechen in Schritt 5 genauer darüber.

In der Zwischenzeit haben wir einfach Spaß damit, diese Dinge ins Sein zu träumen.

## FREIES SCHREIBEN: ERFORSCHE DEINE INTUITION

Folge diesen Aufforderungen und schreibe, bis nichts mehr aus dir herauskommt.

- Wenn du einen Zauberstab hättest und ihn herumwedeln könntest, um dein Leben oder deine Karriere auf welche Weise auch immer zu verändern, was würdest du dir wünschen?
- Wie sieht dein perfektes, gezaubertes Leben aus?
- Wo willst du in drei Jahren als Autor*in stehen?
- Projiziere dich in dieses Leben hinein – stelle dir vor, es wäre schon passiert. Wie würde dein Leben dann aussehen?
- Was machst du anders als jetzt? Besser?
- Ist das etwas, was du bereits heute schon in dein Leben und Arbeiten integrieren könntest?
- Was ist eine Sache, die du sofort tun könntest, um deine Karriere zu verbessern?
- Was ist eine Sache, die du bereits heute tun könntest, die deine Lebensqualität und das Gefühl des Überflusses verbessern würde?

- Welche Erfolge und Leistungen hast du bereits verzeichnet, die du jetzt anerkennen und feiern könntest?
- Was sind drei Beispiele, wie ein perfekter Millionärsautor*innen-Tag aussehen könnte? (Tipp: Das ist eine super Übung für die Morgenroutine, sich immer mehr Variationen eines perfekten Tages auszudenken.)

Beispielsweise: Du wachst auf und dein*e sexy Partner*in hat dir bereits einen perfekten, schaumigen Cappuccino gemacht. Deine Assistenz schreibt dir eine Nachricht mit all den Dingen, die sie heute für dich erledigen wird, und dass du dir keine Gedanken über irgendwelche administrativen Dinge zu machen brauchst – konzentriere dich einfach nur auf dein wundervolles Buch. Du duschst lange und ungestört, währenddessen du dir jede Menge kreativer Gedanken machst, und die Vorfreude auf die Szenen, die du schreiben musst, wächst an. Du schnappst dir eine bereits gepackte Strandtasche und gehst hinunter zum Strand (weil du nur ein paar Meter entfernt wohnst, natürlich!), wo du dich unter den Sonnenschirm setzt und schreibst, leichtfertig und mühelos mehr aufs Papier bringst, als du für den Tag geplant hattest. Dann gehst du zurück nach Hause, wo ein*e Massagetherapeut*in auf dich wartet und dir eine wundervolle Massage gibt. Am Abend fährst du zum örtlichen Buchladen, wo du eine Lesung hältst, und als du dort ankommst, stehen die Gäste schon einmal um den Block Schlange, nur deinetwegen. Du genießt das alles in vollen Zügen, lächelst und winkst und liebst deine Fans so sehr, wie sie dich lieben ...

Okay, das war nie mein Traum, aber jetzt, nachdem ich

es aufgeschrieben habe, nehme ich ihn womöglich in meine eigene Traumfabrik mit auf!

# HEIMSPIEL

Schicke diese Woche deine Anliegen / Wünsche an das Universum. Bitte um Hilfe, Führung, Bewusstsein etc. Eine meiner liebsten Fragen ist: „Welche unendlichen Möglichkeiten stehen mir in dieser Situation zur Verfügung?"

**Formuliere deine Anliegen / Intention**

Die Art, wie du deine Forderungen an das Universum formulierst, ist wichtig. Wenn du jemals Selbsthypnose gelernt hast (oder Elternteil eines Kindergartenkinds bist!), hast du vermutlich gelernt, alles im Positiven zu formulieren. Du sagst nicht: „Keine Kopfschmerzen mehr", denn alles, was das Unterbewusstsein hört, ist, „Kopfschmerzen", und du wirst nur umso mehr davon bekommen.

Stattdessen solltest du alles zustimmend formulieren. *Mein Kopf fühlt sich großartig an, mein Verstand ist klar, mein Körper ist total entspannt* – oder sowas in der Art. Im Fall des Kindergartenkinds funktioniert es besser, ihm zu sagen, was es tun *darf* (mit seiner Stimme, mit dem Sand, mit seinem Essen), anstatt das, was es *nicht tun darf*. Als ich Dreijährige in Stepptanz unterrichtet habe, habe ich, anstatt ihnen zu sagen, sie sollen aufhören, mit ihren Füßen zu trampeln und die schlimmste Kakofonie der Welt heraufzubeschwören, ihnen mit leiser, weicher Stimme „leise Füße" gesagt, und das hat wunderbar funktioniert. Der Raum wurde augenblicklich still und ihre neugierigen Blicke fielen auf mich, zeigten mir, dass sie bereit für die nächsten Anweisungen waren.

Wenn meine Teenager eine Beschwerde vorbringen, bitte ich sie immer, diese Beschwerde in ein Anliegen umzuformulieren. Anstatt zu sagen „Ich bin hungrig", bitte ich sie, etwas zu sagen wie: „Mom, können wir anhalten und einen Snack besorgen?" Ich schätze, dass ich ihnen mit diesen Übungen beibringe, wie die Wilden zu manifestieren, was ihre Lebenswünsche an das Universum angeht.

Denke nur mal darüber nach – wie oft reagieren wir auf die Probleme des Lebens wie hungrige Teenager? Amazon schickt uns eine Rechteanfrage für ein Buch, das wir hochgeladen haben (ist mir heute erst passiert – grr) und wir wollen am liebsten die Hände in die Luft werfen und sagen: „So ein Mist!"

Ja, das ist wirklich Mist. Aber was ist das Anliegen? (Ich führe diese Unterhaltung tatsächlich gerade mit mir selbst, weil ich dieses spezielle Problem liebend gerne umdrehen würde.) Die Forderung an das Universum könnte sein: „All meine Bücher werden problemlos hochgeladen." Wenn wir ein Anliegen oder einen Wusch formulieren, werden wir uns klar darüber. Manchmal ertappe ich mich selbst dabei (Argh ... schon wieder eine Anforderung von Rechten), und möglicherweise brauche ich mehrere Anläufe, bevor ich genau da lande, was ich auch meine. Das ist okay. Überarbeite es so lange, bis die Forderung klar ist und sich richtig anfühlt.

Das ist wieder das Gleiche, wie die Aussagen umzudrehen. Es ist wichtig, sich daran zu erinnern, dass du dein eigenes Gehirn, deinen Körper und deinen Energiestatus umprogrammieren kannst, ebenso wie du eine Forderung an das Universum stellen oder das Gesetz der Anziehung in Bewegung setzen kannst. Jedes Mal, wenn du dich über etwas oder jemanden beschwerst, lädst du nur mehr davon in dein Leben ein. Du intensivierst deine Erfahrung damit. Was würdest du stattdessen lieber fordern?

Werde dir innerlich klar darüber, um das aufzudecken, was du tatsächlich erfahren *willst*. Formuliere deine Forderung als etwas Positives.

- *Ich bin Autor\*in auf der* New York Times-*Bestsellerliste.*
- *Ich verdiene mit meinem Schreiben siebenstellige Summen pro Jahr.*
- *Ich habe ein PR-Team und Assistenten, die mir jegliche Unterstützung geben, die ich mir nur erträumen könnte.*
- *Meine Bücher und Geschichten wurden für die Leinwand adaptiert.*

Merkst du, wie die Forderungen so formuliert sind, als ob sie bereits passiert wären, anstatt als Wunsch oder Bedürfnis?

Denke über das Word *Bedürfnis* nach. Es bedeutet Mangel. Beispielsweise „Das Haus ist renovierungsbedürftig" oder „Jemand ist bedürftig".

Wir wollen nicht bestätigen, dass wir irgendwo Mangel leiden!

Sobald du weißt, was du forderst und beabsichtigst, und es klar ausdrücken kannst, solltest du dich ganz in diese

Sache hineinfühlen. Wenn du diese Forderung aussprichst, spürst du dann Widerstände in deinem Körper? Deine Forderungen helfen womöglich dabei, diese lästigen limitierenden Glaubenssätze zu identifizieren, die reif dafür sind, endlich beseitigt zu werden. Knie dich genau dort hinein. Und beseitige sie!

**Zukunftsvorhersage**

Hier ist eine sogar noch saftigere Spielart. Es ist ein Spiel namens **Zukunftsvorhersage**. Tue einfach so, als ob die Sache, um die du bittest, bereits eingetreten wäre.

Als ich zusammen mit zwei befreundeten Autorinnen aus meinem Ort, Tess Summers und Misty Malloy, Visionboards erstellt habe, haben wir „Zukunftsvorhersage" gespielt. Wir haben über das Jahr gesprochen, als ob es bereits passiert wäre und wir alle unsere Ziele erreicht hätten. Zum Beispiel: „Hey, Mädels, erinnert ihr euch an 2020, als ich mein Einkommen verzehnfacht habe und mir diesen Porsche kaufen konnte?"

Wir haben dieses Spiel auch mit Parkplätzen gespielt, als wir zu einer Signierstunde nach San Diego gefahren sind. Wir kamen in einer belebten Gegend an und fingen an, Sachen zu sagen wie: „Erinnert ihr euch, als es hier total voll war, aber wir sofort einen Parkplatz gefunden haben?" Und *buchstäblich jedes Mal* tauchte der Parkplatz einfach vor uns auf. Das funktionierte immer, garantiert – in dem Maße, dass Tess irgendwann sagte: „Das wird langsam gruselig."

Wenn ich mich dabei erwische, wie ich wegen irgendwas, das ich nicht will, in eine Gedankenmühle der Sorgen gerate, verwandle ich es in eine Zukunftsvorhersage-Session, um mich neu auszurichten. Letztes Jahr haben wir zwei Kätzchen adoptiert, die an Schnupfen litten. Aufgrund der Covid-Einschränkungen (oder irgendeinem anderen mysteriösen, post-pandemischen Grund), bekam ich keinen Termin beim Tierarzt, damit er sie sich anschaute. Ich fing an, mich in einer „Was ein Mist"-Gedankenmühle zu verlieren, zu denken, wir müssten an einem Wochenende den ganzen Tag in einer Tierarztnotaufnahme oder einem Tierkrankenhaus sitzen. Als ich online nach einer Notfalltierklinik suchte, fand ich heraus, dass es im örtlichen Walmart eine Tierarztambulanz gibt. Normalerweise würde es auf meiner Liste ganz, ganz unten stehen, am Wochenende zu Walmart zu fahren, aber ich spürte den intuitiven Hinweis, dass es unsere beste Option war (mehr darüber in „Vertraue deinem Bauchgefühl" in Schritt 4).

Auf unserer Fahrt zu Walmart spielten meine Tochter und ich das Zukunftsvorhersage-Spiel, um all die Dinge zu beseitigen, von denen wir nicht wollten, dass sie dort auf uns warteten. „Erinnerst du dich noch, wie wir zum Walmart-Tierarzt gefahren sind und überhaupt nicht warten mussten?", fragte ich sie.

„Oh ja, das war super!"

„Und weißt du noch, wie nett sie da waren? Und sich so gut um unsere Kätzchen gekümmert haben? Sie konnten ihnen sofort helfen und ihnen etwas geben, was gut gegen ihren Schnupfen geholfen hat."

„Ja, das war wirklich toll", stimmte meine Tochter zu.

Und rate mal, was? Wir haben genau das erlebt, was wir vorausgesagt hatten. Die blitzsaubere Tierarztambulanz war an einem Samstagnachmittag vollkommen leer. Alle vier Angestellten haben sich nur um unsere beiden Kätzchen gekümmert und wir sind mit Medikamenten, Nahrungsergänzungsmitteln und allen Ratschlägen, die wir uns nur wünschen konnten, wieder gefahren. Es war wirklich ein erstklassiges Erlebnis, das sich aus etwas, was ohne Weiteres auch eine totale Scheißerfahrung hätte sein können, ergeben hatte. Ich hatte mich rechtzeitig ertappt, hatte die Energie herumgedreht und dem Universum gesagt, wie ich gerne behandelt werden würde. Ja, wie eine verdammte Königin, vielen Dank!

Einer der Gründe, warum die Zukunftsvorhersage so gut funktioniert, ist der, dass es einen in einen Zustand der Dankbarkeit versetzt, über die eigenen Wünsche so zu sprechen, als ob sie bereits manifestiert wären, und man die Sache feiert, die man will, anstatt das zu verurteilen, was noch gar nicht passiert ist.

Ein weiterer Grund ist es, dass es das bemüht, was der Philosoph Neville Goddard das *Gesetz der Annahme* genannt hat.

**Gesetz der Annahme**

Das Gesetz der Annahme ist eine andere Sichtweise auf das Gesetz der Anziehung. Das Gesetz der Anziehung sagt, dass man das anzieht, was den eigenen Schwingungen entspricht. Deine Gedanken und Gefühle haben Einfluss darauf, was in deinem Leben auftauchen wird. Wenn man allerdings das Gesetz der Anziehung benutzt, um die eigenen Wünsche zu manifestieren, agiert man von einer Position des Mangels aus und muss das, was man möchte, „anziehen". Mit dem Gesetz der Annahme hingegen nimmst du einfach an, dass du es bereits besitzt oder es bereits auf dem Weg zu dir ist.

Die Autorin Molly O'Hare hat dieses mächtige Werkzeug benutzt, um mit ihrem Buch *Learning Curves* auf die *USA-Today*-Bestsellerliste zu kommen. Sie hat es sich selbst immer wieder beteuert, wochenlang: „Ich nehme an, dass ich auf der Liste stehe."

Fällt dir auf, wie anders das ist, als zu sagen: „Ich möchte auf der *USA-Today*-Liste stehen", oder schlimmer noch: „Eines Tages werde ich auf der Liste stehen."

*Bitte, bitte, bitte*, halte dich von diesem „Eines Tages"-Reich fern. Auch wenn es so klingen mag, als ob du das Universum darum bitten würdest, dass etwas in der Zukunft eintritt, stößt du es tatsächlich nur fort, indem du es in der Hoffnungen-und-Träume-Kategorie abheftest. Du glaubst nicht wirklich daran, dass es passieren wird. Das ist wie dieses alte „Eines Tages, wenn mein Schiff kommt"-Gefühl. Zukunftsvorhersage oder das Gesetz der Annahme funktionieren viel besser, um zu rufen, was du dir wünschst.

Versuche, in all deinen Forderungen das Wort „annehmen" zu benutzen, wie zum Beispiel:

- Ich nehme an, dass direkt vor dem Gebäude ein Parkplatz für mich frei sein wird, wenn ich ankomme.
- Ich nehme an, dass ich dieses Jahr sechsstellig verdienen werde.
- Ich nehme an, dass ich das perfekte Paar Schuhe finden werde, wenn ich shoppen gehe.
- Ich nehme an, dass ich dieses Manuskript vor dem Abgabetermin fertig haben werde.
- Ich nehme an, dass die Leser*innen mein Buch lieben werden.
- Ich nehme an, dass ich auf TikTok viral gehen werde.

Wenn es dir schwergefallen ist zu sagen: „Ich nehme an, die Leser*innen werden mein Buch lieben", weil du glaubst, es klingt arrogant, dann ist das ein Hinweis darauf, dass du in der Gegend deines Werts und der Bereitschaft, erfolgreich zu sein, noch ein bisschen mehr aufräumen musst. Denke darüber nach – wenn du dieses Jahr sechsstellig verdienen willst, dann ist es Teil des Pakets, Leser*innen zu haben, die deine Bücher lieben. Gehe zurück zu Schritt 1 und beseitige, beseitige, beseitige diese limitierenden Glaubenssätze, bis du es ohne Stottern und Würgen und Lachen herausbringen kannst!

In Schritt 5 „Leben es jetzt" sprechen wir weiter über das Leben, Atmen und wie du die Energie deines zukünftigen Selbst verkörpern kannst.

# FALLSTUDIE: ALICIA RADES – GESETZ DER ANNAHME

Alicia Rades ist *USA-Today*-Bestsellerautorin für Jugendliteratur und für paranormale Literatur für Erwachsene. 2018 erfuhr sie von Manifestation, als sie andere Autor*innen darüber sprechen hörte, und arbeitet seitdem damit. „Ich lerne einfach – es fängt langsam alles an, Sinn zu ergeben", erzählt sie. Sie und ihre Co-Autorin sprechen über Meditation und setzen sie ständig ein. „Wir rufen uns an und sagen: *Ich habe Schwierigkeiten mit dieser oder jener Sache. Lass uns über Manifestation sprechen.*"

Sie und ihre Co-Autorin legten die Intention fest, einen Audio-Vertrag mit einem traditionellen Verlagshaus zu manifestieren. „Es war eher Eitelkeit – wir wollten, dass uns jemand sagt, dass wir gut genug sind, um einen Vertrag für ein Audiobuch zu bekommen." Innerhalb weniger Monate wurden sie von einem Verleger kontaktiert und unterschrieben einen Vertrag über drei Bücher.

Im Laufe des folgenden Jahres erkannten sie allerdings, dass ihre selbst veröffentlichten Audiobücher deutlich lukrativer waren. „Wir wollten wieder die Kontrolle darüber gewinnen und entschieden uns, die Rechte zurückzukaufen.

Uns wurde gesagt, dass das nicht möglich sei, aber wir kontaktierten die Firma dennoch, setzten das Gesetz der Annahme ein und vertrauten darauf, dass wir zu einer Übereinkunft kommen würden. Es brauchte sechs Monate der Verhandlungen. Sie sagten immer wieder, sie würden das nicht machen, aber wir hörten nicht auf, ihnen zu schreiben. Schließlich verlangte sie eine Ablösesumme von 16.000 Dollar von uns. Wir wussten nicht, wo wir so viel Geld herbekommen sollten, denn das entsprach zu der Zeit dem Verdienst aus mehreren Monaten. Aber dennoch vertrauten wir darauf, dass das Geld auftauchen würde."

Alicia erzählt, wie sich komischerweise, wundersamerweise eine Reihe von Förderungen, Rückerstattungen und anderen Einkommensquellen für sie auftat. „Sechs Wochen später hatten wir bereits die komplette Summe manifestiert – und das alles nur, weil wir die Annahme vertreten hatten, wir würden sie erhalten."

Die beiden steigerten ihr Einkommen von etwa 1.000 Dollar pro Monat durch alle drei Audiobücher zusammen auf mehrfach vierstellige Beträge pro Monat, nachdem sie die Bücher selbst veröffentlicht hatten. „Wir lernten, dass man die ursprüngliche Manifestation ändern oder verbessern kann, wenn sie nicht zu dir passt oder nicht die Ergebnisse erzielt, die du dir wünschst."

Alicia erklärt: „Runtergebrochen heißt das, dass es das Wichtigste ist, an sich selbst und an den Prozess zu glauben. Das ist der Punkt, an dem ich am häufigsten gestrauchelt bin, worin aber letztendlich die Magie liegt. Es gibt zwei Dinge, über die ich in letzter Zeit sehr viel Tagebuch geführt habe – eine davon ist die Affirmation, dass ich dazu gehöre. Ich gehöre dazu, wo immer sein will. Wenn ich mit Audiobüchern eine Million Dollar verdienen will, dann muss ich daran glauben, dass es für mich einen Platz in dem

Raum der Leute gibt, die dieses Ziel bereits erreicht haben, und dass ich zusammen mit diesen Leuten auf einer Bühne stehen werde."

Der andere Satz, über den sie viel geschrieben hat, ist: *Es passiert*. „Ich habe es nie geschafft, eine greifbare *Es-ist-bereits-passiert*-Vision aufrechtzuerhalten, denn mein Verstand konnte das irgendwie nicht greifen. Ich habe noch keine greifbare, reale Karriere als Millionärsautorin, aber ich habe Bücher geschrieben und das Universum lässt Dinge für mich passieren. **Es passiert.**" Mit dem Gesetz der Annahme wird der Satz *Es passiert* zu einer wahren Aussage. Wir wissen vielleicht nicht, auf welche Weise das Universum uns helfen wird, aber wir müssen die Details auch gar nicht wissen – denn *es passiert*. Unsere Aufgabe ist es, das zuzulassen und darauf zu vertrauen, dass es passieren wird.

## FREIES SCHREIBEN: ERFORSCHE DEIN GENIE

- Wo willst du in drei Jahren als Autor*in stehen?
- Projiziere dich in dieses Leben hinein – stelle dir vor, es wäre schon passiert. Wie würde dein Leben dann aussehen?
- Was machst du anders als jetzt? Besser?
- Ist das etwas, was du bereits heute schon in dein Leben und Arbeiten integrieren kannst?
- Was ist eine Sache, die du sofort tun kannst, um deine Karriere zu verbessern?
- Was ist der nächste Schritt in deiner Autor*innenkarriere?
- Was hält dich davon ab, der oder die brillante Millionärsautor*in zu sein, der oder die du bist?

# 7
## NUTZE DIE MACHT DER INSPIRATION

Damit die Inspiration frisch bleibt und du sie jeden Tag vor Augen hast, solltest du dich mit der Vision deines strahlendsten Lebens umgeben. Nähere dich dieser Sache spielerisch an – habe Spaß! Folge dem, was dir Freude macht. Im Folgenden stelle ich dir einige Ideen vor, anhand derer du deinen Traum leuchten lassen und deinen Fokus behalten kannst. Das sind keine Voraussetzungen, um deine Wünsche zu manifestieren – deine Intention ist dafür stark genug –, aber sie werden dir helfen, Klarheit darüber zu bekommen, wohin du unterwegs bist. Ein Spiel daraus zu machen, mit deinen Energien herumzuspielen, verankert dich in einer guten Mentalität, und indem du dich mit deiner Inspiration umgibst, kannst du sie unterbewusst aufsaugen.

**Erstelle ein Visionboard oder eine andere visuelle Inspiration**

. . .

Ein Visionboard, das du jeden Tag siehst, erinnert dich an deine Intentionen und Ziele. Einige Leute benutzen Pinterest oder ein digitales Kunstprogramm wie Picmonkey, um ihre Visionboards zu erstellen.

Ich persönlich sehe die Dinge manchmal nicht mehr, wenn ich sie schon eine Weile direkt vor meiner Nase habe. Jeden Januar erstelle ich mein Visionboard, aber schon innerhalb weniger Monate bemerke ich es gar nicht mehr. Du kannst es also in deinem Haus umstellen, damit es dir wieder ins Auge fällt, oder es alle paar Monate mit neuen Bildern oder Inspirationen auffrischen. Schließlich soll es seinen Zauber wirken lassen und dir klarer und klarer werden. Höre also nicht auf, im Laufe des Jahres zu träumen, während die Inspiration durch dich hindurchfließt.

Dieses Jahr habe ich es mit einer einfachen Liste aus Stichpunkten versucht, auf der die Dinge stehen, die ich manifestieren will, um meinen Fokus nicht zu verlieren. Ich spiele mit der Liste herum, schiebe Punkte herum, füge hinzu, streiche durch, ganz so, wie es mein Bauchgefühl mir jeden Tag sagt.

Ein Visionboard zu erstellen kann so einfach sein, wie eine Pinnwand an deinem Schreibtisch aufzustellen, auf der du Dinge anpinnst, die dich inspirieren. Ich kann Visionboards so erstellen, wie ich freie Schreibübungen mache – ich versuche, mein Unterbewusstsein anzuzapfen und den Zensor in meinem Kopf oder meine bewussten Gedanken zum Schweigen zu bringen, damit ich die wahre Essenz meiner Intentionen heraufbeschwören kann. Ein Visionboard zu erstellen, ist außerdem eine tolle Aktivität, die du mit einer Gruppe von Freunden machen kannst. Anfang Januar lade ich oft meine befreundeten Autor*innen ein, damit wir diese Boards zusammen erstellen können.

Wenn du ein bisschen Zauber in dein physikalisches

Visionboard einfließen lassen willst, versuche es mit dieser tollen Methode.

MATERIALIEN:

- Pinnwand oder Styroporplatte
- Klebestift und Schere
- Stapel von alten Zeitschriften, alten Kalendern, Materialien mit Bildern, die dich glücklich machen
- Sticker, Materialien für Fotoalben (falls gewünscht)
- Ein gephotoshopptes Bild von einem Interview mit dir auf der Titelseite der Literaturbeilage der *Zeit* oder was auch immer du dir vorstellst.
- Ein Screenshot deiner BookReport-Tantiemen, aber verändere das Datum auf das Jahresende und füge noch ein paar Nullen an die Ziffer an.
- Photoshoppe eins deiner Buchcover an die erste Stelle der Bestsellerliste
- Drucke Worte oder Fotos aus, die zu deinen konkreten Zielen passen, die sich aber nicht ohne Weiteres in Magazinen finden, wie beispielsweise:
- Das Logo der *USA Today*-Bestsellerliste
- Die *#1* der *New York Times*-Bestsellerliste
- Intentionen für das nächste Jahr
- „Irrsinnige Fangemeinde"
- „5 Millionen in Tantiemen"
- „Meine Bücher sind auf TikTok viral gegangen"
- „2023 bin ich unendlich dankbar für ..."

- Erinnere dich daran, auch darüber zu träumen, wie du dein Leben leben willst. Was wirst du mit den 5 Millionen anfangen? Wo wirst du leben? Was ist dein Lebensstil? Reist du? Wohin?

1. **Sammle alle Materialien zusammen,** bevor du anfängst, und platziere sie auf der Mitte des Tischs, an dem du arbeiten willst.
2. **Stelle einen Timer auf dreißig Minuten, um Bilder auszusuchen.** Gehe diese Aufgabe mit der gleichen Einstellung an, wie die Übungen zum freien Schreiben – nicht nachdenken, einfach machen. Schaue die Zeitschriften oder alten Kalender durch und reiße alle Bilder heraus, die sich gut anfühlen oder die Energie repräsentieren, auf die du abgezielt hast. Wenn beispielsweise ein Strandurlaub dir das Gefühl des Überflusses vermittelt, dann reiße alle Bilder mit einem Strand oder herrlichem türkisblauen Wasser heraus. Der Timer sorgt dafür, dass du mental auf einen „Sprint" eingestellt bist. Das hier ist nicht der Zeitpunkt, um zu planen oder zensieren, reiße also einfach so viele Bilder wie möglich heraus, die die Zukunft repräsentieren, die du erschaffen willst. Außerdem ist das nicht der Zeitpunkt, um eine Schere zu benutzen und die Bilder schön ordentlich auszuschneiden. Los, reiße sie einfach raus!

WENN DU IN EINER GRUPPE ARBEITEST, lass deine Freund*innen wissen, wonach du suchst, damit sie Bilder für dich herausreißen und dir weiterreichen können, wenn sie eins davon entdecken. Wenn beispielsweise die Eule dein spiritueller Führer ist, könntest du deine Freunde bitten, alle Bilder mit einer Eule darauf auszureißen. In unserer Branche sind natürlich alle Bilder mit Bücherstapeln oder Schlagzeilen über Bücher, die für die Leinwand adaptiert wurden, großartiges Visionboard-Material.

1. **Erstelle dein Visionboard.** Am Ende der dreißig Minuten solltest du einen Stapel mit möglichen Bildern haben. Schaue sie durch und suche deine Lieblingsbilder heraus. Große, bunte Bilder (wie ein Ozean oder eine große Blume) machen sich besser als Hintergrund, um kleinere Worte oder konkrete Bilder aufzukleben. Sei kreativ. Denke daran, du musst dich nicht sklavisch an das Format der Pinnwand halten. Manchmal klebe ich sogar ein unförmiges, ausgeschnittenes Stück Pappe an die Seite meiner Pinnwand, sodass ein Teil davon über den Rand hinausgeht. Ich habe auch schon gesehen, wie Leute 3D-Tafeln erstellt haben, Bilder zusammengeknüllt haben, um ihnen eine Textur zu verleihen und sie wie ein Relief auf ihren Visionboards hervorstehen zu lassen. Manchmal stelle ich mir an dieser Stelle ebenfalls einen Timer für 30 bis 45 Minuten, denn das hilft allen, sich nicht zu sehr zu zensieren und sich an die intuitive Erstellung des Visionboards zu halten.
2. **Wissen, wann man aufhören muss.** Genauso, wie man lernen muss, wann man eine Party verlassen oder zu trinken aufhören sollte, solltest

du dir bewusst sein, dass es zu viel des Guten geben kann. Wenn dein Board zu voll wird, können sich deine Augen nicht mehr auf die Dinge konzentrieren und auf ihnen verweilen, die dich eigentlich inspirieren sollten. Höre auf, immer noch mehr hinzuzufügen, selbst wenn du noch einen ganzen Stapel Bilder neben dir liegen hast. Es geht nicht darum, jedes Bild auf das Visionboard zu kleben, sondern darum, eine visuelle Inspiration zu haben, die du dir jeden Tag gerne anschauen willst. Du suchst nach der Energie, die du in dein Leben einladen willst. Die Bilder müssen nicht perfekt sein oder deinen Traum exakt wiedergeben.

3. **Versehe das Visionboard mit Energie.** Wenn du in einer Gruppe arbeitest, geht reihum und lasst jede Person die Highlights ihres Visionboards mit der Gruppe teilen. Du kannst deine Energie mit Worten wie „Ich werde das oder sogar etwas Besseres erreichen" abgeben. Achte anschließend darauf, alles zu beseitigen, was dich davon abhalten könnte, die Dinge auf deinem Visionboard zu empfangen, indem du Sachen sagst wie: „Ich beseitige nun alles, was mir nicht erlaubt, die Dinge auf diesem Board zu empfangen, aus allen Ebenen, Lagen, Zeiten und Dimensionen."

**Erinnerungen und Anregungen**

. . .

DU SOLLTEST DAS ZIEL NIE AUS DEN AUGEN VERLIEREN. Das bedeutet, dass du dich jeden Tag mit Erinnerungen dafür umgeben solltest, was du in dein Leben rufen willst. Das wird dir dabei helfen, deinen Set-Point für Überfluss zu verschieben. Wenn du immerzu siehst, wie auf deinem BookReport-Konto eine zusätzliche Null steht, desensibilisierst du dich praktisch für eine derart große Summe und lernst somit, sie vom Universum zu erwarten.

Zusätzlich zu deinem Visionboard könntest du auch noch Folgendes tun:

- Ändere alle deine Passwörter zu etwas wie „7-stellige-Summe" oder „Millionärsautor*in" oder einfach „Ich-lebe-im-Überfluss".
- Benenne dein Konto in etwas Erbauliches um, wie „7-stellig" oder „Meine Millionen". Mein Sparkonto heißt „Schatztruhe". Als ich für einen Tesla gespart habe, hieß es „Neuer Tesla".
- Mache aus der Visualisierung deines perfekten Millionärsautor*innen-Tags eine tägliche Gewohnheit, die du jeden Morgen für ein paar Augenblicke ausführst, damit dein Gehirn keinen Unterschied mehr feststellen kann zwischen dem, was Realität ist, und dem, was du dir vorstellst.
- Besser noch, gönne dir diesen perfekten Millionärsautor*innen-Tag! Buche eine Behandlung im Spa, buche dich in einem Hotel ein, um ungestört schreiben zu können, lass dir Kaffee aufs Zimmer bringen. Was auch immer es ist, das dir das Gefühl vermittelt, Millionär*in zu sein.

· · ·

Ich kann zu diesem Zweck das Buch meiner Kollegin Lee Savino *Your Journey Into Abundance: A 29 Day Program to Attract Wealth, Success and Serious Joy* wärmstens empfehlen. Es ist voller täglicher Übungen und Spiele, um im Flow zu bleiben.

# SORGE DICH NICHT UM DAS „WIE"

Wir tendieren dazu, uns selbst mit starren Vorstellungen darüber, wie die Dinge sein sollten oder passieren werden, zu limitieren. Unsere Schlussfolgerungen basieren auf dem, was wir aus der Vergangenheit gelernt haben, anstatt auf unser Bauchgefühl oder unsere Intuition zu hören. Wenn wir glauben, es gäbe nur einen Weg, wie etwas getan werden kann, einen abgesteckten Weg zum Erfolg, dann lassen wir damit alle anderen unendlichen Wege zum Erfolg, die wir stattdessen hätten beschreiten können, einstürzen.

Jedes Mal, wenn du schon entschieden hast, wie die Dinge laufen werden, oder entschieden hast, dass etwas Bestimmtes passieren muss, bevor du die Ergebnisse erzielen kannst, die du sehen willst, schränkst du das Ergebnis extrem ein. Das Universum kann sich nicht auf all die Magie einlassen, die zur Verfügung steht, denn du hast bereits „Nein" zu all diesen anderen Optionen gesagt. Du hast die Botschaft vermittelt, dass das Universum Überfluss nur auf eine ganz bestimmte Art und Weise schicken kann, nämlich auf die, die du entschieden hast.

Stelle dir dein Haus in der Mitte eines Straßennetzes vor. Überfluss könnte auf jeder dieser Straßen zu dir gelangen, mit jeder Art von Fahrzeug, aber du hast entschieden, dass er nur in einem Taxi über die Hauptstraße auftauchen darf. Das Universum hat nun viel weniger Optionen, mit denen es arbeiten kann, um diese Lieferung des Überflusses durchzuführen! Vielleicht liefern die Taxis auf der Hauptstraße immer nur einmal in fünf Jahren, aber wenn du den Überfluss auch auf anderen Straßen erlaubt hättest, könntest du ihn alle fünf Tage erhalten.

Sich über das *Wie* zu sorgen, wenn du ein finanzielles Ziel erreichen willst, ist nicht nur unnötig, es ist auch unzuträglich für die Manifestierung. Das heißt nicht, dass du intuitive Anstöße ignorieren oder nicht befolgen solltest, wenn sie auftauchen, aber darüber sprechen wir in Schritt 4 noch ausführlicher.

2019 war ich mir so sicher, dass ich, wenn ich die Facebook-Anzeigen nur wirklich meistern würde (obwohl ich bereits fünf Kurse darüber belegt hatte und ziemlich kompetent war), Millionärsautorin werden würde. Ich war so gefangen in diesem Gedanken, dass ich fünfzig Prozent mehr als noch im Vorjahr ausgab, um zusätzliche hunderttausend Dollar zu verdienen, und zunehmend frustrierter wurde. Das lag daran, dass ich die Entscheidung getroffen hatte, Facebook-Anzeigen wären *die einzige Antwort für meinen Überfluss*. Ich habe mich allen anderen Möglichkeiten gegenüber gesperrt.

Tatsächlich stellte sich heraus, dass Übersetzungen, und nicht etwa Facebook-Anzeigen, die Sache waren, die mich letztendlich zu siebenstelligen Summen katapultierten. Schalte ich noch immer Facebook-Anzeigen? Ja. Vor allem für meine Übersetzungen!

Wenn du versuchst, deine Karriere zu streng zu kontrollieren, verschließt du dich vor all den Möglichkeiten, die es gibt. Sich in jeder Situation den unendlichen Möglichkeiten zu öffnen, weitet dein Energiefeld und ermöglicht Quantenverschränkung. Das Universum kann dir alles schenken, was du dir wünschst, wenn du dich nur dafür öffnest. Wenn du anfängst, dich um das *Wie* zu sorgen, wenn du entscheidest, was genau passieren muss, das ist der Zeitpunkt, in dem du das Energiefeld kollabieren lässt und die Wege eingrenzt, auf die das Universum dir helfen kann.

# FALLSTUDIE: TESS THOMPSON – KLARE INTENTIONEN

Tess Thompson ist *USA-Today*-Bestsellerautorin und preisgekrönte Autorin zeitgenössischer und historischer, romantischer Literatur für Frauen und hat nahezu vierzig Bücher veröffentlicht. Vor Kurzem hat sie in der Author-Abundance-Community geschrieben, dass sie gerade den höchsten monatlichen Umsatz ihrer Karriere verbucht hat.

„Visionboards, Manifestationen, Vertrauen – das alles funktioniert!", schrieb sie in ihrem Post.

Tess schreibt diesen Erfolg dem Festlegen von klaren, zielgerichteten Intentionen und dem Fokus darauf zu. „Sobald du weißt, was du willst, liegt alles an den Intentionen, die dich zu dem Ziel führen, das du haben willst. Ich glaube, es gibt viele Dinge im Universum, von denen wir nicht verstehen, wie sie funktionieren."

In diesem Jahr war es ihr Ziel, ein siebenstelliges Einkommen mit ihren Büchern zu verdienen und den All-Star-Bonus bei Kindle Unlimited zu gewinnen, was sie bereits erreicht hatte. „Ich hatte diese ganzen Sticker und

Post-it-Zettel in meinem Büro und im Haus hängen, auf denen die Zahl 2.470 steht, was die Summe ist, die man pro Tag verdienen muss, um in einem Jahr eine Million zu verdienen. Am ersten Tag, als ich genau diese Summe verdiente, zeigte ich es meinem Mann und sagte: *Das ist so seltsam!*"

Tess erzählt, dass es ein Jahr gedauert hat, aber sie hat nicht aufgehört, daran zu glauben, dass es passieren würde, vor allem während der Rückschläge. „Das sind diese Geldblockaden. Da muss man sich durcharbeiten. Ich schwöre, es funktioniert. Ich verstehe nicht, wie, aber es funktioniert."

Wenn das Jahr so weitergeht wie bisher, dann wird sie diese siebenstellige Summe erreichen. „Früher dachte ich nie, dass es möglich ist, aber seit ich meine Einstellung geändert habe, hat sich auch alles andere geändert.

Es ist möglich, die eigenen Träume wahr werden zu lassen, sogar riesige, abgehobene Träume. Es braucht Zeit und Mühe, aber vor allem braucht es den Glauben an sich selbst und an die eigenen Bücher. Zu sehen, wie es für einige der anderen Damen in der Author-Abundance-Community funktioniert, hat mich unendlich inspiriert. Ich hoffe, mein Post wird das auch für all diejenigen tun, die sich entmutigt fühlen. Ich weiß, wie es dir geht. Aber höre nicht auf, an dich zu glauben!! Du wirst es schaffen!"

Zusätzlich dazu, klare Ziele zu setzen, setzt Tess auch die anderen Schritte in diesem Buch um, einschließlich derer, ihre Bücher zu lieben und auf ihr Bauchgefühl zu hören.

Trotz der Tatsache, dass „alle immer sagen, schreib nicht jugendfreie oder historische Romane, denn das verkauft sich nicht", schreibt Tess genau das, denn das sind die Bücher, die sie liebt.

„Ich hatte diese Idee für eine historische Serie, die in einem Traum zu mir kam. Ich steckte gerade mitten in der Arbeit für eine lange, zeitgenössische Serie, aber ich schrieb es mir trotzdem auf. Zwei Jahre später holte ich das Notizbuch wieder hervor und las es mir noch mal durch. Ich schenkte mir diese Serie zu Weihnachten – ich erlaubte mir, im Monat Dezember zu schreiben, was ich schreiben wollte." Diese Liebe, die Tess in ihre Serie strömen ließ, zahlte sich aus. „Diese Serie ist total durchgestartet."

Wir versuchen immer, uns anzupassen oder den Trends zu folgen – nicht, dass es eine schlechte Sache wäre, für den Markt zu schreiben –, aber du musst deine eigene Magie finden und dich daran halten.

„Ich denke, was immer es ist, das dich einzigartig macht – lass dich ganz darauf ein."

-Tess Thompson

# SCHRITT 3: LIEBE DEINE BÜCHER

# 8

## LIEBE IST DIE ANTWORT

Jedes Mal, wenn ich gebeten werde, anderen Autor*innen Ratschläge zu geben, ist mein Nummer-Eins-Tipp immer: „Liebe deine Bücher." Das mag esoterisch klingen, wahnsinnig unpraktisch, aber dennoch ist es genau diese Energie, die die Dinge für dich in Bewegung setzen wird.

Wenn man darüber nachdenkt, ergibt es so viel Sinn. Wenn du deine Bücher liebst, wirst du es lieben, daran zu arbeiten. Du wirst die besten Einbände für sie finden. Du wirst Zeit dafür investieren, mit Test-Leser*innen und Lektor*innen zusammenzuarbeiten. Du wirst die Bücher ordentlich formatieren und wunderschön aussehen lassen. Wenn du den Drang verspürst, die Bücher zu vermarkten, wirst du darein investieren. Wenn du deine Bücher liebst, ist es so einfach und du wirst ohne Probleme den Weg nach vorn finden.

Wann immer ich beim Schreiben steckenbleibe, ist mein Instinkt immer, das ganze Manuskript und meine Ideen zu zerreißen – ich fange entweder an, das Buch oder mich selbst als Autorin zu kritisieren. Das ist keine Energie, die erschafft. Es ist eine Energie, die zerstört. Ich weiß nicht, wie es dir geht, aber je mehr ich mein Buch kritisiere, umso verlorener bin ich. Wie bei einem halb gestrickten Pulli, der sich immer weiter aufribbelt, je mehr ich an den Fänden herumzupfe, bis ich nicht mehr weiß, wo oben und unten ist – was funktioniert und was nicht.

**Wie sprichst du mit dir selbst über deine Bücher, wenn du dich so fühlst? Klingt irgendwas hiervon vertraut?**

- Ich weiß nicht, was los ist.
- Ist die Handlung zu langweilig?
- Ist mein Held ein zu großer Arsch?
- Ist mein Held zu weich / zu beta?
- Ist meine Figur zu dumm zum Leben?
- Sind die Beschreibungen zu öde?
- Ich werde nie so gut schreiben wie X.
- Dieses Buch ist nicht so gut wie mein vorheriges.
- Das ist nicht wirklich Literatur.
- Knutschbücher sind nur Pornografie für Frauen.
- Ich stecke so fest.
- Ist das lustig / unterhaltsam / gruselig genug?
- Will irgendjemand mein Zeug lesen?
- Ist das genau das Gleiche wie Millionen anderer Bücher in meinem Genre?
- Wird sich irgendjemand um dieses Buch scheren, bis auf ich und meine Mutter / Schwester / beste Freundin / mein Ehepartner / Partner?
- Ich weiß nicht, was als Nächstes kommen sollte.
- Ich weiß nicht, was ich tun soll.

Keine dieser Fragen oder Aussagen wird dir dabei helfen, die Antworten zu finden.
**Kehre stattdessen die Energie um.** Frage dich:

- Was habe ich an diesem Buch geliebt, als ich angefangen habe, es zu schreiben?
- Welches waren die Szenen, die mich in Verzückung / zum Schwitzen / zum Vor-Freude-in-die-Hosen-machen gebracht haben?
- Warum liebe ich diese Figur / dieses Thema?
- Was sind meine Lieblingsstellen?
- Was hat mir Spaß gemacht, zu schreiben?

Genau wie in der Paartherapie, wenn der Therapeut damit beginnt, zu fragen, wie man sich zuallererst verliebt hat, wird es auch für uns alles verändern, zu dieser ersten Liebe zurückzukehren, zu diesem ersten Funken.

Sobald ich mich wieder in einem Zustand der Wertschätzung für meine Bücher befinde, beginnen die Antworten zu fließen. Ich weiß plötzlich wieder, wohin ich unterwegs bin oder wie ich die Dinge in Griff bekommen kann, die mich aus der Bahn geschmissen haben. Wenn sich die Verurteilungen auf diese Weise verflüchtigen, ist es einfacher zu erkennen, was als Nächstes passieren muss. Du traust wieder deinem eigenen Instinkt und stehst dir nicht mehr selbst im Weg. Wunder werden geschehen. Ob es darum geht, ein Buch zu schreiben, die Handlung klarer zu bekommen, die Veröffentlichung zu planen, zu entscheiden, wie man die Leser*innen über das Buch informiert, es zu verkaufen, es übersetzen zu lassen oder als Audiobuch aufnehmen zu lassen – deine Leidenschaft für dein Buch wird dir den Weg zeigen.

## MEDITATION: LIEBE DEINE BÜCHER

Setze diese Meditation ein, um dich mit der Energie deiner Bücher zu verbinden und sie in Liebe einzuhüllen.

1. Schließe die Augen. Stelle dir deine Energie wie eine riesige Lichtkugel vor, die einen Meter in jede Richtung um dich herum leuchtet.
2. Weite deine Energie hundertmillionfach aus, um alles einzuschließen, was ist.
3. Lade die Energie eines bestimmten Buches, einer Serie oder deines gesamten Werks ein.
4. Nimm dir einen Moment Zeit, um diese Energie des Buches oder der Serie einfach nur zu erfahren.
5. Sende Dankbarkeit an deine Arbeit aus. Danke ihr dafür, dass es sie gibt. Liebe sie.
6. Frage sie, was sie von dir braucht. (Autor*innen hören oft, dass die Arbeit einfach nur mehr Liebe braucht oder es braucht, wertgeschätzt zu werden, aber vielleicht hörst du ja auch eine

bestimmte Aufgabe oder eine Idee fürs Marketing.)
7. Drehe den Energiefluss um und empfange von deiner Arbeit. Was will sie dir schenken? Was kann sie zu deinem Leben beisteuern? Wirst du zulassen, dass sie etwas beisteuert?
8. Wiederhole die Punkte fünf und sieben, sende Dankbarkeit aus und empfange von deinen Büchern, so oft, wie es sich gut oder interessant für dich anfühlt. Wenn du fertig bist, bedanke dich noch einmal bei dem Buch oder der Serie, bevor du dich von seiner Energie löst, die Augen öffnest und in deinen Tag zurückkehrst.

# FALLSTUDIE: LEIGH JAMES – EMPFANGEN UND AUF DIE USA-TODAY-BESTSELLERLISTE KOMMEN

Die Autorin Leigh James schreibt Milliardärs-Liebesromane und unter dem Namen Leigh Walker Jugendbücher über paranormale Liebesgeschichten.

„Ich mache seit vier Jahren Mindset-Arbeit. Irgendwann fing ich an, jeden Tag in mein Tagebuch zu schreiben." Sie benutzt tägliche Schreibübungen, um die Dinge aufzuschreiben, für die sie dankbar ist, zehn Träume, die sie bereits verwirklicht hat, und das nächste Ziel, das sie erreichen wollte.

Am 22. Juli 2020 fing sie an, *Ich bin USA-Today-Bestsellerautorin* als ihr nächstes Ziel aufzuschreiben. „Ich hatte gerade angefangen, Bücher auf sämtlichen Plattformen zu verkaufen, und war noch nie zuvor auf der Liste gelandet, außer mit einem Boxset." Zu der Zeit war es ein sehr hochgegriffenes Ziel, auf die Bestsellerliste zu kommen, wenn man bedenkt, wie ihre damaligen Verkaufszahlen aussahen. Trotzdem schrieb sie es einen Monat lang jeden Tag in ihr Tagebuch.

„Ich schrieb das Tagebuch voll und vergaß es anschließend. Ich fing an, an einem vollkommen anderen Ziel zu arbeiten."

Etwa zur gleichen Zeit trat sie der Author-Abundance-Community bei. Sie liebte es, eine Gruppe von Autor*innen zu haben, denen es so ging wie ihr. „Man kann die Energie wirklich spüren. Ich habe in der Community etwas gelernt, von dem ich nicht gedacht hätte, dass es über Zoom überhaupt möglich wäre – es hat wirklich mein Leben verändert." Außerdem fing Leigh an, bei meiner Co-Autorin Lee Savino private Mindset-Coachingsitzungen zu besuchen.

Im Februar 2021 veröffentlichte sie ihre Bücher auf Lese-Apps wie Radish und KISS. Während sie eins der Bücher auf Radish kapitelweise hochlud, las sie es selbst noch einmal. „Ich las mein eigenes Buch *Die Begleitung des Milliardärs*, das ich fünf Jahre zuvor veröffentlicht hatte." Während sie es las, verliebte sie sich von Neuem in das Buch. Es hatte auf Kindle Unlimited gut abgeschnitten, als sie es ursprünglich veröffentlicht hatte, und Leigh glaubte, dass das Buch es vermutlich auf die *USA-Today*-Bestsellerliste geschafft hätte, wenn sie es auf allen verfügbaren Verkaufsplattformen verkauft hätte.

„Ohne dass ich davon wusste, fing KISS an, eine riesige Anzeigenkampagne auf Facebook für genau dieses Buch zu schalten. Ich loggte mich auf Amazon ein und sah, dass es einen riesigen Anstieg in meinen Verkäufen gab. Ich wusste überhaupt nicht, was los war. Ich fing an, E-Mails von Leuten zu bekommen." Sie hätte das Leigh-James-Pseudonym zu diesem Zeitpunkt beinahe fallen gelassen – sie hatte keine Mailingliste mehr und war zu einer kostenlosen Wix-Webseite gewechselt. „Plötzlich fing ich an, all diese Nachrichten zu bekommen. Die Leute erzählten, wie sie die Anzeige gesehen hatten und nicht mehr aufhören konnten, meine Bücher zu lesen. Ich dachte, ich wäre das Opfer von irgendwelchen Bots geworden oder etwas ähnlich Negatives."

Im Laufe der nächsten Wochen drehten die Leser*innen vollkommen durch. „Ich habe 9.000 Exemplare eines fünf Jahre alten Buchs zum vollen Preis verkauft. Ich stand zwei Wochen hintereinander auf der Bestsellerliste von *USA Today* – aus dem Nichts. Es war ein regelrechter *Gottesmoment* für mich. Es war fantastisch. Erst konnte ich die positive Energie der Abundance-Community spüren und dann passierte das wie aus heiterem Himmel."

Wie du dir vermutlich schon denken kannst, vervielfachte sich auch ihr Einkommen. Vorher hatte sie immer zwischen fünf- und sechsstelligen Summen pro Jahr geschwankt und jetzt war es auf einmal beinahe eine siebenstellige Summe. „Jetzt muss ich wieder auf der Erde landen und mich auf mein Mindset konzentrieren. Ich muss mich darauf fokussieren, weil es funktioniert."

Eines der Schlüsselelemente für ihr Mindset war es, daran zu glauben, dass sie genug ist. „Der tatsächliche Glaube daran, dass ich gut genug war, dass ich wertvoll war – diese Dinge wirkten zusammen."

„Ich habe signifikante Veränderungen in meinem Leben beobachtet, seit ich mein Mindset geändert habe."

-Leigh James

Es funktioniert. Sei fleißig und wachsam mit dir selbst. Wenn du dich dieser Vorgehensweise verpflichtet hast – das Gute in dir und in der Welt zu sehen –, dann kommt dieses Gute zu dir zurück.

# 9

## KEHRE DEINEN INNEREN MONOLOG UM

Genau wie damit, die Aussagen bei deinen Geldwunden umzukehren, wird es dein ganzes Leben verändern, deinen inneren Monolog von Kritik in Bewunderung umzukehren.

Wir hegen diese Angst, dass wir zu egoistisch werden, wenn wir unser Leben, unsere Arbeit, unser Handeln nicht permanent wie durch ein Mikroskop betrachten. Ehrlich gesagt glaube ich, dass das Gegenteil wahr ist.

Oftmals ist der Aspekt, in dem wir uns selbst am meisten verurteilen, der, in dem wir das meiste Potenzial haben.

Als ich anfing, Erwachsene in Modern Dance zu unterrichten, lag das nicht daran, dass ich glaubte, wahnsinnig großartig zu sein und irre viel zu bieten zu haben. Die damalige Lehrerin hörte auf und bat mich, ihre

Stunden zu übernehmen. Obwohl ich zu der Zeit zwanzig Jahre lang getanzt hatte, hatte ich keine offizielle Ausbildung als Tänzerin, also kam ich mir als Lehrerin „weniger-als" vor.

Ich hatte riesige Angst davor, es nicht richtigzumachen, wollte unbedingt von meinen Schülern geliebt werden, und das Verlangen, zu „performen", anstatt einfach anwesend zu sein, machte mich unflexibel darin, wie ich meine Kurse aufbaute. Ich hielt mich strikt an die Struktur der Kurse der vorherigen Lehrerin und recycelte einfach den Großteil ihres Materials.

Meine Zweifel über meine eigenen Fähigkeiten, mir etwas Neues oder Kreatives einfallen zu lassen, erstickten meinen Prozess vollkommen. Kamen die Schüler auch weiterhin in den Unterricht? Mochten sie mich? Ja. Es funktionierte. Aber es hätte noch so viel besser sein können.

In *Manifest Your Destiny* beschreibt Wayne Dyer seine Sorgen, bevor er einen Vortrag halten musste, ob die Leute ihn mögen würden oder nicht, und wie er lernte, diese Sorge in die Frage umzuwandeln: „Wie kann ich ihnen dienen?" Das hat einen riesigen Unterschied für ihn gemacht, was die Worte und die Energie anging, die er während seines Vortrags vermittelte.

Als ich mit dieser Einstellung meinen Tanzunterricht gab, kam plötzlich weniger Lob für meine Schüler aus meinem Mund, dafür mehr konkrete Hinweise. Nach der Stunde sagte ich zu einer Freundin: „Ich habe das Gefühl, als ob ich eine Zicke gewesen wäre." Aber sie versicherte mir, dass es die beste Stunde war, die ich je gegeben hatte.

Meine Angst hatte mich gelähmt. Ich brauchte für meine Fähigkeiten als Lehrerin nur eine große Portion Ego-Sauce, die sich über mich ergießt.

. . .

ICH KANNTE DIE ANTWORTEN SCHON, ich wusste schon, wie ich mehr geben kann, aber ich habe mich selbst zurückgehalten, aus Angst, es falsch zu machen oder dass die Leute mich dann nicht mögen würden.

Wo kritisierst du dich selbst am meisten? Was, wenn das tatsächlich dein größtes Talent oder deine größte Fähigkeit wäre? Ich weiß, das klingt seltsam, aber höre mir einen Augenblick zu.

Einer der Aspekte, weswegen ich mich am meisten kritisiere, ist es, unorganisiert zu sein. Wenn ich in diesem Augenblick ein Foto von meinem Schreibtisch machen würde, würdest du dich fragen, wie ich überhaupt funktionieren kann. Wenn ich dir zeigen würde, wie viele Tabs ich auf meinem Computer offen habe, während ich das hier schreibe, würdest du kichern. Es ist wirklich lächerlich! Und dennoch ... wenn ich ein bisschen Ego-Sauce über diesem Aspekt ausschütten und nach den Talenten darin suchen würde ... wow. Tatsächlich ist meine Fähigkeit, in einem derartigen Chaos zu funktionieren, ein Talent. Ich bin extrem flexibel. Ich kann überall schreiben – im Auto, bei Starbucks, während des Schwimmunterrichts meines Kinds. Ich kann drei Bücher gleichzeitig schreiben. Ich kann während eines Lockdowns zwei Kinder zu Hause unterrichten, ohne meinen Output an Büchern zu reduzieren.

Das ist aber nicht dein Talent? Das ist okay! Was ist denn dein Talent?

SCHAU DIR DIE ASPEKTE AN, derentwegen du dich am meisten verurteilst, und schütte ein bisschen Ego-Sauce darüber, dreh deine limitierende Glaubenssätze um und entdecke, warum das tatsächlich einige deiner größten Stärken sind.

. . .

Also, zurück zu den Büchern. Wenn du über dich als Schriftsteller*in und über deine Bücher diese Ego-Sauce auskippst, dann wirst du deine Stärken finden. Du wirst wissen, wie du deine Bücher besser vermarkten kannst. Anstatt hart zu arbeiten, um dazuzugehören, oder die Regeln zu befolgen, die andere Autor*innen erfolgreich gemacht haben, dringst du stattdessen in die Gebiete vor, in denen du dich selbst übertreffen und mehr von den Dingen schreiben wirst, die du liebst.

Ich erinnere mich, wie es für mich als neue Mutter ein nicht endendes Thema war, wie viel man ein Baby im Arm halten sollte. Eine der Mütter in meiner Gruppe verkündete mit absoluter Überzeugung: „Man kann ein Baby nicht durch zu viel Liebe verwöhnen."

Ich musste kurz innehalten und darüber nachdenken, denn das ist eine weitere dieser Vorstellungen, die uns von der Gesellschaft eingebläut wird. Kinder könnten durch Freundlichkeit und Liebe „verwöhnt" werden. Durch Fürsorge. Durch Akzeptanz. Stattdessen sollten wir alle ihre Makel und Unzulänglichkeiten aufzeigen, ihnen auf die Finger schlagen und ihnen immer zeigen, was sie alles falsch gemacht hatten, damit sie ja „richtig" gerieten.

Hm.

Wie gut funktioniert das?

Sicher, Blumen können auch unter rauen Bedingungen blühen, aber würden sie mit Wasser, jeder Menge Licht und guter Erde nicht viel besser gedeihen?

Hab keine Angst, dass du dein Buch verwöhnen könntest – okay, nicht dein Buch, sondern dich selbst als Autor*in –, indem du Ego-Sauce über deinen Projekten ausschüttest. Mariniere ruhig ein bisschen darin. Finde heraus, was du an deinem Buch liebst; du wirst deshalb nicht das vergessen, was nicht funktioniert. Tatsächlich wird sogar das Gegenteil eintreten. Du wirst wissen, an welchen Schräubchen du drehen musst, um es besser zu machen (nicht, um es zu reparieren!). Wenn du aufhörst, aus einem Gefühl der Kritik und der Verurteilung zu agieren, wirst du viel deutlicher sehen können, was du verbessern kannst.

In einer Energie der Liebe zu verweilen, wird wiederum die Leser*innen dazu bringen, deine Bücher zu lieben. Wenn du Liebe in deine Bücher gießt, können die Leser*innen das auch spüren, wenn sie sie lesen. Wenn du deine Figuren liebst, schreibst du sie besser. Wenn du voller Freude Wendungen ersinnst, werden auch die Leser*innen begeistert sein!

Energetisch gesprochen, wirst du die Energie erhalten, die passt. **Wenn du also dein Buch liebst, werden es die Leser\*innen auch lieben.** Wenn du dein Buch hasst ...

Dorthin begeben wir uns lieber nicht.

Du solltest die Energie der Kritik nicht in deinen Büchern verankern, ansonsten endest du nur mit kritischen Leser*innen und schlechten Rezensionen.

Sogar, wenn das Buch bereits geschrieben, veröffentlicht und auf dem Markt ist, überhäufe es weiterhin mit Liebe. *Das wird deine Bücher verkaufen!*

Dazu habe ich ein paar lustige Geschichten in petto. Im Sommer 2020 veranstaltete meine Co-Autorin Lee Savino über ihre geschäftliche Facebook-Seite einen Live-Videostream für ihre Fans. Sie stand vor ihrem Bücherregal, um eins ihrer Bücher auszusuchen, das sie laut vorlesen würde, und wählte zufällig das Buch *Alphas Beute,* das wir vor über einem Jahr zusammen geschrieben und veröffentlicht hatten.

Sie begann, es zu lesen und eine Passage zu suchen, die

sie ihren Fans vorlesen konnte, und während sie das tat, verliebte sie sich aufs Neue in ihr Buch. Es fiel ihr schwer, nur eine Passage auszuwählen. Als sie diese Passage schließlich ihren Fans vorlas, fiel es ihr schwer, wieder aufzuhören. Sie hätte am liebsten das ganze Buch vorgelesen! Später in der Woche, aus einer Laune heraus, bewarb sie sich für dieses Buch um ein BookBub-Konto. Und siehe da, es wurde prompt akzeptiert!

Das Gleiche passierte erneut im Dezember 2020. Unser gemeinsam geschriebenes Buch *Alphas Krieg* wurde auf Deutsch veröffentlicht, also mailte mir Lee das neue, übersetzte Cover.

„Er ist so heiß", sagte ich zu ihr und bewunderte unser Cover-Model, als ich die E-Mail geöffnet hatte.

„Stimmt, du hast recht", erwiderte Lee und – weil sie sich daran erinnerte, wie gut es funktioniert hatte, sich zu bewerben, wenn sie sich in einem Zustand der Wertschätzung befand – bewarb sich erneut auf ein BookBub-Konto für das Buch. Zu der Zeit war Lee von BookBub für mehrere Bücher hintereinander abgelehnt worden. (Wann immer du eine Absage erhältst, bewirb dich einfach wieder, oder besser noch, komme in einen Zustand der Wertschätzung für deine Bücher und bewirb dich dann.) Lee bewarb sich also für *Alphas Krieg* bei BookBub und wieder wurde das Buch, dem sie so viel Liebe geschenkt hatte, augenblicklich ausgewählt.

Eine meiner Lieblingsgeschichten darüber, wie die Liebe für ein Buch einen ansonsten unerklärlichen Unterschied für ein Buch machen kann, hat mit Audiobüchern zu tun. Ich hatte gerade damit angefangen, sie zu veröffentlichen, und fand es wahnsinnig unangenehm, mir die Aufnahmen zur Kontrolle anzuhören – vor allem die sexy

Anschnitte. Oftmals übersprang ich die einfach oder spulte vor.

Dieses eine Mal jedoch hatte ich eine neunstündige Fahrt vor mir, also entschied ich, mir dieses Buch – das zweite in einer Regency-Serie – anzuhören. Und während ich es mir anhörte, verliebte ich mich aufs Neue in dieses Buch. Ich machte die Erfahrung, die vermutlich jeder kennt, dass ich mich an all die Dinge erinnerte, die ich ursprünglich geliebt habe, als ich das Buch geschrieben hatte. Ja, ich wäre am liebsten immer noch vor Scham im Boden versunken, als die Sexszenen drankamen, aber ansonsten war das eine der unterhaltsamsten Autofahrten, die ich jemals hatte. Ich gab der Aufnahme grünes Licht und sie wurde veröffentlicht.

Viele Monate später schaute ich meine Verkaufszahlen auf ACX durch und stellte fest, dass ein bestimmtes Audiobuch die dreifache Anzahl an Verkäufen der anderen Bücher der Serie verzeichnet hatte – das Buch, das ich mir während der Autofahrt angehört und das ich mit Liebe überschüttet hatte! Ich schaute nach, ob ich vielleicht eine andere Strategie für dieses Buch gewählt hatte oder ob etwas anderes damit passiert war, aber nein. Es gab keinen Unterschied. Und es war auch nichts Besonderes an dem Buch. Das E-Buch hatte sich definitiv nicht öfter verkauft als die anderen Bücher in der Serie. Tatsächlich hatte es sogar weniger Exemplare verkauft. Es gab keine Logik, die diese gesteigerten Verkaufszahlen beim Audiobuch erklären konnten, bis auf meine Energie der absoluten Liebe für mein Buch, als ich die Aufnahme zum Verkauf freigegeben hatte.

Versuche selbst, deine Projekte mit Liebe zu überschütten. Versuche, Ego-Sauce über deinem eigenen Kopf auszuschütten, während du schreibst. Schau, ob du nicht sogar deine Schreibfähigkeiten verbessern kannst, dich tiefer in deiner Geschichte oder deiner Kunst verlieren kannst, einen besseren Flow finden und diese Möglichkeiten auf dein Manuskript ausweiten kannst, anstatt ein selbstgefälliges Monster zu werden, das nicht sehen kann, wie schlecht es ist.

Liebe ist die Magie, die alles funktionieren lässt.

## FALLSTUDIE: MARY E. THOMPSON – DAS EIGENE BUCH LIEBEN

Die *USA-Today*-Bestsellerautorin Mary E. Thompson schreibt seit beinahe neun Jahren zeitgenössische und romantische Thriller.

Bereits kurz nach der Gründung der Gruppe meldete sie sich in der Author-Abundance-Facebookgruppe an. „Ich bin eher still, also habe ich mich nicht oft an Diskussionen beteiligt, aber ich habe die Posts gelesen und habe mich sehr mit meinem eigenen Mindset beschäftigt." Sie meldete sich auch für die Author-Abundance-Mitgliedschaft an, als die Community ins Leben gerufen wurde. „Ich habe es nicht zu allen Meetings geschafft und schaffe es immer noch nicht zu allen Live-Anrufen, aber wenn ich es schaffe, habe ich anschließend immer das Gefühl, als ob sich meine Welt verändert."

Ende Dezember 2021 entschied sie, das erste Buch einer Serie gratis anzubieten. „Ich wusste, dass das Buch gut war, und hatte monatelang Liebe hineinströmen lassen, hatte meine Einstellung wirklich verschoben."

Sie erzählt weiter, dass sie immer eine *„Schreib es und dann schaue nach vorn"*-Autorin war, aber nach den Live-

Anrufen wusste sie, dass sie sich daran erinnern musste, wie sehr sie jedes einzelne Buch liebte, das sie schrieb. „Dieses Buch ist besonders. Als es veröffentlicht wurde, verzeichnete ich meine höchste Zahl an Vorbestellungen. Beinahe zwei Jahre nach der Veröffentlichung, als ich entschied, das Buch dauerhaft kostenlos anzubieten, wusste ich, dass das Buch einen großen Durchbruch verdient hatte, also bewarb ich mich für einen Featured Deal bei BookBub."

Zur gleichen Zeit produzierte sie ein Audiobuch desselben Buchs, also musste sie es noch einmal durchgehen und erneut lesen. „Ich bin eine futuristische Nummer 6 [im Strengthsfinder-Persönlichkeitstest], also mache ich immer sofort mit der nächsten Sache weiter, wenn eine andere Sache abgeschlossen ist. Sogar während des Korrekturlesens bin ich gedanklich schon beim nächsten Buch." Als sie das Audiobuch durcharbeitete, verliebte sie sich erneut in das Buch. „Ich dachte, das ist eine tolle Geschichte, ich mag diese Figuren wirklich, es passt alles. Es fühlte sich richtig an, dass es dieses Buch ist, für das ich den kostenlosen BookBub-Deal erhalten könnte."

Obwohl sie bereits eine Handvoll BookBub Featured Deals ausschließlich für den internationalen Markt erhalten hatte, hatte sie noch nie einen kostenlosen Deal in den USA erhalten und insgesamt nur einen einzigen Deal für die USA. Sie war hocherfreut, als das dauerhaft kostenlose Buch einen Featured Deal für Januar 2022 erhielt.

„Ich war schockiert, aber ich ließ mich darauf ein, dass es fantastisch werden würde. Ich lud in dieser Woche hocherfreut auch die anderen kostenlosen Bücher herunter, um die anderen Autor*innen zu unterstützen, die zusammen mit mir ihren Featured Deal feierten. Dann bewarb ich mich für den nächsten." Wieder einmal war sie auserwählt, einen Deal für einen weiteren Monat zu bekommen.

„Dieser Deal war für ein unabhängiges Buch für 99 Cent. Mein meistverkauftes Buch einer älteren Serie. Wieder wusste ich, dass es fantastisch laufen würde, und das tat es auch." Nach diesem Buch bewarb sie sich erneut. Sie erhielt ein paar Absagen, gab aber nicht auf, denn sie wusste, dass ihre Bücher diese Aufmerksamkeit verdient hatten. „Keine zwei Wochen nach meinem zweiten BookBub Featured Deal im Jahr 2022 wurde ich für einen dritten ausgewählt! Die Zusage kam zwölf Stunden, nachdem ich mich beworben hatte, für ein weiteres dauerhaft kostenloses Buch, das bereits seit fünf Jahren kostenlos war! Ein weiteres Buch, von dem ich überzeugt war, dass es Liebe verdient hatte, und dank des Author-Abundance-Mindsets schenkte ich diesem Buch die Liebe, die es verdient hatte, und das Universum wählte es aus und zeigte es der Welt."

Mary erklärt: „In den ersten fünf Monaten von 2022 habe ich bereits mehr verdient als im ganzen letzten Jahr." Bisher hat sie noch keinen vierten BookBub-Deal erhalten, aber sie ist sich sicher, dass sie dieses Jahr noch einen weiteren erhalten wird. „Ehrlich gesagt weiß ich, dass ich dieses Jahr noch drei weitere Deals erhalten werde. Ich werde dieses Jahr mehr verdienen als mein Mann und unser Leben in all das verwandeln, was wir uns jemals erträumt haben."

Sie fährt fort: „Ich weiß deine Hilfe wirklich zu schätzen, das alles zu ermöglichen. Ich will dir dafür danken, dein Wissen mit mir zu teilen und dieses Buch zu schreiben, denn ich weiß, dass es mein Leben noch mehr verändern wird. Vielen Dank dafür!"

Mary ist nun feste Anhängerin davon, ihre Bücher zu lieben. Ihr Ratschlag an andere Autor*innen ist: „Umgib dich mit deinen Büchern. Sie leben in unseren Köpfen, aber wir müssen uns an sie erinnern. Ich sitze in meinem unverputzten Keller, aber was ich unbedingt machen möchte, ist, meine Bucheinbände an den Wänden zu präsentieren. Ich habe sechsundsechzig Bücher veröffentlicht. Wenn ich meine Wände mit den Einschlägen tapeziere, wäre das eine fantastische Erinnerung an alles, was ich in neun Jahren geschafft habe."

# FREIES SCHREIBEN: ERFORSCHE DEINE INTUITION

Folge diesen Aufforderungen und schreibe, bis nichts mehr aus dir herauskommt.

- Was sind drei (oder mehr) Punkte, für die ich mich am meisten selbst verurteile?
- Wenn ich ein bisschen Ego-Sauce darüber schütten würde, welche Potenziale würde ich dann in diesen Punkten erkennen? Was sind die Talente, die ich vor mir selbst verstecke?
- Was liebe ich an meinem Buch oder meinen Büchern?
- Was mache ich als Autor*in gut?
- Was wollen meine Bücher mich wissen lassen?

*Wenn ich mir diese Fragen stelle, spricht meist der Held meiner Bücher mit mir, versichert mir, dass das Buch beliebt sein wird, oder zeigt mir eine Szene, die noch fehlt.*

- Wie kann ich noch mehr von meinen Büchern empfangen?

*Möglicherweise kommen die Worte nicht zu dir, um diese Fragen schriftlich zu beantworten. Vielleicht ist es eher eine Energie, die du empfängst, anstatt etwas, was man mit Worten ausdrücken könnte. Öffne einfach dein Bewusstsein für das, was auch immer kommt. Ob es einfach nur ein gutes Gefühl ist oder die Energie des Buchs – empfange es.*

- Wofür bin ich in meiner Karriere als Autor*in dankbar?
- Welche Menschen sind eine Bereicherung oder leisten einen Beitrag zu meiner Karriere?

*Allein schon diese Fragen zu stellen, lädt weitere hilfreiche Menschen in dein Leben ein.*

# SCHRITT 4: VERTRAUE DEINEM BAUCHGEFÜHL

# 10

## NUR DU SELBST HAST DIE ANTWORT

Niemand hat die Antworten für deine Karriere, außer dir selbst.
Ich habe lange gebraucht, um darauf zu vertrauen. Ich habe all diese Kurse belegt, habe alle Ratschläge befolgt. Aber die Wahrheit ist, wir können nicht einfach den Erfolg eines anderen reproduzieren. Ich erhebe Einspruch gegen die Idee, dass jemand anderes alle Antworten kennt, und wenn wir einfach nur seinem Beispiel folgen, haben wir die gleichen Erfolge. So funktioniert das Leben nicht. So funktioniert Energie nicht.

Noch einmal – denn ich kann es nicht oft genug sagen –, *niemand kennt die Antworten für deinen Erfolg, außer dir selbst.*

Denk nur einmal über die immerwährende Debatte von Kindle Unlimited versus auf allen Plattformen veröffentlichen nach. Wenn es eine klare Antwort gäbe, dass eins davon richtig und das andere falsch wäre, gäbe es keine Debatte. Leute auf beiden Seiten verdienen haufenweise Kohle. Man muss seinen Erfolg nicht an dieser einen

Entscheidung festmachen. Stattdessen solltest du lernen, für absolut jede Entscheidung, die du für dein Buch triffst, deinem Bauchgefühl zu vertrauen, das dein eigenes, perfektes Timing beinhaltet.

Es gibt keinen Grund, für die Antworten auf die folgenden Fragen Crowdsourcing zu betreiben:

- Traditionell veröffentlichen oder selbst veröffentlichen
- Bücher auf Kindle Unlimited veröffentlichen oder sich breiter aufstellen
- Veröffentlichungen im Sekundentakt oder ein entspannter Zeitplan
- Einen Übersetzer engagieren oder die Rechte für den internationalen Markt verkaufen

Du kannst um Rat oder Input bitten, natürlich, aber ich empfehle nicht einmal, diese Entscheidungen allein anhand von Logik zu treffen.

Ich schlage vor, du triffst sie aus deinem Bauchgefühl heraus. Und denke nicht, es wäre das Ende aller Weisheit, wenn du eine Entscheidung getroffen hast. Die Dinge verändern und entwickeln sich. Was für ein Buch funktioniert, funktioniert beim nächsten möglicherweise überhaupt nicht mehr. Der Markt verändert sich, Geschmack verändert sich. Dein Schreibstil verändert sich womöglich. Vielleicht war eine traditionelle Veröffentlichung perfekt für dich, aber dann hast du den Impuls verspürt, selbst veröffentlichen zu wollen. Oder vielleicht verspürst du nach eigenen Veröffentlichungen den Impuls, es auf traditionellem Wege zu versuchen. In diesem Kapitel werde ich dir beibringen, wie du dein eigenes Wissen anzapfen kannst, um die Antworten auf all diese Fragen zu finden.

### Deine intuitiven Einfälle sind Geld wert

ACHTE AUF DIE IDEEN, DIE SCHEINBAR EINFACH SO IN DEINEM KOPF „AUFTAUCHEN" – sie hängen nicht mit den Gedanken zusammen, die du hast. Es ist deine Intuition. **Diese Ideen sind Geld wert.**

Du kannst einer Formel folgen und das wird auch irgendwie funktionieren, aber offen zu sein und Entscheidungen basierend auf göttlicher Inspiration zu treffen, kann Dinge erschaffen, die du niemals vorausgesehen hättest – wundervolle Dinge. Sei vorsichtig, dass du dich nicht dagegen verschließt, den Kurs zu ändern, sobald dich dein Bauchgefühl einmal zum Erfolg geführt hat. Die Wahrheit findet sich bei jedem Buch immer im Augenblick. Wir müssen immer wieder in uns hineinhören, auf unsere innere Führung, Fragen stellen und für die Antworten offen bleiben.

Einer der frühesten Momente in meiner Karriere, als mir eine solche Idee aus dem Nichts in den Schoß gefallen ist, passierte zu der Zeit, als ich meinen ersten Gestaltwandlerliebesroman geschrieben hatte, *Alphas Versuchung*. Zum einen hatte ich geplant, das Buch bei einem bestimmten Verlag einzureichen, aber als ich das Buch abgeschlossen hatte, verspürte ich den starken Drang, es an ein anderes Verlagshaus zu geben. Dann, in dem Augenblick, als ich mit dem Buch fertig war, verspürte ich das Bauchgefühl, eine kurze Bonusgeschichte zu schreiben, die kostenlos zum Buch erscheinen würde und dabei helfen sollte, das Buch zum vollen Preis zu verkaufen. Ich vertraute auf dieses Bauchgefühl. Ich wusste, dass es keine Idee war, auf die ich durch Nachdenken oder den Vorschlag von jemand anderem gekommen war, sie war einfach in meinem Kopf aufgetaucht, ohne mit vorhergehenden Gedanken zusammenzuhängen. Ich schrieb also diese Bonusgeschichte und mein Verleger veröffentlichte sie gratis, zeitgleich mit dem Buch. Das funktionierte wie geschmiert. Das Buch verkaufte sich wie verrückt. Die Gratis-Geschichte verkaufte das Buch zum vollen Preis und es war auf viele Jahre einer meiner Top-Bestseller.

Ein anderes Mal veröffentlichte ich mein Buch *Alpha Bully* mit einem Umschlag, zu dem ich mich selbst überredet hatte, weil ich von Anfang an dachte, er wäre nicht wirklich passend für die Geschichte. Beinahe direkt nach der Veröffentlichung verspürte ich das starke Bauchgefühl, das Cover ändern zu müssen. In der Vergangenheit hatte ich mir irgendwie was darauf eingebildet, keine Diva zu sein, was Einbände anging. Eine dieser Autorinnen, die pingelig sind und ständig Veränderungen verlangen, weil sie irgendeiner Vorstellung von „perfekt" hinterherjagten. Als ehemalige Direktorin einer Tanzkompanie erinnerte ich mich sehr gut daran, wie die Tänzer und Tänzerinnen sich immerzu über die Kostüme beschwert hatten, die der Choreograf ausgesucht hatte. Ich dachte, dass es jetzt genauso wäre – Autor*innen liebten ihre Einbände nie, aber sie mussten es einfach runterschlucken. Aber in diesem Fall gestattete ich mir, eine Diva zu sein und in letzter Sekunde Änderungen des Einbands mit dem Designer zu besprechen. Und sobald das neue Cover veröffentlicht wurde, begann sich das Buch zu verkaufen, und auch diesmal war es ein absoluter Hit.

Kurz am Rande bemerkt – ich glaube nicht, dass man eine Diva ist, wenn man den perfekten Einband haben will. Ich glaube, dass man den Markt analysieren sollte, um sicherzustellen, dass der Einband das Buch auch ordentlich verkauft ... oder besser noch – verlasse dich auf deine eigene, innere Führung, um die Entscheidung zu treffen.

*Aber Renee, diese goldenen Ideen fallen mir nicht immer einfach in den Schoß. Wie soll ich meine innere Führung denn benutzen?*

Keine Sorge. Ich erkläre es dir.

Das nächste Kapitel enthält alles, was du wissen musst, um deine Intuition für jede Entscheidung zu benutzen – klein oder groß.

**Nutze deine innere Führung für *alles***

DER HAUPTGRUND, dieses Buch als ein Arbeitsbuch zu gestalten, war es, dir die Möglichkeit zu geben, dein eigenes, inneres Wissen anzuzapfen. Für mich ist freies Schreiben eine der einfachsten und zugänglichsten Methoden, um intuitive Antworten zu finden, was der Grund ist, weshalb ich diese Aufforderungen zum freien Schreiben hier im Buch eingefügt habe.

Meine gute Freundin und Quantenheilerin Simone Gers hat sich selbst beigebracht, sogar in den kleinsten Dingen auf ihr Bauchgefühl zu hören und der inneren Führung zu folgen, die sie erhält. Sie fragt, was sie am Morgen anziehen soll, was ihr Körper essen will usw. Oft überrascht sie die Antwort, nur um später zu erkennen, warum sie diese Führung erhalten hat. Beispielsweise verspürt sie den Hinweis, an einem scheinbar warmen Tag einen Pulli anzuziehen, und dann schlägt plötzlich das Wetter um.

Eines Tages hatte sie einen riesigen Haufen Arbeit zu tun und nichts davon machte ihr Spaß. Völlig überwältigt fragte sie das Universum: „Was brauche ich, um das alles zu schaffen?" Überraschenderweise war die Antwort, die sie hörte: „Geh und schau einen lustigen Film."

Natürlich war ihre Antwort darauf: „Wie bitte? Ich habe gesagt, ich habe einen Haufen Arbeit vor mir. Ich habe keine Zeit, ins Kino zu fahren und mir einen Film anzuschauen."

Aber der Auftrag war eindeutig und sie hatte bereits gelernt, auf ihre innere Führung zu vertrauen. Sie ließ also ihren Berg von Aufsätzen, die sie benoten musste, und ihre lange To-do-Liste liegen und führte sich selbst ins Kino aus. Wie sich herausstellte, war das eine so willkommene Ablenkung von der ganzen Arbeit, dass, als Simone nach Hause kam, einige ihrer anderen Aufgaben schon vom Universum erledigt worden waren – andere Leute hatten sich um Punkte auf der Liste gekümmert oder sie hatten sich irgendwie geklärt und Simone diese Aufgabe abgenommen – und sie konnte den kleinen Rest ihres Arbeitsbergs im Nu erledigen, und zwar mit viel mehr Freude oder Energie, als es der Fall gewesen wäre, wenn sie zu Hause geblieben und richtig geschuftet hätte.

Wir reden am Ende des Buchs noch ausführlicher darüber, wie man die Unterstützung des Universums erhält, wenn man überfordert oder ausgebrannt ist, aber an dieser

Stelle ist die Botschaft, dass **eine Frage zu stellen, immer die richtige Antwort liefern wird.**

## Schwimme gegen den Strom

EIN ASPEKT, in dem ich entgegen der allgemeinen Meinung auf mein Bauchgefühl gehört habe, war es, als Autorin „in meiner Spur" zu bleiben. Du hast diesen Rat sicher auch schon gehört – finde heraus, was deine Nische ist, und bleibe dabei. Schreibe nichts außerhalb deiner Tropen oder deinem Genre, aber wenn du das tun solltest, suche dir ein neues Pseudonym. Es gibt jede Menge guter Gründe für diesen Ratschlag. Markenentwicklung ist der offensichtliche Grund. Den Algorithmus zu trainieren, damit er deine Bücher zeigt, ein anderer.

Aber so funktioniere ich nicht. Ich schreibe in diversen Liebesroman-Genres. Ich habe eine Serie von paranormalen Liebesgeschichten, Science-Fiction-Romane und düstere Liebesromane. Ich habe sogar ältere Bücher, die dem Regency-Genre oder Mittelalterromanzen zuzuordnen sind. Für keins dieser Bücher habe ich ein anderes Pseudonym verwendet. Sogar für dieses Buch habe ich keinen anderen Namen verwendet, auch wenn das möglicherweise mit Hinblick auf den Algorithmus Sinn ergeben hätte. Manche denken vielleicht, ich wäre faul. Und es stimmt – ich wollte nicht mehr als ein Pseudonym führen. Aber ich habe auch eine starke Verbindung zu meiner Intuition, die mich dahin geführt hat, zu wissen, dass ein einziges Pseudonym der richtige Weg ist (zumindest bisher), und meine Leser*innen mir von einem zum anderen Genre folgen würden. Und größtenteils tun sie das auch. Das hat für mich funktioniert. Ich habe meinem Bauchgefühl vertraut anstatt auf konventionelle Weisheiten. Als Autorin folge ich meiner Freude, liebe die Bücher, die ich schreibe, und das funktioniert, selbst wenn es meinen Markennamen verzerrt.

Hier ist der beste Tipp, den ich zum Autor*innendasein geben kann. Es gibt kein Richtig oder Falsch. Es gibt nicht nur eine Methode, die Dinge zu tun. Es gibt nicht nur eine Antwort. Du musst in dich hineinhören, was für dich stimmig ist. Folge deinem Bauchgefühl.

Als die *USA-Today*-Bestsellerautorin Lisa Daily ihr erstes Buch veröffentlichte, ein Buch mit Dating-Ratschlägen, wollte sie es selbst veröffentlichen, weil sie bereits in der Werbebranche gearbeitet hatte und wusste, wie man so ein Buch vermarktet. Es war ihr erstes Buch und ihre erste Erfahrung mit Veröffentlichungen, also war ihre Energie für alle Möglichkeiten weit offen und so passierte die Magie. Zuerst las ein Agent, der mit ihrem Publizisten befreundet war, das Buch und wollte Lisa anschließend repräsentieren. Dann, nachdem Lisa zur *Sally Jessy Raphael Show* in New York eingeladen worden war und dort sprechen sollte, riss sich ihr Agent beinahe ein Bein aus, um ihr Treffen mit den Top-Sechs-Verlagshäusern zu verschaffen. Sie trafen sich mit den Verlegern und Lisa erhielt von allen sechs Häusern ein Angebot. Sie musste ihrem Bauchgefühl vertrauen, welches sie annehmen sollte – das niedrigere Angebot mit einem ausgesprochen cleveren und erfahrenen Lektor oder die hohen Angebote großer Firmen. Sie vertraute auf ihr Bauchgefühl und den Rat ihres Agenten und entschied sich für das niedrige Angebot mit dem Lektor, der ein einflussreicher Macher war. Wie sich herausstellte, wollte der Lektor das Buch „crashen", was bedeutet, dass er es mit einem verkürzten Vorlauf auf den Markt bringen wollte, innerhalb weniger Wochen, damit sie aus Lisas bevorstehendem Fernsehauftritt Kapital schlagen konnten.

Nur sechs Wochen später stand das Buch in den Geschäften – eine Leistung, die im traditionellen Verlagswesen förmlich beispiellos war. Die Veröffentlichung fiel mit Lisas Auftritt bei *Sally Jessy Raphael* zusammen und das Buch verkaufte sich wie warme Semmeln. Das Universum hatte sie wirklich durchgehend unterstützt.

War jede darauffolgende Veröffentlichung für Lisa genauso magisch? Nein. Für viele Autor*innen kann die erste Veröffentlichung die einfachste sein, denn sobald wir glauben, wir wüssten, wie die Dinge laufen, schieben wir anderen Möglichkeiten den Riegel vor, anstatt für die Energie jedes Augenblicks offenzubleiben.

**Handle zügig**

ICH HABE FESTGESTELLT, dass es für alles ein einmaliges Zeitfenster der Gelegenheit gibt. Für die Anstöße durch das Universum stimmt das sogar noch mehr, was umso mehr Grund dafür ist, die Augen danach offenzuhalten, wann sie auftauchen.

Wenn dir eine dieser Ideen aus dem Nichts in den Schoß fällt (ohne Verbindung zu vorherigen Gedanken), dann schreibe sie wenn möglich auf.

Bei mir tauchen diese Ideen oft dann auf, wenn ich im Auto unterwegs bin oder unter der Dusche stehe, was nicht gerade die besten Momente sind, um sich Zettel und Stift zu schnappen, aber ich habe es mir zur Angewohnheit gemacht, sie ernst zu nehmen und schnell zu agieren. Wenn dir zum Beispiel die Idee kommt, ein Buch in den Verkauf zu geben, dann lege den Termin sofort fest, verbanne diesen Gedanken nicht in den Hinterkopf als eine gute Idee für „irgendwann". Besser noch, du kontrolliert kurz noch dein Bauchgefühl (schaue im nächsten Kapitel für die Anleitung nach, *wann* man einen Verkauf planen sollte). Möglicherweise gibt es ein optimales Datum.

In unserer Author-Abundance-Mitgliedschaftscommunity habe ich eine geführte Meditation dazu hochgeladen, wie man auf TikTok viral geht. Eine der Sachen, die in dieser Meditation vermittelt wird, ist es, auch bei TikTok auf die eigene Intuition zu hören. Für Ideen zu Videos offenzubleiben, während sie in deinem Kopf landen, und sie dann sofort zu veröffentlichen, basierend auf der Energie, wann es hinsichtlich des Algorithmus am besten ist, sie zu posten. Nachdem viele Teilnehmer*innen des Videoanrufs von verblüffenden Ergebnissen berichtet haben, habe ich es selbst in die Praxis umgesetzt und stellte fest, dass die Posts deutlich mehr Klicks hatten, wenn ich auf mein Bauchgefühl hörte, als wenn ich das tat, wovon ich glaubte, dass ich es „tun sollte" (dreimal am Tag posten, bla bla bla).

Während der Pandemie im Jahr 2020 wollte sich meine Co-Autorin Lee Savino nicht mit der Verzweiflung und der allgemeinen Stimmung des Mangels abfinden, die unsere Gesellschaft so mitgerissen hatte. Sie arbeitete aktiv daran, weiterhin in einer Einstellung des Überflusses zu verweilen. Sie freute sich auf die Zukunft, trotz all der Katastrophenmeldungen und Krisen, die weltweit passierten. Angeregt durch ein inneres Anstoßen – einer dieser Ideen, die ihr in den Schoß fielen – rief sie mich an und sagte: „Ich glaube, wir sollten unsere Bücher verschenken."

Ich interpretierte es so, wie ich es hören wollte, und erwiderte: „Ja, gute Idee. Verschenken wir eins unserer Bücher."

„Nein, nicht eins. Alle."

Für ein paar Sekunden wusste ich nicht, wo oben und unten war. Ich meine ... *alle unsere Bücher?* Sind das nicht, ähm, ein *paar* zu viele?

Aber ich konnte den Überfluss in ihrem Wunsch spüren. Sie agierte nicht aus einem Gefühl des Mangels heraus. Sie befand sich in einem Zustand der Großzügigkeit und der Liebe. Sie wollte der Gesellschaft etwas zurückgeben. Wir waren keine Krankenschwestern oder Ärzte. Wir konnten unseren Nachbarn nicht auf diese Weise helfen. Aber wir hatten Bücher. Wir konnten den Leuten etwas zu lesen geben, während sie im Lockdown zu Hause festsaßen. Und nein, sie wollte ihnen dafür nicht einen Pfennig berechnen.

*Schluck.*

„Bist du sicher?", fragte ich.

„Ja. Ich will sie alle für umsonst anbieten", bestätigte sie.

Weil ich wusste, dass ihre Energie in diesem Moment viel stärker schwang als meine, vertraute ich ihrem Impuls.

Wir stellten den Verkauf für Anfang April um und sahen voller Staunen zu, wie es über 150.000 Downloads der Bücher gab. Die Serie hatte vorher weniger als 10.000 Dollar pro Monat verdient, und diese Zahlen waren in den Monaten davor sogar eher in Richtung 5.000 Dollar gewandert. Im April 2020 schossen die Tantiemen für diese Serie plötzlich auf 32.000 Dollar hoch, obwohl wir alle acht Bücher umsonst angeboten hatten. Diese Zahlen hielten noch weitere drei Monate an, bevor sie langsam wieder zurückgingen.

„Ich verstehe nicht mal, wie das funktioniert", sagte Lee. „Wir haben die Bücher umsonst angeboten, aber von ganzem, vollem Herzen, und haben ein Vielfaches davon zurückerhalten, was wir gegeben haben." Seitdem verkaufen sich diese Bücher hervorragend.

Vor Kurzem entschied ich, die ersten vier Bücher einer alten Serie ebenfalls eine Woche lang gratis anzubieten, um die Verkäufe und den Algorithmus anzukurbeln. Ich versuchte, ein BookBub-Konto und eine Promo von Barnes & Noble für das erste Buch der Serie zu bekommen, bekam aber in beiden Fällen eine Absage. Dann hörte ich (ich tendiere dazu, Intuition als **Hellhörigkeit** zu erfahren – Worte in meinem Kopf), dass ich bis Februar warten und dann Buch vier einreichen sollte. Das tat ich und erhielt prompt beide Promos.

Ich habe gerade von Hellhörigkeit gesprochen. Das ist einfach der Kanal, über den ich die Hinweise meiner Intuition erhalte, aber für dich tauchen sie vielleicht als Empfindungen, Visionen, Gerüche, Gefühle oder einfach als ein klares, ruhiges Wissen auf. Intuition kommt niemals mit einer Emotion wie Angst im Schlepptau daher, also keine Sorge. Wenn du wie ich eine nervöse Person bist und deine Gedanken sich schnell in *Oh, mein Gott, ich habe eine Gehirnentzündung!* verwandeln (das ist in meinem Kopf wirklich passiert), dann ist das nicht dein Bauchgefühl, das mit dir spricht. Das ist Angst, die auftaucht, um dich davon abzulenken, deine eigene Zukunft zu erschaffen.

Ich spreche von etwas viel Subtilerem. Es fühlt sich eher an, wie „hier links abbiegen" anstatt rechts, so wie du es sonst immer tust. Es ist der *„Geh in dieses Geschäft"*-Anstupser, wenn dein Verstand dich antreibt, schnell nach Hause zu fahren. Es ist das Aufblitzen von etwas Unerwartetem oder Ungewöhnlichem für dich, und das Handeln nach diesem Impuls.

Viele Leute fürchten sich davor, das Unbekannte zu erforschen. Sie fürchten sich vor den Informationen, die sich möglicherweise auftun. Die Wahrheit ist, dass es nie etwas Beängstigendes ist, die Antworten aus dir selbst zu bekommen. Ich verspüre (und merkst du, dass ich nicht „Ich habe" gesagt habe – denn ich will nicht bestätigen, dass es meins ist oder zu mir gehört) rheumatische Arthritis, die während eines Schubs eine Bindehautentzündung in meinen Augen hervorruft. Mein Coach hat mir folgende Aufforderung an die Hand gegeben: *Was sehe ich, was ich nicht sehen will?* Das benutze ich oft als Aufforderung zum freien Schreiben, wenn ich in mein Tagebuch schreibe.

Eines Tages, während ich zu dieser Aufforderung schrieb, hörte ich *Dein Vater stirbt*. Ich war wirklich sehr erschüttert über diese Information. Mein Dad hatte zu Thanksgiving alt ausgesehen, aber mein rationales Bewusstsein hatte die Tatsache nicht akzeptiert, dass es ihm womöglich nicht gutging. Innerhalb von zwei Monaten nach diesem intuitiven Hinweis informierte ihn sein Arzt darüber, dass sein Lymphom wieder aktiv geworden war. Zwei weitere Monate später starb er.

Weil ich wusste, dass es passieren würde, war ich in der Lage, seinen Tod mit viel mehr Kraft und Gelassenheit zu verarbeiten, als ich aufgebracht hätte, wenn ich nicht frühzeitig über sein recht schnelles Sterben informiert worden wäre.

Ich hoffe, diese Geschichte macht dir keine Angst. Ich sage nicht, dass du über den Tod anderer Leute informiert wirst. Aber ich habe es dir erzählt, weil diese Information, auch wenn es keine gute Neuigkeit war, mir Kraft und Frieden für diese Erfahrung gegeben hat. Antworten zu erhalten, sorgt für ein ruhiges, ausgeglichenes Gefühl, kein beängstigendes.

So oft sind die Antworten bereits da, stehen uns zur Verfügung, wenn wir nur fragen würden. Wenn ich mit einer Frage wie „Ist das hier das richtige Buch für die Veröffentlichung?" oder „Ist das die richtige Zeit für eine Veröffentlichung?" begonnen hätte, *bevor* ich meine ersten Bücher eingereicht hatte, hätte ich möglicherweise die Absagen vermeiden können. Aber ich habe nicht daran gedacht, zu fragen, bis ich diese enttäuschenden Neuigkeiten erhalten hatte.

Denk daran (das ist auch eine Erinnerung an mich selbst!): Jedes Buch ist anders. Jede Woche auf Amazon oder in Buchläden ist anders. Du bist diesen Monat jemand anderes, als du noch bei deiner letzten Veröffentlichung warst. Also musst du wirklich genau hinhören. Höre nicht auf, Fragen zu stellen.

Ich setze auch immer meine Intuition ein, wenn ich für Anthologien oder andere Arten von Publikationen angefragt werde, anstatt auf Logik oder meinen Terminplan zu hören. Ich frage: *Ist das in meinem besten Interesse? Wird es mehr erschaffen?* Wenn ich die Antwort erhalte, dass das der Fall ist, dann passe ich meinen Terminplan an und sorge dafür, dass es funktioniert. Ich habe auch schon erlebt, dass es, wenn ich das erste Mal in mich hineingehört habe, in meinem besten Interesse war und mehr erschaffen würde, aber irgendwann im Laufe der Zeit wurde es zu schwer. Also habe ich noch einmal nachgefragt. Ich hatte den Mut, die Richtung zu ändern, wenn etwas nicht mehr in meinem besten Interesse war.

**Fallstudie: Megan Linski – Der eigenen Intuition folgen**

Vor einigen Jahren erlebte die *USA-Today*-Bestsellerautorin Megan Linski, die Fantasy und paranormale Romane schreibt, einen dieser Downloads aus dem Universum – eine Idee, die sich wie aus dem Nichts im Kopf festsetzt. „Ich schrieb sie auf einen Zettel und vergaß sie wieder. Ein paar Wochen später sah ich ein blanko Buchcover, das perfekt zu meiner Idee passte. Ich kaufte die Rechte an dem Cover und schrieb in weniger als zwei Wochen das Buch, hielt es für ein Projekt nur so aus Spaß, und es war mir eigentlich egal, ob es sich verkaufte oder nicht.

Ich wollte es wirklich schreiben. Ich hatte nicht das Gefühl, als ob ich es schreiben *müsste*, um Geld zu verdienen, oder weil das gerade ein heißes Thema war, was sich gut verkaufte. So viele Leute erzählen einem, dass du kein Geld verdienen wirst, wenn du nicht sofort in dieser Sekunde zu dem und dem Thema schreibst."

Sie hatte keinerlei Erwartungen an das Buch oder an die Veröffentlichung. „Ich empfand keinerlei Sträuben oder Widerstand. Ich war einfach nur neugierig, wie es sich schlagen würde, und hatte einen riesen Spaß dabei, das Buch zu schreiben, das sich als viel kürzer als die anderen Titel herausstellte, die ich mit mehr Ernsthaftigkeit geschrieben hatte."

Sie wusste, dass Erwartungen an Ergebnisse die Energie der Dinge zerstören können. „Jedes Mal, wenn ein Hauch der Verzweiflung eine bestimmte Sache umweht, funktioniert es nicht", erklärt sie. „Es gibt einen Unterschied zwischen dem Glauben daran, dass *Misserfolg keine Option ist* und dem Druck, dass *das hier funktionieren muss, ansonsten bin ich geliefert*. Bei der einen Option manifestierst du den Erfolg, ganz egal, was passiert. Bei der anderen Option klammerst du dich verzweifelt an das Endergebnis."

Sie veröffentlichte das Buch, gab weniger als 100 Dollar

für Werbung aus und ignorierte das Projekt dann vollkommen, nachdem sie es zum Verkauf hochgeladen hatte.

Du kannst dir schon denken, wie es weiterging, oder? Diese Geschichte besitzt all die nötigen Komponenten für Wunder – ein Buch, das aus einem Bauchgefühl heraus geschrieben wurde, mit Freude am Schreiben und ohne irgendwelche Erwartungen.

Und tatsächlich erzählt Megan: „In den ersten drei Monaten nach der Veröffentlichung ging das Buch viral. Ich verdiente mehr als 20.000 Dollar damit – mehr als ich jemals zuvor mit einem Buch verdient hatte, und das alles mit weit weniger Aufwand, als ich sonst in meine Projekte steckte."

War es Glück? Oder hatte Megan Magie erschaffen? „Ich hatte definitiv Glück", erzählt sie. „Aber ich denke, ich habe dieses Glück manifestier, und glaube, dass im richtigen Moment auf mein Bauchgefühl zu hören mir erlaubt hat, genau dann erfolgreich zu sein, als ich es brauchte."

Ihr Rat für andere Autor*innen ist: „Wenn du eine Idee hast, dann kämpfe nicht dagegen an, versuche es einfach. Vertraue deinen Instinkten. Die größten Fehler meiner Karriere waren die, wenn ich nicht auf meine Instinkte vertraut habe. Ich habe auf das gehört, was alle anderen getan haben, anstatt das zu tun, was ich tun musste."

Sie glaubt, dass die größten Blockaden und die längsten Umwege für uns Autor*innen daher rühren, dass wir auf andere Leute hören. „Wenn ich schon vor Jahren das getan hätte, was ich tun will, wäre ich jetzt viel weiter, als ich bin."

Sie sagt: „Du bist hier, um die Bücher zu schreiben, die du schreiben willst. Wenn du genau die gleichen Bücher schreibst wie alle anderen, dann ist das nicht dein Weg."

„Nur du kannst die Bücher schreiben, zu denen du berufen wurdest."
-Megan Linski


„Wenn du versuchst, so zu sein wie alle anderen, und nur den Trends folgst, wirst du niemals die Geschichte schreiben, für die du bestimmt bist."

# FREIES SCHREIBEN: ERFORSCHE DEIN GENIE

Denke an die Augenblicke, in denen du auf dein Bauchgefühl gehört hast (oder nicht auf dein Bauchgefühl gehört hast). Wie hat sich das angefühlt? Woher wusstest du, dass es deine Intuition war, die da mit dir gesprochen hat, und nicht etwa Angst oder Logik? Spiele mit den folgenden Schreibanforderungen herum, die dir helfen können, dieses mächtige Werkzeug zu benutzen.

- In welchen Situationen vertraust du dir selbst nicht?
- In welchen Situationen vertraust du dir?
- Wann in der Vergangenheit hat dir deine Intuition klare Zeichen gegeben?
- Wann in der Vergangenheit hast du auf dein Bauchgefühl gehört und entsprechend gehandelt?
- Was für Methoden, dein inneres Wissen anzuzapfen, funktionieren für dich am besten?
- Wann und wo bist du am offensten dafür, auf deine Intuition zu hören?

# 11

## EINE KURZE ANLEITUNG ZUM ABRUFEN DEINER INTUITION

Wie vertraut man seinem Bauchgefühl? Dafür gibt es viele Optionen. In diesem Buch üben wir freies Schreiben als eine dieser Möglichkeiten. Ich nehme an, weil du wie ich Schriftsteller*in bist, wird es für dich genauso erleuchtend und magisch sein wie für mich, den Stift zu Papier zu bringen. Andere Methoden funktionieren möglicherweise ebenso gut. Im Folgenden findest du eine kurze Anleitung, wie du deine Intuition abrufen kannst. Wähle einfach aus, was für dich am besten funktioniert.

### Journaling / Tagebuch schreiben

Ich habe festgestellt, dass vor allem das freie Schreiben am frühen Morgen extrem ergiebig sein kann, was intuitive Schätze angeht. Ich stelle gerne Fragen und schreibe dann frei und unzensiert die Antworten auf. Höre nicht auf, mit dem Stift über die Seite zu gleiten, und stoppe oder zensiere dich nicht. Du kannst deine Frage vorformulieren, eine der vielen Aufforderungen in diesem Buch benutzen oder einfach ein Frage-Antwort-Spiel spielen.

Wenn du *Der Weg des Künstlers* gelesen hast, dann hast du dir vielleicht schon die Routine der „Morgenseiten" angewöhnt, wie Julia Cameron es nennt. Als ich das Buch zum ersten Mal gelesen habe und diese Angewohnheit, jeden Morgen direkt nach dem Aufwachen fünf Seiten frei zu schreiben, übernommen habe, hat mir das erlaubt, meine Wünsche konkret anzugehen. Ich arbeitete zu der Zeit als technische Redakteurin und habe manifestiert, eine Subvention von zwei Millionen Dollar zu erhalten (für meine Firma, nicht für mich selbst). Das hat mir einen kleinen Bonus und viel Anerkennung verschafft, aber die Kraft, die ich empfunden habe, weil ich erkannt habe, ich konnte mir den Weg zu meinen Wünschen schreiben, war unbezahlbar.

Ein weiterer Vorteil davon, den Tag mit Schreiben zu beginnen, ist das gute Gefühl, das ich habe, nachdem ich meine Seiten geschrieben habe. Ich habe in mich investiert. An mich geglaubt. Ich bin inspiriert. Ich habe den Ton für den Tag bestimmt – ich schreibe heute! Ich habe mir an diesem Tag Zeit für mich genommen. Ich bin in meiner Welt wichtig. Ich bin mutig genug, um nachzudenken, zu entdecken, zu empfangen. Und das fühlt sich gut an.

Sollten die Morgenseiten handschriftlich oder getippt sein? Welches davon erschafft etwas Größeres? Natürlich kannst du dafür in dich hineinfühlen. Ich schreibe mit der Hand, und auch wenn ich so viel schneller und mit so viel mehr Leichtigkeit tippen kann, als mit Stift und Papier zu schreiben (ich bekomme immer einen Krampf in der Hand, wenn ich richtig loslege), habe ich festgestellt, dass es eine Verbindung zwischen meinem Körper und meiner Seele gibt, wenn ich einen Stift in der Hand halte, und das ist einfach magisch. Es ist so, als ob meine Seele durch diese Verbindung hindurchsprechen würde. Es fällt mir leicht, in einen Flow zu kommen. Die Zensorin, die mit mir zusammen an meiner Tastatur sitzt, wenn ich meine Bücher schreibe, taucht während der Morgenseiten mit Stift und Papier nicht auf. Meine Hand über die Seite zu bewegen, ist so, als ob meine Seele das Ruder übernehmen würde. Es ist eine intime Handlung und ich fühle mich verbunden. Eindrucksvolle Entdeckungen, Aha-Momente, Geschenke tauchen auf der Seite auf. Für mich hat diese Praktik mit Präsenz zu tun – mit meiner Essenz gegenwärtig zu sein. Manchmal lese ich noch einmal, was ich geschrieben habe, denn diese Einsichten erfolgen oft durch kleine Krumen, und manchmal habe ich ein Notizbuch schon zur Hälfte vollgeschrieben, bevor ich bemerke, oh, wow, das ist etwas Großes. Obwohl ich nicht oft zurückschaue und alte Tagebücher noch mal lese, liebe ich es, sie an ihrem speziellen Ort aufzubewahren, eine Erinnerung an mein Versprechen an mich selbst, an meinen Prozess und an mein Leben als Millionärsautorin.

**Leicht oder schwer**

Für diese Methode spürt man sich in die Energie einer Situation hinein und stellt dann Fragen. Sagen wir beispielsweise, du fragst dich, ob du auf BookBub diverse Promotionen gleichzeitig betreiben solltest. Du stellst also die Frage: Sollte ich Promo-Stacking machen? Wenn es sich leicht und fluffig anfühlt, ist das ein Ja. Wenn es sich schwer und dumpf anfühlt, dann ist es ein Nein.

**Muskeltest**

Diese Methode funktioniert gut für alle Ja-Nein-Fragen. Forme mit Daumen und kleinem Finger deiner nicht dominanten Hand einen Ring und versuche dann, diesen Ring mit dem Zeigefinger deiner dominanten Hand zu öffnen. Wenn der Ring hält, ist es ein Ja, wenn er zerreißt, ein Nein. Diese Methode ist für mich nur halbwegs verlässlich, aber ich glaube, das liegt daran, dass die Antwort nicht immer ein klares Ja oder Nein ist, sondern komplizierter als das. Möglicherweise musst du der Sachen weiter auf den Zahn fühlen und viele Ja-Nein-Fragen stellen, um die Antwort einzugrenzen.

**Zwei Optionen abwägen**

Das funktioniert nur, wenn es zwei Optionen gibt. Stell dir vor, du hältst in jeder Hand eine der beiden Optionen und spürst ihre Energie. Welche davon fühlt sich heller oder größer an? Sagen wir zum Beispiel, du wählst zwischen zwei Bucheinbänden aus. Strecke die Hände aus, als ob du eine Waage ausbalancieren würdest, und stell dir in der einen Hand das eine Cover und in der anderen Hand das andere Cover vor. Welches der beiden ist schwerer?

**Blick in die Zukunft**

Stell dir diese Frage und spüre die Antwort entweder oder finde sie durch freies Schreiben: „Wie würde mein Leben in sechs Monaten (oder einem Jahr oder fünf Jahren etc.) aussehen, wenn ich mich hierfür entscheide?" SPÜRE oder SCHREIBE die Antwort. Dann frage dich: „Wie würde mein Leben in _____ [Zeitrahmen] aussehen, wenn ich mich nicht dafür entscheide?" SPÜRE oder SCHREIBE die Antwort auf.

· · ·

**Pendeln**
Diese Methode ist dem Muskeltest ähnlich, aber du kannst sie benutzen, um zwischen mehreren Optionen zu entscheiden. Ich kaufe meine Pendel für drei Dollar bei der Edelstein- und Mineralienshow in Tucson, aber wenn du dir keins kaufen willst, kannst du auch eine Schraubenmutter oder eine Unterlegscheibe und ein Stück Zahnseide benutzen. Es muss nichts Ausgefallenes wie ein Edelstein sein. Du zeigst dem Pendel die verschiedenen Optionen als Winkel des Ausschlags. Zum Beispiel: „Sollte ich 10, 20, 30, 40 Euro für diese Facebook-Anzeige ausgeben oder etwas anderes?" Jede Option hat einen anderen Winkel zu dir. Dann schließe die Augen, damit du das Pendel nicht durch dein Zusehen beeinflusst, starte es in einem Kreis und warte, bis es sich in ein Schwingen einpendelt. Dann öffne die Augen, um zu sehen, welche Richtung es eingeschlagen hat.

Ich habe diese Methode heute Morgen angewandt, um einen Reparateur für die Klimaanlage auszuwählen. Einmal, nachdem ich das Haus in Taos gekauft hatte und eine Versicherung abschließen musste, habe ich dafür gependelt, welche Versicherungsgesellschaft ich auswählen sollte. Als ein Ortsansässiger mich fragte, für wen ich mich entschieden hätte und ich es ihm erzählte, sagte er: „Oh, das sind die besten, woher wusstest du das?" (Uraltes, chinesisches Geheimnis. Zwinker.)

**ACHTE DARAUF, wie sich etwas in deinem Körper anfühlt**

· · ·

Wenn sich keine der oben genannten Methoden stimmig für dich anfühlt, dann versuche es einfach damit, in deinen Körper hineinzuhören, wenn du über eine Frage nachdenkst. Vermutlich hast du Leute schon oft über ihr „Bauchgefühl" reden hören? Man sagt, der Verdauungstrakt ist das „zweite Gehirn", weil er das enterische Nervensystem (ENS) mit über 100 Millionen Nervenzellen beherbergt. Wenn sich wegen irgendwas dein Magen zusammenzieht oder du plötzlich einen Stein im Magen spürst, nimm die Warnung ernst – irgendwas resoniert nicht mit dir. Andererseits, wenn du ein überschäumendes, lebhaftes Gefühl bekommst, bist du auf dem richtigen Weg.

## Woher kannst du wissen, ob es echt ist?

In dem Buch *Behaving As If the God in All Life Mattered* spricht Machaelle Small Wright davon, wie sie den Muskeltest einsetzt, um sich mit der Natur und den Pflanzen in ihrem Garten zu verbinden. Sie stellte alle möglichen Ja-Nein-Fragen, um herauszufinden, wo sie welche Samen pflanzen soll, wie die Rabatten angeordnet werden usw. Am Ende zog sie sechsunddreißig Pfund schwere Kohlköpfe! Ihr Rat ist es, immer davon auszugehen, dass die eigene Intuition stimmt und man sich dementsprechend verhalten soll. Indem man sich so verhält, schärft man auch das eigene Verständnis dafür, ob es tatsächlich Intuition WAR, die mit einem gesprochen hat, oder nur der Verstand, der versucht hat, sich einzumischen. Ich übergehe meine Intuitionen oft, verstehe dann aber später, wenn die Dinge nicht gut laufen, warum mir mein Bauchgefühl etwas anderes sagen wollte. Wenn ich zum Beispiel den Impuls verspüre, eine andere

Route nach Hause zu nehmen, und es ignoriere, nur um dann durch eine Baustelle oder einen Unfall aufgehalten zu werden.

Ich benutze meine Intuition, um mein Anzeigenbudget für bevorstehende Veröffentlichungen zu bestimmen, und setze oft ein Pendel ein, um die genauen Summen festzulegen. Als ich das Buch *Alpha Knight – Die Autodiebin und der fiese Wolf* veröffentlicht habe, hatte ich gehört, dass man 500 Dollar pro Tag für Facebook-Anzeigen ausgeben muss. Das tat ich auch, aber die Verkaufszahlen des Buchs dümpelten trotzdem nur so dahin. Zu der Zeit war ich noch bei Kindle Unlimited, also war es wichtig, zu beobachten, wo mein Buch auf der Amazon-Rangliste stand, und mein Ziel war es, es in den Top 100 zu halten. Es brauchte deutlich mehr als 500 Dollar pro Tag, um es dahin zu bekommen und dort zu halten. Ich hätte auf mein eigenes Wissen hören sollen, aber mein Ego stand mir im Weg. Ich wollte nicht sehen, wie mein Buch-Baby floppte. Ich wollte, dass es in den Top 100 stand – das bedeutete mir als Autorin etwas. Dass ich gut genug war. Oder erfolgreich genug. Dass meine Bücher noch immer relevant waren. Also zog ich das Budget für die Anzeigen durch.

Wenn du selbst bei Kindle Unlimited bist und die Anzeigen-Strategie benutzt hast, die ich damals fuhr, dann weißt du auch, dass es ein Lotteriespiel ist. Man bekommt nicht umgehend Rückmeldung, ob sich die Investition gelohnt hat, denn man wird pro gelesener Seite bezahlt. Die Position auf der Amazon-Rangliste zeigt die Anzahl der Downloads deines Buchs, aber du musst warten, bis das Buch auch gelesen wurde, bevor du Geld verdienst.

Leider war mein Push für *Alpha Knight* ein totaler Flop. Die Seiten wurden einfach nicht gelesen. Als ich die Anzeigenausgaben von meinen Einnahmen abgezogen hatte, hatte ich ganze achttausend Dollar verdient.

Ja, ich habe Geld verdient. Vermutlich hätte ich das feiern sollen. Aber ich hatte auch eine geradezu lächerliche Summe von etwa achtzehntausend Dollar ausgegeben, um das zu schaffen. Ich hörte nicht auf, Anzeigen für das Buch zu kaufen, entschlossen, es zum Erfolg werden zu lassen, auch wenn mein Bauchgefühl mir schon längst gesagt hatte, es sein zu lassen.

War das ein Misserfolg? Damals kam es mir definitiv so vor, aber rückblickend und aus einer Energie-Perspektive betrachtet, nein.

**Es gibt keine Misserfolge.**

Ich habe gelernt, auf mein Bauchgefühl zu vertrauen. Ich habe vielleicht nicht besonders viel Profit gemacht, aber ich habe mit diesen achtzehntausend Dollar Anzeigenkosten eine Menge Leute erreicht. Wenn du jemals von dem *Gesetz der Sieben* gehört hast, dann weißt du, dass Marketingfachleute davon ausgehen, dass Leute deinen Namen oder deine Marke oder dein Produkt siebenmal sehen müssen, bevor sie kaufen. Also habe ich für all die Leute, die meine Anzeigen gesehen, aber nicht gekauft haben, einen meiner sieben Treffer gelandet.

Manchmal wissen wir nicht, warum uns unser Bauchgefühl in eine bestimmte Richtung lenkt. Ja, könnte sein, dass du die Lektion lernen sollst – so wie ich –, dich nicht gegen dein eigenes Wissen zu sträuben. Aber manchmal wissen wir einfach nicht, was der Grund ist. Wenn du hörst, dass du links abbiegen sollst, wirst du vielleicht nie herausfinden, dass dein Bauchgefühl dich davor bewahrt hat, einen Unfall zu haben, denn du kommst sicher an dein Ziel. Manchmal finden wir es anschließend heraus (und verdienen 20.000 Dollar, so wie Megan Linski), und manchmal eben nicht.

Teil dessen, dem eigenen Bauchgefühl zu vertrauen, ist es, den *An-sich-glauben*-Muskel zu trainieren. Wenn du mit diesen kleinen Impulsen trainierst, dann wirst du schließlich auch das Selbstvertrauen haben, es mit den großen Impulsen zu probieren (wie beispielsweise, alle deine Bücher umsonst anzubieten).

Jedes Mal, wenn du feststeckst und dir nicht scher bist, was du tun sollst, bitte das Universum, es dir zu zeigen. Sage ihm, es soll die Antwort offensichtlich machen, damit du nicht herumraten oder interpretieren musst. Und wenn du schon mal dabei bist, sage dem Universum gern, dass du es wahnsinnig toll fändest, wenn es dir in der jeweiligen Situation Leichtigkeit ermöglichen würde. Es Spaß machen lässt. Sogar lukrativ sein lässt (wenn es der Situation angemessen ist). Bitte es, etwas Größeres für dich zu erschaffen.

Und vergiss nicht, wie wir bereits in Schritt 2 besprochen haben: Es gibt keinen Grund, sich um das „wie" zu sorgen – vertraue einfach.

## HEIMSPIEL: INTUITIVE EINLADUNGEN

- **Höre diese Woche jeden Tag auf dein Bauchgefühl, wenn du entscheidest, was du an diesem Tag anziehst.**

Ich schließe gerne meine Augen, um alle Ablenkungen aus meinem visuellen Feld zu verbannen, dann fokussiere ich mich darauf, das perfekte Kleidungsstück zu finden, öffne die Augen und lasse sie mit dieser Intention im Hinterkopf über meinen Kleiderschrank wandern. Meistens werde ich direkt von einem bestimmten Oberteil oder einer Farbe angezogen.

- **Nutze deine Intuition, um die besten Auszüge / Teaser / Zitate für deine nächste Veröffentlichung auszuwählen.**

Hier ist es das gleiche Prinzip wie bei der vorherigen Übung mit den Anziehsachen. Öffne auf dem Computer dein Manuskript (oder nimm das Buch in die Hand, wenn du ein physisches Exemplar besitzt) und konzentriere dich auf deine Intention, den besten Teaser oder die besten Auszüge auszuwählen, die du in den sozialen Medien oder mit Buchbloggern teilen willst. Scrolle dann durch das Dokument und halte in dem Augenblick an, wenn dir dein Bauchgefühl sagt, dass du stoppen sollst. Lies dir diese Seite durch, um die Stelle zu finden, die dort perfekt ist. Wenn du nicht wirklich etwas findest (was auch mir manchmal passiert, aber nicht allzu oft), ärgere dich nicht darüber, dass es scheinbar nicht funktioniert hat, sondern versuche es einfach noch einmal.

- **Nutzen deine Intuition, um das Budget für eine Werbekampagne zu bestimmen.**

Versuche es nicht, wenn diese Vorstellung dich nervös macht – nur wenn es dir Spaß macht. Benutze ein Pendel oder den Muskeltest, um herauszufinden, wie viel du für eine Werbekampagne ausgeben solltest. Um das Pendel zu benutzen, weise unterschiedlichen Winkeln des Pendelausschlags verschiedene Summen zu. Fünfundvierzig Grad sind zum Beispiel zehn Euro pro Tag oder weniger, neunzig Grad sind zehn bis zwanzig Euro, 135 Grad sind zwanzig bis dreißig Euro. Sobald du deine Antwort hast, kannst du sie noch weiter eingrenzen. Oder du schreibst die Budgetspannen auf Zettel, faltest sie zusammen und mischst sie durch. Lege die Zettel auf einen Tisch und bitte das Pendel, auf den Zettel zu zeigen, der den größten Profit für dein Buch erzielen wird. Wenn ich nervös bin, dass meine eigenen Meinungen eine klare Antwort des Pendels stören könnten, funktioniert die Methode mit den Zetteln besser, weil ich nicht weiß, was auf jedem von ihnen steht.

Für den Muskeltest stelle dir die Frage: „Sind es weniger als 10 Euro pro Tag?" Teste es auf die Ja- oder Nein-Antwort, dann mach weiter. Wenn die Antwort beispielsweise Ja ist, dann wäre die nächste Frage: „Sind es weniger als 5 Euro pro Tag?"

- **Nutze deine Intuition, um deinen Zeitplan für das Schreiben in den nächsten zwölf Monaten zu planen (oder noch langfristiger, je nachdem, wie du planst).**

Schreibe zu den folgenden Fragen:

- Welche Projekte sollte ich im nächsten Jahr meiner Autor*innenkarriere am besten verfolgen?
- Welche Serien?
- Welches Buch?
- Welches schreibe ich als Erstes?
- Wann ist der beste Zeitpunkt, um das Buch / die Bücher _____ zu veröffentlichen?
- Welches Buch oder Projekt wird mir am meisten Geld verdienen?
- Welches Buch oder Projekt hilft mir in meiner Karriere als Autor*in am meisten weiter?

Wenn du willst, kannst du deine Antworten auf diese Fragen noch weiter herunterbrechen und einen Plan erstellen, der die exakte Reihenfolge und die Wochen der Veröffentlichungen für die Bücher bestimmt. Sei in diesem Fall besonders aufmerksam, wenn du diesen Plan abarbeitest. Die Energie verschiebt sich möglicherweise und plötzlich hast du das Gefühl, als ob etwas auf der Liste nach oben oder unten wandern müsste. Schwenke anhand dieses neuen Wissens um.

- **Nutze deine Intuition für deine laufende Arbeit.**

Schreibe frei zu den folgenden Fragen:

- Was schreibe ich als Nächstes?
- Was sind die Schlüsselelemente in diesem Buch?
- Was mache ich gut?
- Was braucht noch mehr Entwicklung?

Sogar wenn du jeden Morgen nur fünf Minuten über das frei schreibst, was als Nächstes ansteht, könnte das deine ganze Beziehung zum Schreiben vollkommen verändern. Ich weiß beispielsweise, dass meine Wortzahl durch die Decke gegangen ist, als ich mir bewusst gemacht habe, was ich schreiben werde, im Gegensatz zu davor, als ich mich hingesetzt und direkt vor meinem Computerbildschirm versucht habe, es herauszufinden.

… **SCHRITT 5: LEBE ES JETZT**

## 12

EMPFANGEN

Wenn Manifestieren so einfach ist wie *Bitten, Glauben, Empfangen*, dann wären die nächsten beiden Schritte der *Empfangen*-Teil. Du hast in Schritt 2, „Das Feuer schüren", deine Bitte oder Forderung gestellt, als du deine Intentionen geklärt hast. In Schritt 1, „Fertig machen zum Gefecht", hast du daran gearbeitet, zu glauben und die Widerstände gegen das Empfangen loszulassen, und auch anschließend, indem du immerzu deine Gedanken aufgeschrieben hast. Jetzt ist es wichtig, dich zu öffnen und zu empfangen, und das schließt unter anderem ein, mit allem, was nach dir ruft, auf einer energetischen Ebene eins zu werden (Schritt 5: „Lebe es jetzt") und ihm Raum zu geben, aufzutauchen (Schritt 6: „Lass los"). Viele Leute glauben, dass das Empfangen der schwierigste Schritt der Manifestation ist. Intentionen und Absichten zu formulieren, macht Spaß. Das ist das Träumen. Der Wohlfühlort. Aber dann können wir unsere Manifestationen auf verschiedene Arten davon abhalten, aufzutauchen. Widerstand kann sich in Form von limitierenden Gedanken äußern. Ungeduld. Aus der Vergangenheit heraus zu agieren, anstatt aus der Zukunft, die du für dich erschaffen willst.

In diesem Schritt wirst du nun also anfangen, den Part der*s Millionärsautor*in zu spielen. Ihn jetzt schon zu leben. Wenn du dich in die Energie dessen einhüllst, was du zu dir rufen willst, dann kannst du es tatsächlich auch jetzt schon haben. Du fühlst dich bereits im Überfluss. Gesegnet. Dankbar. Du brauchst die Dinge, die du willst oder um die du gebeten hast, gar nicht wirklich. Du befindest nicht in einem Zustand des Mangels.

Einer der Tricks, um den Überfluss auftauchen zu lassen, ist es, bereit zu sein, zu empfangen. Du glaubst, du wärst bereit. Du denkst, du bist gewillt, aber wenn du nicht wirklich glaubst, dass du es auch verdient hast oder dass es tatsächlich passieren wird, dann blockst du es davor ab, in dein Leben zu treten.

Mehrere Jahre hintereinander hatte ich mich dafür beworben, Autogrammstunden auf der Shameless Conference geben zu dürfen, wurde aber nie ausgewählt (oder dachte ich zumindest). In einem Jahr rief mich Lee Savino an und sagte: „Ich bin für Shameless eingeladen worden!"

Oh. Ich ließ die Schultern sinken. „Ich habe nichts gehört."

„Ich bin mir sicher, dass du auch eingeladen bist", erwiderte sie, ging davon aus, dass die Organisatoren sie nicht ohne mich einladen würden. „Schau in deinem Spamordner nach."

Und tatsächlich. Die Einladung war in meinem Spamordner gelandet. Mein Glaube, dass ich nicht eingeladen werden würde, hatte mich davon abgehalten, die Einladung zu empfangen. In wie vielen anderen Jahre war ich denn noch eingeladen worden, hatte aber die Einladung nicht erhalten? Vielleicht war das das erste Jahr, aber vielleicht war ich auch jedes Jahr eingeladen worden und hatte es nur nie mitbekommen! Um meines Egos willen glaube ich, dass es Letzteres war.

Wo blockierst du mit deinen eigenen Zweifeln Überfluss, Einladungen, Auszeichnungen oder sogar gute Kritiken?

Manchmal bitten wir das Universum um etwas und sind doch nicht darauf vorbereitete, wie schnell es auftaucht. Sind so unvorbereitet, dass wir die Chancen zurückweisen.

Letztes Jahr habe ich ein bisschen mit luziden Träumen herumgespielt. Träume zeigen uns die Richtung, in die unsere Energie unterwegs ist, also dachte ich, wenn ich luzid träumen könnte und mir dabei vorstelle, was ich gerne erschaffen möchte, dann kann ich meine Energie für das programmieren, was ich ins Leben rufen will.

Am ersten Abend habe ich mit fliegen herumgespielt (denn ist das nicht das, was alle machen, wenn sie luzide Träume haben?). In der zweiten Nacht entschied ich, etwas zu wählen, was ich in meinem Leben manifestieren wollte. Da ich angefangen hatte, dieses Buch zu schreiben, entschied ich, mich als Sprecherin bei einer Konferenz zu erträumen, auf der ich diese Inhalte vortrage.

Buchstäblich am nächsten Tag erhielt ich eine E-Mail von einer Autorin, die mich fragte, ob ich in ihrer Mastermind-Gruppe eine Präsentation halten wollte.

Irgendwie hatte ich vergessen, dass das genau das war, worum ich nachts zuvor gebeten hatte, und versuchte, es zurück in den Bereich dessen zu schieben, was ich bereits konnte – meine derzeitige Energie –, fragte sie also, ob sie stattdessen an Coaching interessiert wäre. Dann, nachdem ich die E-Mail abgeschickt hatte, erinnerte ich mich an meinen luziden Traum. *Huch!*

Sie schrieb zurück: „Wir fänden es toll, wenn du eine

Präsentation halten würdest, *in der Art, wie man sie auf Autor\*innenkonferenzen hält.*"

Wow. Ich konnte es gar nicht glauben! Luzides Träumen hatte wirklich für mich funktioniert und eine augenblickliche Manifestation zur Folge gehabt! Aber es machte mir auch ein bisschen Angst, das zu erhalten, worum ich gebeten hatte. Selbstzweifel über meine Fähigkeiten, so eine Präsentation zu halten, schlichen sich ein. Ich verspürte noch immer den Impuls, dieses Angebot in den vertrauteren Bereich von Coaching zurückzuspielen.

Aber ich wusste es besser, als das Geschenk des Universums abzulehnen, wenn es mir etwas anbot. Vor allem, da es etwas war, worum ich explizit gebeten hatte.

Vergiss nicht – das Universum kann dir nicht helfen, wenn du nicht bereit bist, zu empfangen.

Zum Glück verwandelte sich diese Präsentation für eine kleine Mastermind-Gruppe schließlich in zwei wichtige Konferenzen dieses Jahr. Das Universum hatte meine Bitte erhört und sie prompt erfüllt. Und als ich bereit war, zu empfangen, schickte es noch mehr.

Achte wirklich genau darauf, auf welche unterschwelligen Arten du Geschenke des Universums verweigerst oder umleitest. Dafür kann es unendlich viele Gründe geben – du hast nicht das Gefühl, es verdient zu haben, sie passen nicht zu deinem Selbstbild, du hast die Angewohnheit, Lob oder Überfluss an andere weiterzureichen.

Wenn du einen Cent findest, hebst du ihn auf und dankst dem Universum für den Überfluss, den es dir geschickt hat? Wenn jemand *Vielen Dank* zu dir sagt, erwiderst du dann ein *Gern geschehen?* Wenn dir jemand ein Kompliment macht, kannst du es mit Dankbarkeit annehmen, also *Danke* sagen, oder minimierst du es augenblicklich (*keine große Sache, war doch ganz einfach*), gibst es weiter (*das ist der Verdienst des Teams, nicht meiner*) oder lässt es einfach wortlos versickern (rot werden und gar nichts sagen oder lachen)? Energie zu empfangen mag dir wie eine kleine Sache vorkommen – winzig, sogar –, aber was du mit dieser Energie anfängst, verrät dem Universum, dass du mehr haben willst, *vielen Dank*. Dass du bereit bist, zu empfangen. Lehne die Geschenke nicht ab, die zu dir kommen. Denk nur mal darüber nach. Wenn jemand *Vielen Dank* sagt und du dieses Energiegeschenk nicht mit einem *Gern geschehen* anerkennen und empfangen kannst, kannst du dann mehr erhalten (eine Einladung für einen Vortrag, ein BookBub-Konto, gratis Promos von der App, die du benutzt)? Wenn du das Energiegeschenk eines Kompliments nicht annehmen kannst, kannst du dann physikalische Energie, gelesene Seiten, Rezensionen, Empfehlungen oder Geld empfangen? Wenn du Energie nicht empfangen kannst und sie ungenutzt zu Boden fällt, wird das Universum diese Energie schließlich jemandem schenken, der sie empfangen und nutzen kann.

Empfange mit Dankbarkeit und die Geschenke werden sich vermehren!

### Der Beobachtereffekt in der Quantentheorie

WISSENSCHAFTLER HABEN BEWIESEN, dass ein Beobachter allein durch den Akt des Beobachtens die beobachtete Realität beeinflusst[1]. Das habe ich auch über Jahre hinweg immer wieder im Zusammenhang mit Manifestationen gehört, aber da ich keine besonders wissenschaftlich orientierte Person bin, war mir die Bedeutung dessen bis vor Kurzem nicht wirklich bewusst. Ich begriff, dass das etwas mit der Wissenschaft hinter dem Konzept von „unsere Gedanken erschaffen unsere Realität" zu tun hatte, was natürlich cool ist, aber ich war bereits Anhängerin dieser Theorie. Was ich allerdings endlich verstand, war, wie wichtig es ist, sich genau daran zu erinnern, wenn man seine Forderung an das Universum stellt oder darum bittet, dass bestimmte Dinge passieren.

Wenn der Beobachter die Atome zu dem formen kann, was er beobachtet, dann kann man verstehen, wie wichtig es ist, sich auf das zu konzentrieren, was man will, anstatt auf das, was man nicht will. Wenn du in den Spiegel schaust und jemanden siehst, der abnehmen muss, rate mal was? Das wird es sein, was du weiterhin empfangen wirst.

Wenn du willst, dass sich dein Körper verändert, dann musst du üben, die wundervollen Dinge an deinem Körper zu betrachten. Wie stark du bist. Wie schnell dein Metabolismus arbeitet. Wie schnell du Muskeln aufbauen kannst. Sogar, wenn diese Dinge sich anfangs noch nicht zeigen, finde etwas, was du sehen oder glauben kannst, und was das Bild erschaffen wird, das du im Spiegel sehen willst. Beseitige deine limitierenden Glaubenssätze über deinen Körper und übe dich darin, ein Beobachter zu werden, der all die wundervollen Dinge an deinem Körper sieht. Wenn ich diesen magischen Modus gefunden habe, nehme ich plötzlich wie von selbst in einer Woche fünf Pfund ab, meine Haut wird straffer und ich sehe fantastisch aus. Das liegt daran, dass ich etwas Wundervolles an meinem Körper entdeckt habe, wofür ich dankbar bin, und dann hat mein Körper noch mehr davon geliefert.

Das ist auch die Erklärung für den Placeboeffekt – etwas, von dem ich finde, dass es so ausführlich erforscht und untersucht werden müsste wie neue Arzneimittel und Behandlungsmethoden. Wenn die Leute glauben, sie haben die Pille eingenommen, die sie wieder gesund macht, oder sie hätten die Operation erhalten, die ihr Gelenk repariert, erfahren mindestens ein Drittel von ihnen, manchmal bis zu sechzig Prozent, eine tatsächliche Heilung. Das ist die Macht des Glaubens.

Was bedeutet das für dieses Buch? Sagen wir, du setzt dir ein Ziel und bittest das Universum, dein Buch in die Top 100 von Amazon zu bringen. Anschließend agierst du als Beobachter*in, lehnst dich zurück und schaust dir die Beweise dafür an, dass es passiert. Wenn du danach suchst, werden sich die Moleküle verändern und so zusammensetzen, dass es passiert! Du schaust dabei zu, wie dein Buch am Veröffentlichungstag die Rangliste hinaufklettert. Jeder neue Platz in der Rangliste beweist, dass du deinem Ziel näher kommst. Wenn es schließlich aufhört hinaufzuklettern und sich herumdreht, hör auf, diese Bewertung zu beobachten, und finde eine andere, die sich gut anfühlt.

Teile den Erfolg in viele kleine Happen auf und feiere jeden einzelnen Gewinn. Wenn du ein*e Autor*in mit sechsstelligem Einkommen bist, beläuft sich die Summe eines einzelnen Tags auf 274 Euro. Und ich wette, so einen Tag hattest du schon! Also, feiere es. Feiere jeden einzelnen dieser Tage als Sechsstellige-Summe-Tag. Als Nächstes feierst du die sechsstellige Woche: 1.923 Euro. Dann den sechsstelligen Monat: 8.333 Euro.

Dieses Feiern signalisiert dem Universum, dass du mehr davon haben willst. Es lenkt die Aufmerksamkeit auf das, was du willst, nicht auf das, was du nicht willst, also kommt der Beobachtereffekt in Gang. Darüber sprechen wir noch weiter in Schritt 7: „Stehe für dich selbst ein".

Auf meinem Weg zu einer Million in einem Jahr habe ich mein Ziel in viele kleine Schritte aufgeteilt. Ich habe meinen Taschenrechner gezückt und ausgerechnet, was ein

Eine-Million-Dollar-Tag ist (2.740 Dollar), und habe dann jedes Mal, wenn ich diese Marke geknackt habe, den Tag als Eine-Million-Dollar-Tag gefeiert. Dann habe ich ausgerechnet, was ein Millionärs-Monat ist (83.333 Dollar), und als ich diese Marke geknackt habe, habe ich sie als meinen Millionärs-Monat gefeiert. Und schließlich, während ich diese schrittweisen Erfolge beobachtete, fingen sie an, sich zu häufen. Sie passierten immer öfter. Und schließlich hatte ich mein Eine-Million-Dollar-Jahr.

Im Umkehrschluss heißt das, wenn du nach Beweisen dafür suchst, dass deine Bücher es niemals in die Top 100 schaffen ... tja. Verstehst du, warum das eine schlechte Idee ist?

---

1
HTTPS://WWW.SCIENCEDAILY.COM/RELEASES/1998/02/980227055013.HTM

# MEDITATION: GELD ANZIEHEN UND EMPFANGEN

Oftmals haben wir irgendwo im Multiversum Überfluss erschaffen, aber dieser Überfluss hat sich noch nicht in unserer Zeitlinie oder der Gegenwart gezeigt. Diese Meditation ist wunderbar, um Geld ins Hier und Jetzt zu ziehen.

1. Schließe die Augen und stelle dir deine Kugel aus Energie um dich herum vor.
2. Sende die Energie bis in die entferntesten Ecken des Universums.
3. Stelle die Forderung, dass die Geldsumme, die du dir wünschst, auftaucht. Du könntest sagen: „Ich nehme das Geld bitte jetzt", oder sogar: „Ich verlange, dass das Geld jetzt auftaucht." Fällt dir auf, dass es eine Macht und eine Stärke hat, etwas einzufordern, anstatt um Geld zu betteln?
4. Öffne dich für den Überfluss, gestatte ihm, in dein Energiefeld hineinfließen und dort zu verweilen. Du kannst es dir wie einen Schneesturm aus Hundert-Euro-Scheinen

vorstellen, die um dich herumwirbeln und an dir kleben bleiben wie Kleister.
5. Spüre die Dankbarkeit, die dieser Überfluss mit sich bringt – und dass diese Schwingungen dieselben sind. Drehe dieses Gefühl der Dankbarkeit noch weiter auf. Schwelge so lange darin, wie du willst.
6. Bedanke dich beim Universum (oder wem auch immer du danken willst) für den Überfluss, der auf dem Weg zu dir ist.

# FALLSTUDIE: MIA BRODY – WIE MAN VOLLZEITAUTOR*IN WIRD

Vor etwas über einem Jahr arbeitete Mia Brody an zwei Online-Unternehmen und schrieb nebenbei zu ihrer eigenen Unterhaltung Kurzgeschichten.

„Ich hatte bis zu einem gewissen Maß Freude an meinen anderen beiden Geschäften, aber ich verspürte immer diese unnachgiebige kreative Energie. Ich habe mir einfach selbst die Herausforderung gestellt, tausend Tage lang jeden Tag zu schreiben, als eine Art Ventil für den Stress."

Sie entdeckte die Schriftstellerin Hope Ford, die Vollzeit als Autorin von Kurzgeschichten arbeitete und davon lebte. „Ich schrieb bereits Kurzgeschichten zu meiner eigenen Unterhaltung, also dachte ich – warum mich nicht dafür bezahlen lassen? Ich kannte mich mit den Businessaspekten aus und liebte es, zu schreiben, also warum diese beiden nicht zusammenführen?"

Mia fing an, „Kurzlektüren" zu schreiben, Liebesromane über Cowboys und Männer in den Bergen. Sie erstellte ein Visionboard für ihre Karriere als Autorin, auf dem sich auch eine Liste von Zielen befand. „Ich liebe es, zu planen, zu organisieren, zu träumen. Um irgendwas zu erreichen, muss man zuerst eine Vision haben. Wenn du keine Vision hast, dann ist das so, als ob du in dein Auto steigst und einfach ziellos herumfährst. Du weißt, dass du irgendwo hin willst, du weißt nur nicht, wohin."

Teil ihrer Vision beinhaltete, ihre beiden Online-Unternehmen aufzugeben, um Vollzeit als Autorin arbeiten zu können. „Durch meine beiden anderen Online-Geschäfte wusste ich, wenn man weiß, wie man online einen Dollar verdient, dann kann man auch fünf Dollar verdienen. Ich wusste also, wenn ich in einem Monat tausend Dollar mit meinen Büchern verdienen könnte, dann könnte ich ebenso gut fünftausend Dollar verdienen. Ich brauchte sechs Monate, um diese tausend Dollar zu verdienen, aber ich habe es geschafft."

Genau zu der Zeit, als sie ihre ersten Bücher veröffentlichte, erlitt Mia leider auch einen dramatischen Schub ihrer neuromuskulären Krankheit. Obwohl sie ans Bett gefesselt war, hielt sie durch, managte ihre beiden Online-Geschäfte, während sie ihre Karriere als Autorin aufbaute.

„Meine Mom schenkte mir einen Laptop und ich fing einfach an, darauf zu schreiben. Ich schrieb einfach immer weiter. Ich wusste nicht, was ich sonst tun sollte. Ich kam schließlich an dem Punkt an, an dem ich mein zehntes Buch schrieb und mitbekam, wie zwei andere Autorinnen ihre Karriere aufgaben. Damals waren meine Schmerzen auf Rekordniveau. Ich schluchzte buchstäblich, während ich schrieb. Aber ich dachte: *Wenn du jetzt aufgibst, was machst du dann?"*

Ihr wurde klar, dass sie weiterschreiben würde. Sie würde weiter zu ihrer eigenen Unterhaltung Geschichten schreiben. Also dachte sie sich, dass sie genauso gut auch mit dem Business weitermachen konnte. „Danach richtete ich jedes Mal Vorbestellungen für meine Bücher ein, damit ich nicht aufgeben oder das Handtuch schmeißen konnte."

Schließlich veröffentlichte Mia zweiunddreißig Kurzlektüren innerhalb von fünfzehn Monaten, was ihr erlaubte, ihre beiden anderen Unternehmen aufzugeben und Vollzeit als Autorin zu arbeiten. Seitdem hat sie ihr vorheriges Einkommen mit ihren Büchern mehr als ersetzt.

„Ich habe mitbekommen, wie Autoren anfingen, von Manifestation zu sprechen, aber den Fehler begehen, anzunehmen, dass alles ohne Zwischenfälle verlaufen wird. Wenn ihnen dann unweigerlich das Leben in die Quere kommt, sind sie entmutigt und werfen ihr Mindset über Bord. Ich will nicht, dass das irgendjemandem passiert!"

Mia sagt, sie ist der Beweis dafür, dass man vor riesigen Hindernissen stehen kann und trotzdem genau das manifestieren kann, was man will.

> „Ich glaube, man sollte an der Vision festhalten, aber flexibel in der Methode bleiben, mit der man dorthin gelangt. Man braucht Geduld und Zeit."
> -Mia Brody

## 13

WIE MAN ES JETZT LEBT

**E**rstelle einen Wahnsinns-Ordner

Meine Co-Autorin und Co-Überfluss-Coachin Lee Savino hat mir mal folgende Aufgabe gestellt: Erstelle das, was sie den „Wahnsinns"-Ordner nannte. Also erstellte ich einen virtuellen Ordner in meinem E-Mail-Programm. Darin bewahrte ich alle netten Mails auf, die Leser*innen mir schickten, oder Screenshots von Rezensionen, die mir ein tolles Gefühl gaben. Jede Auszeichnung, die bewies, dass ich eine „Wahnsinns"-Autorin war. Nach etwa einem Monat, währenddessen ich diesen Ordner benutzte, verspürte ich einen Aufschwung in meinem Selbstvertrauen. Vorher hatten mich ein paar schlechte Rezensionen immer entmutigt und dabei gab es doch so viele begeisterte E-Mails, die ich abheften konnte! So viele großartige Rezensionen! Als ich diese E-Mails und Rezensionen mit den wenigen negativen Kritiken, die ich erhalten hatte, verglich, überwogen die positiven deutlich. Einfach, indem ich mir die Aufgabe gestellt hatte, die guten abzuheften, lenkte ich meine Aufmerksamkeit auf das Positive. Ich schätze, ich habe diese wundervollen Kommentare vorher immer ignoriert, weil ich meinen Verstand so trainiert hatte, dass er nur nach Kritik gesucht hat. Ich hatte mich auf die Dinge konzentriert, die mir ein schlechtes Gefühl in meiner Rolle als Schriftstellerin gaben. Was für eine super Methode, das eigene Schiff zu versenken!

Bitte, wenn du nur eine Sache aus diesem Buch mitnimmst, dann lass es den „Wahnsinns"-Ordner sein. Allein diesen Ordner zu erstellen und Dinge darin aufzubewahren, wird das Universum anweisen, dir weitere, großartige Reaktionen auf deine Arbeit zu schicken.

**Erwarte Wunder**

ALS ICH KLEIN WAR, hat mein Dad uns immer gezwungen, auf langen Autofahrten Kassetten mit Selbsthilfebüchern anzuhören. Außerdem hat er uns meditieren üben lassen. Natürlich habe ich dagegen rebelliert und mich diesen Dingen verweigert, und ich brauchte eine Weile, bis ich meinen Weg dorthin zurückgefunden hatte.

Trotzdem, viele der kleinen Schätze, die ich in seinem Auto gelernt habe, blieben all die Jahre über in meinem Kopf. Einer davon war eine Tony-Robbins-Anekdote darüber, wie Autorennfahrer nicht auf die Bande schauen dürfen, weil sie sonst direkt dort hineinrasen. Sie dürfen nur nach vorn auf die Rennstrecke schauen – sie müssen sich darauf konzentrieren, wohin sie fahren wollen, und zwar NUR darauf, wohin sie fahren wollen.

Genauso ist es mit Seiltänzern. Sie schauen niemals nach unten – sie schauen immer geradeaus, auf die Stelle, zu der sie unterwegs sind.

Ich erinnere mich, wie ich das im Urlaub in Alaska ausprobiert habe, als ich über Bäche gesprungen bin. Wenn ich auf den nächsten Stein geschaut habe, den ich erreichen wollte, bin ich sicher darauf gelandet. Aber wenn ich keinen Stein ausgesucht hatte – wenn ich panisch wurde und dachte: *Oh, Gott, ich lande im Wasser* –, dann landete mein Fuß auch garantiert im Wasser. Gab es eine richtige Methode, den Bach zu überqueren? Die richtigen Steine, auf die man treten musste? Nein. Jeder der Steine funktionierte. Es ging nur darum, immer auf Steine zu treten. Es gibt keine Fehler auf unserem Weg. Er führt uns immer zu unserem Ziel. Es sei denn, man konzentriert sich auf das, was man nicht will, wie beispielsweise im Bach zu landen.

Genauso funktioniert es damit, Erfolg und Überfluss in unseren Karrieren als Autor*innen anzulocken. Wenn du dich darauf konzentrierst, wo du hin willst, dann wirst du auch dort landen. Konzentrierst du dich auf das Negative, dann erhältst du mehr davon. Ich möchte wetten, das hast du in Beziehungen schon erlebt. In dem Augenblick, wenn dein Partner oder Kind anfängt, dich zu nerven, scheint es, als ob sie das immer häufiger tun, bis sie dich vollkommen in den Wahnsinn treiben. Es ist schwer, Aussagen zu Menschen umzudrehen, mit denen wir zusammenleben. Ich kann ohne Probleme in Kratzbürstigkeit versinken und mich darüber beschweren, dass meine Kinder ihre Aufgaben im Haus nicht erledigen und nicht zu schätzen wissen, dass ich ihnen Abendessen koche. Aber wenn ich diese Geschichte herumdrehe und zu etwas mache, was ich will – dankbare, hilfsbereite, liebende Kinder – (wenn ich also ein Wunder erwarte!), dann tauchen sie plötzlich auf wundersame Weise so auf. Gerade diese Woche hat meine launische Teenagerin immer wieder „Rate mal, wer dich lieb hat? Ich!" gebärdet (sie lernt die amerikanische Gebärdensprache), und als ich ihr dabei geholfen habe, für einen Test zu lernen, hat sie gesagt: „Danke, dass du so viel Zeit mit mir verbringst, Mom." Und das ist dasselbe Kind, das erst vor ein paar Wochen nörgelnd durchs Haus geschlurft ist.

In *So machen Sie Ihr Glück* berichtet Richard Wiseman von den Ergebnissen einer zehnjährigen wissenschaftlichen Studie zu Glück[1], die bewies, dass Leute, die glauben, sie hätten Glück, *tatsächlich mehr Glück haben*, weil sie nach Chancen suchen und sie auch entdecken, wohingegen andere Leute, die glauben, das Leben hätte sich gegen sie verschworen, diese Chancen nicht sehen. Wiseman sagt, „diese Glückspilze sind geübt darin, Chancen zu erschaffen und zu erkennen, positive und effektive Entscheidungen zu treffen, indem sie auf ihre Intuition hören, selbst erfüllende Prophezeiungen erschaffen, indem sie positive Erwartungen hegen, und eine widerstandsfähige Einstellung annehmen, die ihr Pech in Glück umkehrt".

Das ist der Grund, weshalb es so wichtig ist, den eigenen Gedanken über Geld und Energie gegenüber wachsam zu bleiben. „Das kann ich mir nicht leisten" und „Das werde ich nie schaffen" wird weder Erfolg noch Chancen erschaffen. In der Welt der Autor*innen könnte das lauten: „BookBub hasst mich" oder „Ich werde niemals so erfolgreich sein wie so und so" oder sogar „Ich muss wirklich erst viel besser werden". Diese Aussagen in etwas Positives umzukehren, an das dein Verstand glauben und das er akzeptieren kann, ändert für die Energie alles. „Jedes Mal, wenn ich ein Buch bei BookBub einreiche, komme ich meinem Ziel näher, ausgewählt zu werden" oder „BookBub liebt meine Bücher und sobald das Timing stimmt, werde ich ausgewählt." Du könntest auch eine Zukunftsvorhersage machen: „Ich bin so dankbar, dass ich jedes verdammte Mal, wenn ich ein Buch einreiche, für BookBub ausgewählt werde! Weißt du noch, wie ich immer gedacht habe, sie würden mich hassen? Ha! Sie LIEBEN mich!"

Wir erhalten das, wonach wir suchen und was wir erwarten. Ob du daran glaubst, dass das Universum es auf magische Weise liefert, oder ob du glaubst, dass es die Macht deines Unterbewusstseins ist, das die richtigen Schritte unternimmt, sobald dein Glaubenssystem umprogrammiert wurde – was auch immer es ist, es stimmt.

Also, ERWARTE WUNDER. Jeden Tag. Erwarte sie in jeder Facette deines Lebens.

Diese Schmerzen in deinem unteren Rücken? Entscheide, dass sie sich von selbst lösen werden, und du musst dir nicht länger Sorgen deswegen machen.

Du willst einen Netflix-Deal für eins deiner Bücher bekommen? Wird passieren. Erwarte es. Stelle es dir vor. Suche deine Traumbesetzung aus. Feiere es, als ob es schon passiert wäre. Überlege dir, welche Schuhe du zur Premiere anziehst. Erstelle ein Visionboard davon und schreibe die Figurennamen darauf, zusammen mit den Namen der Schauspieler, die sie spielen.

Erwarte Wunder und feiere sie, wenn sie für dich in Erfüllung gehen. Ich weiß, dass sie passieren werden.

. . .

## Formuliere Dinge so, als ob du darauf vertraust, dass sie passieren werden

„Zusammen sind wir magisch."

Jahrelang haben Lee und ich darauf abgezielt, mit der *Bad-Boy-Alphas*-Serie Millionen zu verdienen. „Das ist unsere Millionen-Dollar-Serie", hat Lee immer scherzend gesagt. Die Serie war zu dieser Zeit zwar erfolgreich, aber nicht einmal ansatzweise im Bereich von einer Million. Aber wir verloren nicht die Lust und die Begeisterung dafür. Wir hörten nicht auf, Bücher in der Reihe zu veröffentlichen. Zwischen August 2019 und Februar 2021 legten wir eine Pause mit den *Bad-Boy-Alphas*-Büchern ein und arbeiteten an anderen Projekten. Aber erstaunlicherweise hörte die Serie nicht auf, Geld zu verdienen. Wir fingen an, die Bücher in andere Sprachen zu übersetzen, und diese Übersetzungen verkauften sich sehr gut.

Ende 2020 schaute ich auf mein Verkaufs-Dashboard und stellte fest, dass die *Bad-Boy-Alphas*-Serie insgesamt über eine Million Dollar verdient hatte. Ohne zu schuften, sondern mit großer Leichtigkeit, hatten die Bücher diese Marke überschritten. Sie wurden zu der Eine-Million-Dollar-Serie, als die wir sie immer gesehen und bezeichnet hatten!

## Versuchen ist etwas anderes als vertrauen

Mehrere Jahre lang schwankte ich zwischen den Entscheidungen hin und her, meine Bücher auf mehreren

Plattformen zu veröffentlichen oder bei Kindle Unlimited zu bleiben. Ich verdiente mit Kindle Unlimited gutes Geld, aber das taten einige meiner engen Freundinnen auch, die auch auf anderen Kanälen veröffentlichten. Also entschied ich, es auszuprobieren. Ich nahm eine komplette, ältere Serie – meine Alien-Krieger-Liebesromane – und veröffentlichte sie überall.

Das ist es, was sie einem eintrichtern, richtig? Dinge auszuprobieren. Daten zu sammeln. Informierte Entscheidungen zu treffen. Ich bestreite diese Methode nicht. Man sollte immer alle Informationen haben, die zur Verfügung stehen. Ich glaube nur, dass die Informationen ohnehin vorhanden sind, ob mit Daten oder ohne. Sie sind da, wenn du deine Intuition einsetzt. Jede Antwort des Universums ist jederzeit für dich verfügbar. Ich erzähle meiner Highschool-Schülerin, dass sie die Antwort bei einem Test heranziehen soll, wenn sie sie nicht weiß, und ihre „Rateversuche" sind erstaunlich akkurat.

Aber wie auch immer, ich hatte mich bei dieser Entscheidung nicht auf meine Intuition verlassen, sondern auf harte, kalte Daten. Ich lehnte mich also zurück und wartete ab. Ich ließ die Serie ein ganzes Jahr lang über alle Kanäle laufen. Sammelte die Daten. Verglich, wie die Serie auf Kindle Unlimited gelaufen war und wie sie sich jetzt verkaufte. Und fand heraus, dass es keinen Unterschied gab. Ich verdiente nicht mehr oder weniger, als ich mit Kindle Unlimited verdient hatte.

Und dann hatte ich eine verblüffende Erkenntnis. Energetisch gesehen *gestattete* ich den Zahlen nur, die gleichen zu sein. Ich hegte eine vorsichtige „Abwarten"-Energie, nicht die Weite und Offenheit, die es braucht, um etwas Neues einzuladen. Ich wusste plötzlich, dass ich mit Sicherheit mehr erschaffen hätte, wenn ich mit der „Alles oder nichts"-Energie, die ich während meiner ersten Erfolge auf Kindle Unlimited eingesetzt hatte, auch die breite Veröffentlichung angegangen wäre.

Wie sich herausstellte, musste ich ein paar Jahre später Kindle Unlimited verlassen, und in dem Jahr verdoppelte ich mein Einkommen (die Geschichte kannst du in dem Kapitel „Rückschläge" am Ende des Buchs lesen).

Ich hoffe, du verstehst, dass meine Geschichte dich nicht beeinflussen soll, breit zu veröffentlichen oder bei Kindle Unlimited zu bleiben. Es geht lediglich darum, sich hundertprozentig dem Erfolg zu verschreiben, anstatt nur herumzupfuschen. Die lateinische Wurzel des Wortes „entscheiden" bedeutete buchstäblich „abschneiden, abtrennen", im Sinne davon, andere Möglichkeiten abzutrennen. Wenn du also entscheidest, ein*e Millionärsautor*in zu werden, anstatt abzuwarten und „nur mal zu schauen, wie es so läuft", dann schickst du eine ganz andere, viel stärkere Botschaft an das Universum und das Universum wird mit allem antworten, was du brauchst, um dort hinzukommen.

### Sich reich fühlen, um reich zu werden

Überfluss ist eine Einstellung, keine Frage deines Bankkontos. Du könntest alles Geld der Welt haben und dich trotzdem noch nicht reich fühlen. Umgekehrt betrachtet bedeutet es, dass du dich auch dann schon im Überfluss fühlen kannst, wenn du noch nicht die Summe auf dem Konto hast, auf die du abzielst. Es hat etwas mit den Schwingungen und der Energie des Überflusses zu tun.

Nein, das ist nicht ein weiterer dieser Posts, die dir

sagen, du musst einfach nur dankbar für das sein, was du bereits hast, denn das ist genug. Nach mehr greifen zu wollen, ist Teil der Freude, auf dieser Erde einen physikalischen Körper zu haben! Unsere Körper möge es, gut behandelt zu werden. Du willst gute Dinge. Unser Sein will sich ausstrecken und wachsen und neue Dinge erreichen.

Und die Schwingungen des Überflusses bringen noch mehr Überfluss. Dankbarkeit und Freude hallen auf einer anderen Frequenz wider als Mangel und eine „Warum ich?"-Einstellung.

Wie können wir das einsetzen, um unsere Ziele zu erreichen? Richte dich nach den Dingen aus, die dir ein gutes Gefühl geben. Kaufe den Kaffee für 5 Euro. Mach diesen Spaziergang. Gönne dir Dinge und verwöhne dich jetzt schon auf alle möglichen Arten. Verwehre dir nicht die Jeans, die dir perfekt passen, oder die teuren Hautpflegeprodukte. Und dann genieße diesen Luxus wirklich. Spüre den Überfluss in jeder Zelle.

Schicke die Nachricht an das Universum, dass du glaubst, du bist diese Dinge wert, und dass du es genießt, im Überfluss zu schwelgen, dann wird das Universum dir mit weiteren dieser herrlichen Dinge antworten!

Vor einigen Jahren habe ich aufgehört, Gluten und Zucker zu essen, und habe stattdessen Kaffee als Ersatz-„Leckerei" eingeführt. Für mich war ein Ausflug zu Starbucks eine Belohnung. Ein Komfort. Etwas, was mich hochgezogen hat. Ich meldete mich für das Treueprogramm von Starbucks an und habe die Treuepunkte benutzt, um noch mehr Kaffee zu kaufen. In dem Jahr kam Starbucks mit einem Gewinnspiel heraus, bei dem man „lebenslang Starbucks" gewinnen konnte.

Alter Schwede, hat mich diese Vorstellung angemacht! Das klang so wahnsinnig dekadent. So reich. Wenn ich diesen Hauptpreis gewinnen würde, würde ich mich unfassbar im Überfluss fühlen. Ich spielte jeden Tag, gewann auch ein paar Dinge wie einen Sack voller Kaffeebohnen, eine Tasse, ein Gratisgetränk. Ich fantasierte darüber – wie würde es sich anfühlen, zu gewinnen? Ich forschte ein wenig nach und fand heraus, dass der Gewinner für den Rest seines oder ihres Lebens jeden Tag ein Gratisgetränk bei Starbucks bekommen würde.

Also … ein Getränk pro Tag. Das konnte ich mir tatsächlich jetzt schon leisten. Und das war alles, was es brauchte, um mir das Gefühl des absoluten Überflusses zu vermitteln. Alles, was ich tun musste, war es, mir diesen täglichen Grande Decaf Cappuccino nicht selbst zu verwehren, wenn ich ihn trinken wollte.

Warum tat ich das? Wenn es mir das Gefühl vermittelte, Millionärin zu sein, dann war es das wert! Ich war es wert. Wenn ich jetzt einen Kaffee will, dann kaufe ich ihn mir einfach, und zwar mit gutem Gefühl.

Was vermittelt dir das Gefühl des Überflusses? Das kann etwas so Kleines sein wie eine Tasse Kaffee. Würden frische Blumen auf deinem Schreibtisch deine Realität verändern? Vor Kurzem habe ich mich bei einem Aboservice für Bouquet-Lieferungen angemeldet, ReVased, die mir einmal im Monat einen Strauß liefern. Für jedes gelieferte Bouquet spenden sie zudem an Altenheime, also habe ich das Gefühl, gleichzeitig die Freude weiterzugeben, während ich mir selbst etwas gönne. Schenken und empfangen – und meinen Überfluss verdoppeln.

Ein weiterer Überfluss-Indikator sind für mich Bio-Blaubeeren. Ja, manchmal kosten sie doppelt so viel wie konventionelle Blaubeeren. Aber Beeren absorbieren von allen Früchten den höchsten Anteil von Pestiziden und außerdem liebe ich Blaubeeren, also gibt es für mich nichts Besseres, um mir etwas zu gönnen.

Was sind die Dinge, die du dir versagst? Was wünschst du dir, was für dich das Gefühl des Überflusses hervorrufen würde?

1    HTTP://RICHARDWISEMAN.COM/RESOURCES/THE_LUCK_FACTOR.PDF

## HEIMSPIEL: UPGRADES

Nimm 10 bis 20 Euro in die Hand und kaufe dir ein paar Kleinigkeiten, die dein Leben augenblicklich besser machen. Hier sind ein paar Ideen, was das sein könnte:

- Neue Stifte: Es gibt nichts Schlimmeres, als nach einem Stift zu greifen, um einen Einkaufszettel zu schreiben, und dann verschmiert die Tinte den ganzen Zettel, während du gerade „Salat" schreiben willst. Das ist das Schlimmste! Du bist Millionärsautor*in, du hast gute Stifte verdient!
- Musik: Würde ein Abo bei Spotify, Apple Music oder Amazon Music dir das Gefühl vermitteln, wohlhabend zu sein? Dann schließe dieses Abo schon ab! Gönne dir was. Und fühle dich wie ein*e Millionärsautor*in, wann immer du die App öffnest!
- Ein hübsches Kissen: Man kann nie genug süße Dekokissen haben.
- Verwöhne dich mit einem Kaffee, Mittagessen oder einem Dessert. Oder kaufe dir einen

hochwertigeren Kaffee oder Tee und eine wunderschöne Tasse – das ist eine weitere wesentliche Grundausstattung für Autor*innen.
- Eine neue Zahnbürste oder Rasierer: Vermutlich hast du schon eine neue Zahnbürste im Waschschrank unter deinem Waschbecken. Du hast sie nur die ganze Zeit über nicht auspacken wollen.
- Sexy Unterwäsche oder gemütliche Socken. Was auch immer deinen Körper zum Strahlen bringt!

Idealerweise würdest du diese alten, schmuddeligen oder ungenutzten Dinge zunächst aussortieren. Das kann überraschend schwerfallen. Einer der Gründe, weshalb wir uns an Dingen festklammern, ist es, uns zu sagen: „Ich kann mir das nicht leisten. Ich bleibe besser bei den alten Sachen, denn wenn ich sie wegwerfe, könnte ich sie später wieder brauchen und dann habe ich vielleicht nicht das Geld, um mir zu kaufen, was ich brauche. Außerdem will ich kein Geld für mich verschwenden. Ich habe keine hübschen Dinge verdient."

Ich habe eine reiche Freundin, die nach ihrer Scheidung alle Möbel aus ihrer Ehe behalten hat. In den folgenden Jahren kaufte und verkaufte sie drei Häuser, und jedes Mal kamen auch die alten Möbel mit, aber jedes Mal gefiel ihr das Haus nicht oder sie hatte nicht das Gefühl, dass es zu ihr passte, sobald sie eingezogen war. Ich fragte sie: „Wie wäre es für dich, wenn du neue Möbel hättest?" Und bis vor Kurzem war ihre Antwort immer: „Ich will die Möbel nicht verschenken oder zu einem Spottpreis verkaufen – sie waren so teuer und sind qualitativ hochwertig." Aber bei ihrem letzten Hauskauf kaufte sie auch ein neues Sofa, und zum ersten Mal seit zehn Jahren sagte sie zu mir: „Ich fühle mich im Wohnzimmer richtig wohl. Ich mag dieses neue Haus."

Wenn wir uns gestatten, unser Leben aufzurüsten, ist die unterschwellige Botschaft: „Ich habe hübsche Dinge verdient. Ich vertraue darauf, dass ich auch in Zukunft Geld haben werde, um mir zu kaufen, was ich brauche." Du lebst dein „Ich bin Überfluss".

Ich will dich hier nicht ermutigen, dein ganzes Geld rauszuschmeißen und dich finanziell zu ruinieren. Ich will nur sagen, dass wir uns oft kleine Dinge verwehren, die eine riesige Verschiebung in unserer Energie hervorrufen könnten. Willst du wirklich in einer Abstellkammer schreiben oder in einem Zimmer, das du hasst, weil du es nicht wert bist, den Raum zu beanspruchen, in dem du tatsächlich schreiben willst? Schreibst du in einer Umgebung, die uninspirierend ist, weil du niemanden stören willst oder nicht das Gefühl hast, du könntest das Zimmer verschönern? Macht der Preisunterschied zwischen Bio-Blaubeeren und konventionellen Blaubeeren einen finanziellen Unterschied in deinem Leben oder gibt dir diese eine Entscheidung für den Luxus ein fantastisches Millionärsgefühl, jedes Mal, wenn du Blaubeeren isst? Wozu ich dich ermutigen will, ist es, die Dinge zu bemerken, von denen du das Gefühl hast, sie würden just jenseits dessen liegen, was du für möglich hältst, und eins davon in dein Leben zu bringen. Finde heraus, wie sich das anfühlt. Wenn du die Sache siehst, die du ausgewählt hast, beginnst du zu strahlen? Spürst du Freude? Fühlst du dich wertvoll? Beobachte, wie es sich anfühlt. Wenn das funktioniert, was ist dein nächster Schritt?

Als Autor*in gibt es immer Möglichkeiten, in dein Business zu investieren und vorwärtszukommen. Wenn es an der Zeit ist, eine neue Webseite zu erstellen, einen Newsletter ins Leben zu rufen, sich bei BookFunnel oder BookReport anzumelden, in Facebook-Anzeigen oder Übersetzungen zu investieren oder dir zu gestatten, dich wie der oder die Millionärsautor*in zu verhalten, der oder die du bist? Oder schrumpfst du in dich zusammen und erzählst dir selbst, dass du es dir nicht leisten kannst?

Ich erinnere mich daran, wie ich die kostenlose Version von Mailchimp benutzt habe und meine Liste an E-Mail-Kontakten immer weiter anwuchs. Ich stand vor einer Entscheidung. Mache ich den nächsten Schritt und abonniere die Bezahlversion? Ich begann, die verschiedenen Abo-Optionen zu recherchieren. Dann tat ich den Schritt, der mir zwar sehr groß, aber auch angemessen vorkam, und es dauerte nicht lange, bis ich erneut an das Limit stieß. Ich vertraute auf mein Bauchgefühl und wieder dauerte es nicht lange, bis meine Liste an Kontakten auch dieses Limit erreicht hatte.

Du musst nicht unnötig Geld ausgeben, aber wenn dein Bauchgefühl dir sagt, dass du dein Marketing-Budget erhöhen sollst, dann lass dich nicht von deinem kleinen Selbstbild aufhalten!

**Was würde ein*e Millionärsautor*in tun?**

Ich versuche, mir diese Frage immer dann zu stellen, wenn ich vor einem Problem stehe. Meine Tendenz ist es, klein zu denken. Mich selbst kleinzumachen. Der Situation zu begegnen, als ob ich klein wäre.

Das Prinzip, das eigene Selbstbild neu zu denken, ist die alte „Fake it till you make it"-Strategie – „Tu einfach so, bis du es tatsächlich geschafft hast". Verhalte dich so, als ob du das Leben bereits lebst, das du dir vorstellst. Wenn du dich so verhältst, triffst du andere Entscheidungen – Entscheidungen, die dich selbst wertschätzen und der Welt die Botschaft vermitteln, dass du der absolute Wahnsinn bist.

Oftmals, wenn ich mir erfolgreiche Autor*innen anschaue, wird mir klar, dass sie nicht so viel besser sind als ich, was die Qualität ihres Schreibstils angeht. Manchmal sind sie das natürlich und das ist unglaublich inspirierend. Aber oftmals stelle ich fest, dass es die Autor*innen sind, die ihre Karriere und ihre Bücher sehr ernst nehmen. Sie vermitteln mit ihrer Energie kein „Ich hoffe, das Buch gefällt euch". Sie verströmen eine „Das ist ein fantastisches Buch und das weiß ich auch. Und weil ich das weiß, investiere ich meine Zeit und mein Geld dafür, um mein Bestes für dieses Buch zu geben"-Energie. Ob das ein professionelles Cover bedeutet, eine groß angekündigte und breite Veröffentlichung, Ausgaben für Anzeigen oder einfach nur die Bereitschaft, gesehen zu werden, ihr Glaube an sich selbst und an ihre Bücher kommt in dieser Energie herüber. Die Leser*innen werden davon ausgehen, dass du ein*e großartige*r Autor*in bist, wenn du dich so verhältst.

Verhalte dich so, als ob du Millionärsautor*in bist. Du bist eine große Nummer mit Optionsrechten auf Verfilmungen deiner Bücher. Die Leser*innen RENNEN bei Autogrammstunden zu deinem Tisch und stehen stundenlang Schlange, um dich zu treffen. Und jetzt schau dir das Problem oder die Situation an, der du gerade gegenüberstehst. Wie würdest du sie anders angehen?

Die Chancen stehen gut, dass du eine andere Entscheidung treffen würdest, wenn du die Möglichkeiten aus dem Blickwinkel eines*r Millionärsautor*in betrachten würdest. Lass dich ganz darauf ein. Hat die Entscheidung für die „kleinere" Option mit Angst vor irgendeiner Art Misserfolg zu tun? Manchmal, wenn ich vor einer Entscheidung stehe und Angst habe, diese Entscheidung zu treffen, lasse ich mich ganz darauf ein und wagen den Sprung, weil ich weiß, dass ich am Abgrund stehe und daran glaube, dass ich das Risiko wert bin. Manchmal haben sich diese Risiken ausgezahlt und manchmal haben sie kein Ergebnis erzielt, das ich quantifizieren könnte. Aber in beiden Fällen habe ich mich vergrößert. Ich habe etwas Neues erlebt, von dem ich lernen konnte. Ich habe meine Große-Nummer-Muskeln und die dazugehörige Einstellung trainiert.

Je mehr du mit dieser Energie der großen Nummer herumspielst, umso mehr wird sie dich mitreißen. Sie wird in dir resonieren und die Dinge in deinem Leben, die mit ihr übereinstimmen, werden immer öfter auftauchen. Du wirst nicht mehr glauben, dass andere Autor*innen besser sind als du. Du wirst nicht mehr glauben, dass deine derzeitigen Projekte Mist sind. Du wirst nicht mehr panisch werden, wenn deine neue Veröffentlichung sich nicht so gut verkauft, wie du erwartet hast, weil Millionärsautor*innen wissen, dass ihre Karriere nicht von einem einzigen Buch abhängt.

Stell es dir vor wie Method Acting. Du verkörperst die Rolle des*r *Millionärsautor\*in* und lebst sie voll und ganz – Vollzeit. Das macht Spaß, oder?

Finde andere erfolgreiche Autor*innen, die du bewunderst, und achte darauf, was sie tun. Folge ihnen auf den sozialen Medien, abonniere ihren Newsletter, lese ihre Bücher und belege ihre Onlinekurse. Unsere Gehirne verändern unser Verhalten ganz automatisch so, dass wir uns der Masse anpassen, also umgib dich mit erfolgreichen Menschen – das funktioniert, auch wenn sie nicht wissen, wer du bist. Lee nennt sie ihre Autor*innen-Models. Typischerweise sind das über-erfolgreiche Indie-Autor*innen, die die obersten Plätze in den Bestsellerlisten für paranormale und zeitgenössische Liebesromane belegen.

Diese Praktik hat nichts damit zu tun, andere Autor*innen nachzuahmen oder dich selbst in irgendeine Schablone hineinzuzwängen. Es geht darum, eine andere Energie auszuprobieren. Manchmal wollen wir uns verändern, aber wir wissen nicht, wie. Wir sind bereit, uns anzustrengen und die Arme auszustrecken, aber wir wissen nicht einmal, wie wir das tun sollen. Ich wollte wie eine Milliardärsautorin leben und aussehen. Aber ich kaufte noch immer die gleichen Anziehsachen wie immer. Ich wusste nicht, wie ich mich anders kleiden sollte. Ich wusste nicht, wie ich etwas anderes auswählen sollte. Ich hatte diese Wahrnehmung von meinem Körpertyp, meiner Figur, meiner finanziellen Situation usw. Dann bin ich mit meiner Freundin Melody Edmondson shoppen gegangen, der Autorin von *Your Fashon Guide Based on Body Shape & THE SPACE OF THE WAIST®*. Melody ist Expertin darin, Leute anhand ihres Körperbaus einzukleiden. Sie hat mir dabei geholfen, mich selbst anders wahrzunehmen, andere Schnitte und Farben auszuwählen und die Teile anders zu kombinieren. Niemals die Gelegenheit zu verpassen, großartig auszusehen. Andere Sachen auszuprobieren und zu tragen. Und das ist es, was Autor*innen-Models für dich tun können: dir dabei helfen, neue Optionen für dich zu erkennen.

Achte darauf, was für Autor*innen sich in deinem Umkreis befinden. Sind sie größtenteils positiv? Agieren sie aus einer Einstellung des Überflusses heraus oder wären sie dazu bereit, diese Einstellung mit dir zusammen auszuprobieren und damit herumzuspielen?

Verweile in Dankbarkeit für die erfolgreichen Autor*innen in deinem Umkreis. Wann immer es in der Autor*innen-Community Drama gibt, erinnere dich an die positiven Menschen in deinem Kreis und entscheide dich dafür, mehr Zeit damit zu verbringen, sie zu lieben und dankbar für sie zu sein.

**Millionärsautor\*in-Tag**

Erinnerst du dich an Schritt 2, als du darüber geschrieben hast, wie dein idealer Tag als Millionärsautor\*in aussehen würde? Diesen Tag kannst du genau jetzt haben!

Feiere deinen Millionärsautor\*innen-Tag (der jetzt auf dem Weg zu dir ist), indem du einen „Millionärs-Tag" begehst. Ein Millionärs-Tag schließt all die Dinge mit ein, die du als Millionär\*in tun würdest. Vielleicht bedeutet das für dich, erst spät aufzuwachen, einen Espresso oder deinen Lieblingstee zu trinken, am Meer oder in einem tollen Café zu schreiben, dich mit einer\*m Freund\*in zum Lunch zu treffen oder vielleicht eine Gesichtsmassage zu bekommen. Am Abend gehst du dann möglicherweise in dein Lieblingsrestaurant oder ins Kino und schaust einen Film, den du schon lange sehen wolltest.

Genauso, wie du jetzt anfangen solltest, deine kleinen Erfolge zu notieren und zu feiern, wenn du einen Tag verbuchst, der einem sechs- oder siebenstelligem Jahreseinkommen als Autor\*in entspricht, fängst du jetzt an, dir Dinge zu gönnen, als ob du dieses Ziel bereits erreicht hättest – einen Tag nach dem anderen.

Es ist okay, wenn du noch nicht viel Geld zum Ausgeben hast. Du könntest auch einfach zum nächstbesten Resort in der Stadt fahren, dich auf die noble Terrasse dort setzen und ein Glas Wein bestellen. Und wenn du schon mal da bist, kannst du auf der Terrasse auch gleich damit anfangen, gegen alle Glaubenssätze anzuarbeiten, die dir einreden wollen, du hättest dort nichts verloren, dass du nicht hierher gehörst und dieses Leben niemals haben wirst. Du hast es ja! Du wählst es genau in diesem Moment! Du musst nicht dein Konto plündern, um dich wie ein*e Millionär*in zu fühlen. Auf diese Weise schaffst du Zeit und Raum für Luxus und umgibst dich mit Reichtum.

Ich war noch nie im Leben in einem Four Seasons Hotel gewesen, bis Skye Warren in einem der Hotels die erste „Romance Author Mastermind"-Konferenz angeboten hat. Ich war so dankbar, dass sie diesen Veranstaltungsort ausgewählt hatte, denn das gab mir die Gelegenheit, mich wie eine Millionärsautorin zu fühlen. An der Rezeption wurde ich mit einem Glas Champagner begrüßt, dann bekam ich ein zweites gratis Glas, als mein Zimmer noch nicht bereit zum Check-in war. Ich war vom Luxus umgeben. An der Hotelbar saßen berühmte Leute! *Drake* war da und ein US-Senator (okay, ich habe diese berühmten Leute nicht gesehen, aber ich habe gehört, dass sie da waren). Außerdem war das Toilettenpapier in der Toilette neben der Lounge schwarz. Schwarz! *Nobel*, wie meine Teenager-Tochter sagen würde. Einfach nur in dieser Umgebung zu sein, hat schon meine Welt verändert, und das war nur ein Wochenende!

**Schaufensterbummel für dein zukünftiges Leben**

Genauso, wie es aufbauend sein kann, ein Glas Wein in einem noblen Resort zu trinken, kann es helfen, Designersachen anzuprobieren, ein Luxusauto Probe zu fahren oder sich zum Verkauf stehende Millionenhäuser anzuschauen. Du machst einfach eine Verkostung. Tauchst in die Energie deiner Zukunft ein, die du genau in diesem Augenblick schon erschaffst.

Du gibst dich den körperlichen Empfindungen hin, gönnst deinem Körper die Ergötzlichkeiten, die dir gehören werden, um Vorfreude zu schüren und dir das Gefühl zu vermitteln, es verdient zu haben. Wir wollen, dass du dich an Luxus gewöhnst, damit das Universum anfängt, ihn dir mühelos zu schenken. Gönn dir den Valet-Service und gewöhne dich daran, wie ein*e König*in behandelt zu werden.

Wenn es in deiner Nähe die Möglichkeit zum Einkaufen von Designermode gibt, dann geh hin und probiere die Zehntausend-Euro-Kleider von Prada oder Gucci an. Oder versuch es mit *WeDress Collective*, einem Service, bei dem du Designermode für besondere Anlässe leihen kannst – oder einfach nur, um dich großartig zu fühlen.

Was ist dein Traumauto? Warum fährst du nicht ein paar Modelle Probe? Finde heraus, wie es sich hinter dem Steuer anfühlt. Empfange diesen Luxus und das Fahrvergnügen schon jetzt, damit du diese Energie erleben und bewahren kannst.

**Upgrades, die du heute schon vornehmen kannst**

Eins der Konzepte aus Denise Duffield Thomas' Buch *Get Rich, Lucky Bitch,* das ich am häufigsten benutzte, ist die Idee, schon jetzt schrittweise Veränderungen einzuführen, um den Überfluss einzuladen. Finde heraus, ob es ein Upgrade gibt, das du bereits jetzt in deinem Leben einführen kannst und das dir das Gefühl geben könnte, luxuriös, wohlhabend, bestärkt oder begünstigt zu sein.

Du kannst dir diese Bettwäsche nicht leisten? Kaufe erst einmal nur den Kissenbezug. Kaufe etwas Greifbares, das dir jedes Mal, wenn du es siehst oder benutzt, das Gefühl vermittelt, reich zu sein. Wie wäre es mit frischen Blumen auf dem Tisch? (Kleiner Tipp: Supermärkte verkaufen oft herrliche Blumen zu kleinen Preisen.) Mache die Dinge, die du auswählst, zu deinem ***Millionärsabzeichen*** – eine Erinnerung, die du jeden Tag erleben oder sehen kannst und die dich an das Leben erinnert, das du schließlich haben wirst. Vielleicht kaufst du dir einen besonderen Schlüsselanhänger, der Erfolg repräsentiert (ich habe welche mit dem Schriftzug „Rich Bitch" oder solche in der Form eines Geldsacks gesehen). Wähle alles aus, was dir das Gefühl von Luxus vermittelt.

Hier sind ein paar Vorschläge:

- Stelle für ein- oder zweimal pro Monat eine Putzhilfe an (das wird dein Leben verändern!).
- Stelle eine persönliche Assistentin an, die sich um deinen Newsletter kümmert (oder lade sogar kleine Aufgaben für 5 Euro auf Fiverr ab!).
- Teste einen Lieferservice für Kochboxen oder Fertiggerichte.
- Du hockst in deiner Schreib-Höhle? Bestelle bei Lieferando oder Wolt einen Kaffee oder dein Mittagessen, damit du im Flow bleiben kannst. Oder lasse dir deine Einkäufe und Snacks aus dem Supermarkt liefern!
- Frühstücke im Bett! (Ich habe es geliebt, mit einer Tasse Kaffee zurück ins Bett zu krabbeln und ein paar Stunden lang unter der Decke zu schreiben.)
- Nimm ein Schaumbad, inklusive Kerzen und Gesichtsmaske.
- Gehe zu deiner örtlichen Berufsschule für Kosmetiker*innen, wo sie immer wieder Leute suchen, die als Versuchskaninchen für Behandlungen herhalten – für einen Bruchteil der üblichen Preise. Es sind dieselben Produkte

wie in Spas oder Kosmetikstudios und die Auszubildenden sind extrem aufmerksam und behutsam, weil sie noch lernen (und ihre Arbeit wird beaufsichtigt).

**Mache dir die Luxus-Energie zu eigen**

Einmal kamen meine Co-Autorin Lee und ihre Freundin aus Virginia mich in Arizona besuchen, um ein sehr nobles Spa in der Nähe von Tucson zu besuchen, das Miraval. Zwei Personen, die sich ein Doppelzimmer teilen, können sich im Miraval die Kosten von 1.200 Dollar pro Nacht pro Zimmer teilen, aber eine dritte Person durfte sich an diesem Angebot nicht beteiligen. In anderen Worten, ich würde die vollen 1.200 Dollar pro Nacht zahlen müssen, wenn ich mit ihnen zusammen dort sein wollte. Stattdessen entschied ich mich dazu, einen Tagespass zu kaufen und für eine Nacht in ihrem Zimmer auf der Couch schlafen, bevor ich wieder nach Hause fuhr. Leider vermittelte mir dieser Plan ein hinterhältiges, heimliches Gefühl von *Ich gehöre nicht hierher*.

Und natürlich liefert das Universum den Vibe, den man verkörpert.

Als wir am Spa ankamen, entschied ich trotz der Instruktionen, die mir am Tor durch die Gegensprechanlage mitgeteilt worden waren – ich solle zum Haupteingang vorfahren, wo der Valet auf mich wartete –, mein Auto selbst zu parken, vermutlich weil ich mich immer noch *weniger-als* fühlte.

Ein Angestellter des Spas – vielleicht der Valet – kam auf den Parkplatz, wo ich gehalten hatte. Anstatt mich willkommen zu heißen und anzubieten, meine Taschen zu tragen, tadelte er mich dafür, nicht zum Valet-Schalter gekommen zu sein! Und nicht nur das, er *wies mich dann sogar noch an, mein Auto zwischen den Parkstreifen gerade hinzustellen*, weil ich nicht gut genug geparkt hatte!

Ich musste zurück ins Auto steigen und eine Ewigkeit herumgurken, um es ihm recht zu machen! Es war vollkommen absurd, aber das war die Erfahrung, die ich mit meiner *weniger-als* Energie nach Miraval gebracht hatte.

Wow. Definitiv nicht das luxuriöse Ich-bin-reich-Erlebnis, auf das ich gehofft hatte.

Als wir die Lobby betraten, schaute Lee sich voller Staunen über die Wasserfälle und die Kristallskulpturen um. „Wow. Was, wenn das dein Leben wäre?", fragte sie, befand sich offensichtlich in der gleichen Ich-gehöre-nicht-hierher-Energie wie ich.

Aber dann war sie clever genug, sich selbst dabei zu ertappen. „Moment", korrigierte sie sich. „Das *ist* mein Leben."

Wenn du stufenweise Upgrades einführst oder den Porsche Probe fährst oder was auch immer es sein mag, erinnere dich an meine Geschichte. Finde dich nicht mitten in einem Erlebnis wieder, das luxuriös sein sollte, und stoße es dann fort, weil du das Gefühl hast, du hättest es nicht verdient. Habe nicht das Gefühl, als ob du dich heimlich irgendwo reinschleichen würdest oder dir nur etwas von den tatsächlich reichen Leuten ausleihen würdest.

Öffne dich ganz und gar für diese Erfahrung. Bestätige, dass du das alles und noch mehr verdient hast. Dass du das und mehr haben wirst. Bestätige, dass du hierher gehörst, hübsche Dinge verdient hast, tolle Erfahrungen, und wie ein*e König*in behandelt zu werden. Und dann merke dir dieses Gefühl. Benenne es oder weise ihm ein Symbol zu, damit du es immer wieder fühlen und verkörpern kannst, damit du diese Energie immer wieder heraufholen kannst, wenn du über dein zukünftiges Leben nachdenkst.

Als ich nach einem neuen Haus gesucht habe, wollte ich ein Haus mit hohen, offenen Decken, denn das war für mich das Symbol für sozialen Aufstieg. Dafür, Platz zu haben. Jedes Mal, wenn ich mir mein perfektes Traumhaus vorstellte, spürte ich dieses Gefühl des Hochhebens, die Weite, den Blick aus hohen Fenstern mit luftiger Perspektive. So habe ich dieses perfekte Haus zu mir gerufen.

# FREIES SCHREIBEN: ERFORSCHE DEIN GENIE

Schreibe frei über die folgenden Fragen:

- Wie kann ich heute bereits in Luxus eintauchen? (Indem du Bettwäsche aus ägyptischer Baumwolle kaufst? Oder indem du ein neues Federkissen kaufst?)
- Was kann ich als mein Millionärsautor*in-Abzeichen oder Symbol auswählen, und was ist die Energie, die es verkörpert?
- Was verweigere ich mir, das mir aber das Gefühl vermitteln würde, reich zu sein, wenn ich es mir erlauben würde?
- Wo in meinem Leben könnte ich mehr Möglichkeiten erkennen und Leichtigkeit empfinden?

# 14

## VERKÖRPERE DEIN ZUKÜNFTIGES SELBST

Gehe achtsam mit deinen Worten um
Wie ich bereits erwähnt habe, sind die Worte, die man wählt, wichtig. Bemerke, wenn du Dinge sagst wie „Ich wünschte, ich könnte mir das leisten" oder „Eines Tages" und formuliere es um in: „Ich wähle es", auch wenn du im Augenblick nur die Energie einer Sache wählst, bis sie tatsächlich auf der physikalischen Ebene für dich auftaucht. Lass nicht zu, dass sich Mangel oder Negativität in deine Worte einschleichen. Sobald sie aus deinem Mund kommen (und das werden sie unweigerlich tun, bis du deinen Verstand so sehr trainiert hast, dass er beobachtet, was in deiner Welt richtig läuft anstatt falsch), stoppe dich und formuliere es in etwas um, das deine Zukunft erschaffen wird, anstatt sie zu zerstören.

Hier sind einige Beispiele von Dingen, die Autor*innen sich oft selbst hören sagen:

- Meine neuste Veröffentlichung ist Mist.

Umformuliert: Jeden Tag entdecken mehr und mehr Leute mein Buch und lieben es.

- Niemand wird mein Buch kaufen.

Umformuliert: Die richtigen Leute werden mein Buch finden und es lieben, und ich bin für die unendlichen Möglichkeiten offen, die ihm bevorstehen.

- Ich verstehe einfach nicht, wie ich Facebook-Anzeigen für mich nutzen kann.

Umformuliert: Ich werde es herausfinden.

- Ja, vielleicht, aber ich werde nie so großen Erfolg haben wie so-und-so, weil _____. (Fülle die Leerstelle aus – Person X hat bereits eine riesige Fangemeinde, sie kann sich eine PR-Firma leisten, sie hat ein ganzes Team von Assistenten, sie hat Geld, das sie für Marketing ausgeben kann, ich kann nicht so schnell schreiben wie sie, ich schreibe längere / kürzere / düsterere / leichtere / eigenständige Bücher [und weitere Ausreden]. Wenn das generell eine Herausforderung für dich ist, schaue dir Kapitel 12 zu Eifersucht / Konkurrenz an.)

Umformuliert: Das werde ich auch alles erreichen!

- Meine Bücher verkaufen sich nicht so gut wie ihre.

Umformuliert: Meine Bücher verkaufen sich!

- Ich kann mir _____ [professionelle Buchcover, Anzeigen, Fotoshootings] nicht leisten.

**Umformuliert: Ich entscheide, wo ich mein Geld investiere.**

Die eigene Sprache zu überwachen, kann anstrengend sein und sollte nicht zu einer weiteren Methode werden, dich selbst klein und falsch zu machen. Wenn du also bemerkst, dass es dich runterzieht, wie viele negative Dinge über dich selbst und deine Bücher aus deinem Mund kommen, erinnere dich einfach daran, dass es nur eine Gewohnheit ist. Je mehr du das Gegenteil übst, umso leichter wird es dir fallen.

Je mehr du deine Sprache, deine Gedanken und deine Energie deinen Träumen angleichst, umso schneller können sie sich manifestieren!

**Millionärsautor*in-Playliste**

Musik ist eine wunderbare Methode, um einen bestimmten Zustand zu schaffen oder zu vertiefen. Melancholische Musik ist super, wenn du eine emotionale Szene schreiben willst. Peppige Musik dann, wenn du Sport machst. Wie wäre es also, wenn du eine Playliste erstellst, die dir das Millonärsgefühl vermittelt? Das müssen gar keine Lieder über Geld sein, können sie aber natürlich. Vor allem sollten es Songs sein, die dich ermächtigen und dir das Gefühl vermitteln, einzigartig und voller Hoffnung und großartiger Dinge zu sein.

Ich liebe Songs wie „Perfect Day" vom *Natürlich-Blond*-Soundtrack, „A Million Dreams" und „This Is Me" aus *The Greatest Showman* und „Don't Stop Me Now" von Queen. Ich habe auf Amazon Music eine Playliste erstellt, die ich jederzeit anstellen kann und die mich in den richtigen energetischen Zustand versetzt, nämlich den, die Welt zu erobern. Geh und erstelle deine eigene Playliste. Aktualisiere sie häufig, denn dann wird das zu einem weiteren Aspekt, wie du deine Aufmerksamkeit auf die Dinge lenken kannst, die dir ein gutes Gefühl vermitteln und die deine gesamte Zukunft verändern werden.

**Denke deine Vergangenheit neu**

In *Werde übernatürlich* erklärt Dr. Joe Dispenza: „Man kann keine neue Zukunft gestalten, wenn man sich an den Gefühlen der Vergangenheit festklammert."

Die Vergangenheit können wir nicht mehr verändern, richtig? Vielleicht nicht, aber wir können die Energie der Vergangenheit ändern. Wir können die Schmerzen loslassen oder sogar ... die Vergangenheit als etwas neu denken, das uns mit den guten Gefühlen von heute versorgt.

Denke nur an all die Filme, in denen ein Held oder eine Heldin in der Zeit zurückreist, wie *Zurück in die Zukunft* oder *17 Again*, und wie ihr Verhalten in der Vergangenheit ihre Zukunft plötzlich vollkommen verändert. Wenn die Figur an der entscheidenden, sprichwörtlichen Weggabelung ankommt, treffen sie die Entscheidung wie beim ersten Mal, nur dass sie diesmal anders darüber denken und fühlen.

Das kannst du auch durch deine Energie erreichen! Du brauchst keinen magischen Hausmeister, Zeitmaschinen oder eine Filmcrew. Es ist einfacher, als du glaubst, in die Vergangenheit zurückzureisen – du brauchst nur deine Fantasie.

Ich habe eine Freundin, die relativ jung alleinerziehende Mutter wurde und wirklich nicht dafür bereit war. Sie hatte keine Geduld mit ihrem Sohn und empfand ihn als Last, vor allem, als er noch sehr klein war. Mittlerweile ist er schon erwachsen und meine Freundin wollte ihre

Vergangenheit irgendwie heilen und die Energie wiedergutmachen, der sie ihn als Kind ausgesetzt hatte. Also DACHTE sie all diese vergangenen Momente NEU. Sie war bei ihm, als er seinen ersten Kindergartentag hatte, hielt seine Hand und ermutigte ihn. Während seiner Fußballspiele feuerte sie ihn an. Sie stellte sich vor, wie sie ihn hochhob, ihn im Arm hielt, für ihn da war. Sie erzählt, je öfter und länger sie das machte, umso mehr veränderte sich die heute Beziehung zwischen ihnen. Sie hatte ihm nicht erzählt, was sie tat, aber irgendwie gelangte ihre Liebe zu ihm, und die Art und Weise, wie sie sich zusammen verhielten, wurde weicher und zu etwas ganz Neuem.

Vor Kurzem hatte ich diese Vision davon, wie mein Leben ausgesehen hätte, wenn meine Eltern eine wundervolle Ehe anstatt einer kaputten gehabt hätten. Unser Zuhause wäre voller Liebe, Überschwang und einer positiven Einstellung zu Sex gewesen. Diese Energie hätte ich in meine eigene Ehe weitergetragen, anstatt in der ständigen Sorge vor dem unvermeidbaren Ende zu leben.

Riesen Tipp: Diese Übung ist nicht dafür gedacht, sich schlecht zu fühlen, weil etwas nicht stattgefunden hat, sondern dazu, die Vergangenheit tatsächlich neu zu schreiben, die Energie zu transformieren, als ob etwas Großartiges passiert WÄRE. Es neu zu gestalten.

Wissenschaftlich betrachtet kann das Gehirn den Unterschied zwischen einer vorgestellten Aktivität und einer echten nicht erkennen. Und wir wissen, dass es metaphysisch betrachtet keine Zeit gibt, also ist die Vergangenheit tatsächlich auch Gegenwart und Zukunft. Wenn du die Muster deiner Vergangenheit veränderst, einfach, indem du dir die Art und Weise neu vorstellst, so wie du dir die Vergangenheit gewünscht hättest, und diese Energie empfängst, wirst du schon zu einer vollkommen anderen

Person werden. Zu einer kompetenten, erfüllten, mächtigen Person, die weiß, dass sie alles erschaffen kann.

Probiere es aus. Stelle dir eine nicht besonders positive Erfahrung vor, die dich vielleicht zu dem gemacht hat, was du heute bist, und schreibe sie neu. Was mir dazu eingefallen ist – bis auf die Scheidung meiner Eltern –, war meine Erfahrung im Cheerleading-Team meiner Highschool. Mir war gar nicht bewusst gewesen, wie mich das beeinflusst hatte, aber jetzt bin ich mir sicher, dass das der Fall gewesen war. So viel zu gemeinen Mädels! Es war ein schreckliches Jahr für mich.

Also spielte ich mit diesem Szenario ein wenig herum. Was, wenn es die beste Erfahrung meiner Highschool-Zeit gewesen wäre? Was, wenn ich der Star der Truppe gewesen wäre anstatt die Ausgestoßene? Die Energie, die ich empfing, war fantastisch. Ich fühlte mich selbstbewusst, voller Freude, offen. Glücklich.

Jetzt erschaffe ich also meine Zukunft mit dieser neuen Vergangenheit anstatt mit der alten. Das ist viel besser, oder?

**Aber was, wenn ich nicht so tun kann, als ob es wahr wäre?**

Wenn du ein Trauma erlitten hast und dich darüber identifizierst, verspürst du möglicherweise einen Widerstand gegen diese Übung. Du glaubst nicht, dass du so tun kannst, als ob etwas wahr wäre, was nicht stimmt. Es ist passiert, es war echt und du musst damit umgehen.

Okay – also –, was kann dein Gehirn akzeptieren? Vielleicht einfach eine Neueinordnung der Ereignisse. Das könnte der Silberstreifen sein, nachdem man bei diesem Ereignis sucht. Wenn du beispielsweise einen Autounfall hattest, der dich monatelang ans Bett gefesselt und gelähmt hat. Was, wenn das ein Geschenk war? Vielleicht hast du während deiner langen Genesungszeit deine Liebe zu Büchern entdeckt und entschieden, dass du Autor*in werden könntest. Was, wenn es dieses Ereignis war, das du gebraucht hast, um genau dorthin zu kommen, wo du heute bist?

Würde es deine Vergangenheit, Gegenwart und Zukunft verändern, mit dieser Energie zu arbeiten anstatt mit der Energie einer Tragödie oder dem Gefühl, ein Opfer zu sein?

Als meine geradezu tragisch schüchterne Tochter im Kindergarten war, hatte sie sich das Bein gebrochen und musste in dem niedlichsten, kleinen Rollstuhl, den man sich vorstellen kann, herumfahren. Dank dieses Rollstuhls erhielt sie Unmengen von Aufmerksamkeit und das Geschenk in dieser Situation war, dass sie – zum ersten Mal in ihrem Leben – anfing, mit den Erwachsenen zu interagieren, die mit ihr sprachen. Das Universum schenkte ihr einen riesigen Haufen positiver Aufmerksamkeit und das war genug, um sie aus ihrem Schneckenhaus zu locken.

# HEIMSPIEL: SCHREIBE DEINE GESCHICHTE NEU

Schreibe deine Geschichte neu, mit dir selbst in der Rolle des Helden oder der Heldin. Was wäre in diesem Fall anders? Wäre das Ereignis ein anderes oder würdest du es nur neu einordnen? Du könntest zum Beispiel eine Situation nehmen, in der die gemeinen Mädchen in der Schule Mist über dich erzählen, aber anstatt in dich zusammensinken, wüsstest du in diesem Moment genau, dass sie nichts weiter als kleine, unwichtige Bullys sind und du perfekt bist, so wie du bist.

Oder würdest du tatsächlich die Geschichte verändern, dich zur Königin des Abschlussballs machen, zu dem Mädchen, das vom Star der Fußballmannschaft um eine Verabredung gebeten wird, oder zum Klassenbesten, der ein Vollstipendium für eine US-Eliteuni bekommt?

Was würdest du ändern? Wie würde sich diese veränderte Vergangenheit auf die Zukunft auswirken? Wie fühlt sich die Energie jetzt an?

Ob du diese traumatischen Erfahrungen mit dir als Held oder Heldin neu einordnest oder komplett veränderst, es wird deine Energie in der Gegenwart verändern.

# MEDITATION: HOT TUB TIMEMACHINE – ZEITMASCHINE IM WHIRLPOOL

In der Author-Abundance-Community habe ich eine *Zeitmaschine-im-Whirlpool*-Meditation angeleitet, bei der du in die Zukunft reist, um dein zukünftiges Ich zu treffen – das Ich, das bereits alles erreicht hat, was du dir wünschst.

1. Schließe die Augen und stelle dir vor, du betrittst den luxuriösesten Whirlpool. Vielleicht die Sorte unter einem Wasserfall. Vielleicht ist er mit Salzwasser gefüllt.
2. Du trittst in den Whirlpool und er transportiert dich in eine andere Zeit oder Dimension. Eine Zeit oder Dimension, in der du bereits erfolgreiche*r Millionärsautor*in auf der *New York Times*-Bestsellerliste bist oder wonach auch immer du im Augenblick strebst.
3. Steige aus dem Whirlpool und stelle dich direkt vor dein zukünftiges Ich. Vielleicht willst du die Finger ausstrecken und seine Hand ergreifen oder ihm in die Augen schauen.

4. Höre genau hin – was will dieses Ich dir sagen? Welche Botschaft hat es für dich? Welchen Ratschlag?
5. Synchronisiere deine Energie mit diesem Ich.
6. Öffne dich dafür, alle Liebe und Dankbarkeit, jede Ermutigung zu empfangen.
7. Danke deinem Ich und steige zurück in den Whirlpool, der dich zurück in die gegenwärtige Zeit-Raum-Realität bringt.
8. Öffne die Augen und kehre mit den Geschenken oder Informationen, die du von deinem alternativen Ich erhalten hast, zurück in deinen Tag.

# FREIES SCHREIBEN: ERFORSCHE DEIN GENIE

- Wo will ich als Autor*in in fünf Jahren sein?
- Stelle dich in dieses Leben hinein – stelle dir vor, es ist bereits passiert. Wie sieht mein Leben nun aus?
- Was mache ich anders? Besser?
- Ist das etwas, was ich bereits jetzt in meinen Alltag integrieren kann? Wie?
- Was ist eine Sache, die ich augenblicklich tun kann, die mein Leben verbessern würde?
- Was ist eine Sache, die ich augenblicklich tun kann, die meine Karriere verbessern würde?
- Was ist der nächste Schritt für mich in meiner Autorinnenkarriere?
- Was hält mich davon ab, die brillante Millionärsautorin zu sein, die ich bin? Stelle dir diese Blockade vor und dann formuliere sie um, schreibe sie um, gestalte sie um.

# SCHRITT 6: LET IT BE – LASS LOS

*„There will be an answer. Let it be." – The Beatles*

## 15

### WENIGER TUN, UM MEHR ZU EMPFANGEN

Dieser Schritt kann der allerschwerste sein, vor allem, wenn du wie ich ein Workaholic bist. Wir glauben daran, dass wir immerzu schuften müssen, um etwas zu erreichen. Aber das ermöglicht uns nicht immer den Raum, in dem Wunder und Magie passieren können.

Zu kontrollieren oder sich zu fest an etwas zu klammern, ist ein Ausdruck des Mangels.

Wenn du versuchst, etwas zu kontrollieren, ungeduldig bist, glaubst, du wärst die oder der Einzige, der bestimmte Dinge tun kann, dann stößt du den Überfluss fort, wenn er auftauchen will.

Loslassen und auf das Universum zu vertrauen, öffnet deine Energie für das Empfangen und versetzt dich in einen Zustand der Aufnahme. Wenn es also etwas zu tun gibt, dann weißt du es, hörst es und hast Zeit, dementsprechend zu agieren. Und du wirst feststellen, dass diese Aufgaben wirklich einfach zu bewältigen und fertigzustellen sind!

Eine Art, wie ich es schaffe, mehr Bücher zu produzieren (und mehr Einkommen), aber weniger zu arbeiten, ist es, Bücher zusammen mit Co-Autorinnen zu schreiben. Ich schlage nicht vor, dass du losrennen und dir eine*n Co-Autor*in suchen sollst, aber das ist eine der Möglichkeiten, die für mich funktioniert haben.

Wenn du zusammen mit Co-Autor*innen schreibst, dann hast du jemanden, mit dem du nicht nur das Schreiben, sondern auch das Marketing und die administrativen Aufgaben teilen kannst. Ja, du teilst auch die Einnahmen, aber ich habe festgestellt, dass die Verkäufe von zusammen geschriebenen Büchern höher sind, vermutlich, weil zwei Autor*innen eine größere Reichweite haben, da sie zwei Leserschaften und zwei Mailinglisten haben.

Eine*n Co-Autor*in zu haben, kann verschiedene Formen annehmen. Ich arbeite mit jeder meiner Co-Autorinnen anders. Mit der einen schicke ich mir die Seiten hin und her, Passage für Passage, bis das Buch fertig ist. Mit einer anderen wechsle ich mich damit ab, wer die Führung beim Schreiben übernimmt. Eine schreibt, die andere räumt hinterher und bessert auf. In manchen Fällen könnte die Co-Autor*innenschaft so einfach sein, wie deinen Namen unter ein Buch zu schreiben, das jemand in deiner Welt geschrieben hat, und die Einnahmen zu teilen. Ich muss allerdings sagen, dass es bestimmte Persönlichkeitstypen gibt, die besser dafür geeignet sind, Co-Autor*innen zu sein, als andere. Vertraue auf dein Bauchgefühl. Wenn du darüber nachdenkst, mit jemandem zusammen ein Buch zu schreiben, dann entscheide dich für jemanden, dessen Bücher du gerne liest. Achte darauf, was deine Antworten auf diese Fragen sind:

Wird es mehr erschaffen, mit diesen Autor*innen zusammenzuarbeiten?

Wie würde meine Karriere in drei Jahren aussehen, wenn ich mit diesen Autor*innen zusammenarbeite?

Du musst nichts *tun*. **Du musst nur zulassen.**

Würdest du mir glauben, dass deine Karriere manchmal nicht mehr braucht als ein bisschen Luft zum Atmen? Wenn du süchtig danach bist, zu tun, anstatt einfach nur zu sein oder zuzulassen (da muss ich mich ehrlicherweise auch melden), dann kann ich dir nur wärmstens Denise Duffield-Thomas' Buch *Chillpreneur* empfehlen. Sie hat großartige Tipps dafür, wie man Aufgaben vereinfacht, in einem Schwung abarbeitet oder delegiert. Außerdem kann ich Tim Ferris' Buch *Die 4-Stunden-Woche* empfehlen, denn er beschreibt, wie er es geschafft hat, die gesamte Arbeit aus Arbeitstagen von zwölf Stunden in vier Stunden pro Woche zu erledigen.

Wenn du deine Karriere oder dein Leben zu sehr kontrollierst, dann lässt du nicht viel Raum für die Quantenverschränkung zu, um ihre Arbeit zu machen. Vermutlich verpasst du es, zur richtigen Zeit am richtigen Ort zu sein. Du stößt eine riesige Chance fort, weil sie nicht in deinen Plan für das Jahr passt.

Katherine McIntosh, die Autorin von *Don't Diet. Be Happy*, erklärt es auf diese Weise: Man macht keine Reservierung in einem Restaurant und ruft dann alle zwanzig Minuten wieder an, um sicherzustellen, dass auch alles klappt. Man vertraut darauf, dass der Tisch reserviert ist, wenn man ankommt.

Das Gleiche gilt für deine Forderungen an das Universum. Du hast deinen Wunsch geäußert. Du hast dir dein bestes Leben vorgestellt. Du liebst deine Bücher, erkennst dich selbst an, verspürst Dankbarkeit für alles, was du bereits erreicht hast. Und jetzt lass los.

# FALLSTUDIE: MAGGIE DALLEN – WENIGER TUN, UM MEHR ZU EMPFANGEN

Maggie Dallen, eine liebe Autorin für Jugend- und Historienromane, hatte schon ihr ganzes Leben lang mit Angststörungen zu kämpfen. Gerade erst in die erste Klasse gekommen, litt sie so sehr darunter, dass sie mit einer extremen Panikattacke aus der Schule nach Hause und zum Arzt geschickt wurde. „Ich habe mein ganzes Leben lang nach Möglichkeiten gesucht, mich endlich von diesen Ängsten zu befreien", erzählt sie.

Im College schenkte ihr Dad ihr ein Abraham-Hicks-Buch, um ihr mit ihren Angststörungen zu helfen. Theoretisch begriff sie das Gesetz der Anziehung, aber jedes Mal, wenn sie einen kleinen Sieg errungen hatte, versuchte sie, die Kontrolle darüber zu gewinnen. „Ich dachte, ich würde sie [die Siege] durch meine Gedanken kontrollieren."

Sie erzählt, eine wichtige Lektion, die sie schließlich lernte, war es, dass sie über nichts die Kontrolle hatte. „Ich entscheide mich für etwas, aber ich bin nicht diejenige, die es passieren lässt. Ich entscheide nur, was ich will", erklärt sie.

2017 verdiente sie mit ihren Büchern im ganzen Jahr

7.000 Dollar. Sie meldete sich für einen Geldworkshop bei Denise Duffield-Thomas an. „Ich machte EFT und arbeitete mich durch Blockaden, von denen ich nicht einmal wusste, dass ich sie hatte. Und wie von Zauberhand erhöhte ich mein Einkommen von 7.000 Dollar in einem Jahr auf eine sechsstellige Summe im nächsten Jahr." Aber Maggies Angststörung meldete sich beinah augenblicklich wieder zu Wort. „Ich wurde wahnsinnig nervös deshalb – machte mir Sorgen darüber, wie ich diese Summe aufrechterhalten kann. Ich vergaß augenblicklich, dass nicht ich es hatte passieren lassen, sondern das Universum."

Im Laufe der nächsten Jahre fing sie an, ihr Business mit so eiserner Hand kontrollieren zu wollen, dass sie ihm den Hals zuzudrücken begann. „Ich hielt mein Business in einem eisernen Todesgriff. Ich war ein Workaholic und ein Kontrollfreak, und je mehr ich arbeitete, umso schlechter liefen meine Verkäufe."

Im März 2021 machte Maggie ihren ersten Urlaub nach zweieinhalb Jahren, während denen sie pro Jahr fünfundzwanzig Bücher veröffentlicht hatte. „Das war das erste Mal, dass ich mich seit einer gefühlten Ewigkeit entspannte." Während ihres Urlaubs feierte sie die Tatsache, dass sie nach all dieser Arbeit endlich einen deutlichen Anstieg in ihrem Einkommen verbucht hatte. Aber dann erhielt sie einen Anruf von ihrer Buchhalterin, dass sie jetzt, nachdem ihr Einkommen gestiegen war, auch mehr Steuern nachzahlen müsse. „Das hat mich völlig ins Straucheln gebracht. Ich hatte die schlimmste Panikattacke seit meiner Kindheit", erzählt sie. „All die Jahre, in denen ich mich halbtot geschuftet hatte, und plötzlich fühlte ich mich, als ob ich gegen eine Wand laufen würde."

Zu der Zeit las sie Gabby Bernsteins Buch *Das Universum schenkt dir alles*. „Ich fing an, das Kapitel über

Workaholics und Kontrollfreaks zu lesen und wie das einfach nur eine Manifestation von Angst ist."

Sie erklärt, „Es ergibt Sinn, dass es Kontrollfreaks anlockt, selbst zu veröffentlichen. Wir können jeden Aspekt der Veröffentlichung kontrollieren." In manchen Fällen, sagt Maggie, denken wir, wir hätten einen Plan, aber möglicherweise gibt es noch eine andere Route zum Erfolg, die besser funktionieren würde.

„Ich habe so viel Zeit damit verbracht, gegen eine Mauer zu rennen, obwohl es in Wirklichkeit eine wunderbare Tür direkt daneben gegeben hat. Ich hätte die Tür einfach aufziehen und hindurchtreten können."

-Maggie Dallen

Als ihr bewusst wurde, dass sie nie wieder in ihrem Leben eine Panikattacke haben wollte und auch nicht mehr die gestresste Mom sein wollte, die sie war, wusste sie, dass sie sich entweder dafür entscheiden konnte, in Angst zu leben und ein Kontrollfreak zu sein, oder loszulassen und darauf zu vertrauen, dass die Dinge funktionieren und okay sein würden.

„Ich empfand tatsächlich eine Art Dankbarkeit für meine Angststörung, denn sie hat mich an diesen Punkt gebracht", erzählt sie. Sie entschied sich dazu, die Kontrolle aufzugeben.

„Von diesem Moment an entdeckte mich mein Mann ständig dabei, wie ich klopfte, um die Angst loszulassen. Ich ließ einfach all die Dinge los, die sich nicht gut anfühlten." Sie sagte Nein zu Abgabeterminen, Zeitplänen und allen Verpflichtungen, die sich für sie nicht gut anfühlten. Einige Monate lang befürchtete sie, ihr Business würde zusammenbrechen, weil sie so viele Dinge losließ.

„Ich musste eine Menge neu programmieren. Ich war in einer Familie aufgewachsen, in der man hart arbeitete. Ich gab damit an, um vier Uhr morgens aufzustehen, um alles zu schaffen, und empfand einen gewissen Stolz über meine Erschöpfung, aber wen beeindruckte ich damit denn tatsächlich?"

Natürlich passieren die Dinge ganz organisch, wenn man ihnen Raum gibt. Es passieren Wunder.

Maggie, die normalerweise jugendfrei schreibt, erwähnte einer Freundin gegenüber, dass sie eine Idee für eine etwas heißere historische Serie hatte. Ihre Freundin sprach mit einem Verleger, der daraufhin Kontakt zu Maggie aufnahm und um diese Serie bat. Außerdem begann sie, auf sehr organische Weise, mit einer Freundin zusammen zu schreiben. Sie besitzt nun zwei aktive Pseudonyme – eins für ihre heißen historischen Romane und eins für die jugendfreien, die sie mit ihrer Co-Autorin schreibt. Beide sind weitaus lukrativer als ihr ursprüngliches Pseudonym.

Gleichzeitig passierte für sie auch etwas mit dem Schreiben von Drehbüchern. „Im November sah ich diese Anzeige für einen Kurs zum Drehbuchschreiben. Ich belegte den Kurs und liebte es." Besonders eine der Dozentinnen fand Maggie großartig, und als sie einen Monat später mitbekam, dass diese Dozentin ein Mentoring für eine kleine Gruppe anbot, meldete sie sich sofort an.

Ihre Mentorin riet ihr, mit der Adaption eines Buchs zu beginnen, das sie begeisterte, anstatt mit einem Buch, bei dem ihr Verstand sagte, es würde sich besser verkaufen. Maggie befolgte den Rat und drei Wochen später hatte ihre Mentorin das Drehbuch mit einem Produzenten geteilt, der es liebte. Weitere zwei Wochen später unterschrieb Maggie bereits eine Vereinbarung über die Rechte. „Ich hatte innerhalb eines Monats, in dem ich ein Drehbuch geschrieben hatte, mehr Bestätigung erfahren als in zwanzig Jahren des Bücherschreibens!", erzählt sie.

Was sie daraus gelernt hatte, war: „Öfter loslassen, mehr zu vertrauen, nur die Dinge zu tun, die ich auch tun will."

Diesen Sommer fuhr sie damit fort, Leichtigkeit der Arbeit vorzuziehen. Sie wollte mehr Zeit mit ihrem kleinen Sohn verbringen und sagte ihren Sommerzeitplan für die Veröffentlichung ab. „Mein Sohn ist in einem wundervollen Alter. Er ist fünf und will einfach nur spielen. Ich weiß, dass er nicht immer so viel knuddeln will, wie es jetzt gerade der Fall ist."

Wie sich herausstellte, lag es ihr ziemlich, nichts zu tun. „Im Juni verdiente ich das dreifache von dem, was ich normalerweise verdiene", berichtete sie. „Ich hatte ein bisschen Erfolg auf TikTok und eine gute Veröffentlichung. Von außen betrachtet sieht es vielleicht wie Glück aus, aber ich weiß, dass ich zugelassen habe, dass es passiert. Ich werde besser darin, Dinge zuzulassen und nicht das Gefühl zu bekommen, dass ich so hart arbeiten muss, damit es auch passiert."

Mittlerweile hat Maggie es sich zur Gewohnheit gemacht, weniger zu tun. „Ich versuche, das Gleichgewicht zu finden, denn ich liebe es wirklich, zu arbeiten, aber es ist viel zu einfach, den Spaß zu verlieren und anzufangen, wieder alles kontrollieren zu wollen. Ich habe Spaß am Arbeiten und auf einmal, wie aus heiterem Himmel, kralle ich wieder meinen Todesgriff um die Arbeit. Ich werde immer besser darin, mich selbst dabei zu ertappen, wenn ich an diesem Punkt angekommen bin. Wenn es passiert, zwinge ich mich, einen Tag freizunehmen. Ich gehe zum

Yoga oder mit meinem Sohn ins Kino, und ich arbeite keine einzige Minute. Mittlerweile freue ich mich darauf, hart zu arbeiten, denn es bedeutet, dass ich auch einen Tag freibekomme."

Sie sagt: „Es ist über ein Jahr her, seit ich diese Erkenntnis hatte, und es war ein verdammtes Wunder. Manchmal erkenne ich diese neue Person gar nicht wieder, die ich nun bin. Ich bin jedes Mal so froh, wenn ich es bemerke."

## 16

VERTRAUE AUF GÖTTLICHES TIMING

Wenn sich Manifestationen noch nicht gezeigt haben, tendieren wir dazu, uns zu fragen, was wir falsch gemacht haben. Wir fangen an, nach etwas zu suchen, was wir kontrollieren oder tun können, um es zu reparieren.

Manchmal hat Timing damit zu tun, damit die Quantenverschränkungen funktionieren. Vielleicht hast du das Buch einfach noch nicht geschrieben, das von Netflix gekauft wird. Vielleicht wird die Idee dafür in deinem Kopf auftauchen, wenn du deiner Karriere und deinen Büchern Raum gibst. Wenn du im Vertrauen und der Offenheit für diese Möglichkeiten verweilst.

Nimm den Erfolgsdruck aus deinen Zielen, indem du so tust, als ob es bereits passiert wäre (wie in Schritt 5). Vertraue darauf, dass sie auf dem Weg zu dir sind.

Nachdem ich mit dreißig geheiratet hatte, wollte ich eine Familie gründen. Ich setzte die Pille ab und ... nichts passierte. Weil ich eine Macherin bin, fing ich also an zu machen. Ich las Bücher über Fruchtbarkeit. Ich versuchte es mit jedem nur erdenklichen Aberglauben (ich hängte

Essstäbchen in die Zimmerecke, verkaufte den Bettrahmen aus Metall, nahm mein Nabelpiercing raus). Ich habe chinesische Kräuter genommen und es mit Akupunktur versucht. Ich habe nach dem Sex die Knie an die Brust gezogen. Nach anderthalb Jahren wurde ich endlich schwanger. Und dann hatte ich eine Fehlgeburt. Es brach mir das Herz. Ich trauerte, ich heulte und fing schließlich wieder von vorn an, versuchte erneut, schwanger zu werden. Dieser Prozess des Schwanger-Werdens bereitete mir unfassbar viele Ängste und Sorgen. Aber ich wusste damals bereits über das Gesetz der Anziehung Bescheid und wie man Ergebnisse manifestiert. Ich wusste, dass ich mich nicht in einen Zustand des Widerstands begeben wollte, also dankte ich dem Universum jeden Morgen im Voraus für das Baby, das auf seinem Weg zu mir war.

Das erforderte eine Menge Anstrengungen. Es war ein regelrechter Vollzeitjob für meine Energie und meine Psyche.

Ich ging zu zwei unterschiedlichen Hellseherinnen, die mir beide das Gleiche sagten: Das Baby wartet auf den richtigen Zeitpunkt, um zu dir zu kommen. Das ergab Sinn. Wenn man daran glaubt, dass ein Kind seine Eltern aussucht und wann und wo es geboren wird, bevor es überhaupt entsteht, dann kann man auch argumentieren, dass das Baby eine bestimmte Zeit auswählt, zu der es geboren werden will. Und diese Zeit stimmte einfach nicht mit der Zeit überein, zu der ich hoffte, schwanger zu werden und zu gebären.

Endlich, drei Jahre, nachdem ich angefangen hatte, es zu versuchen, wurde ich schwanger und bekam mein erstes Kind. Wenn ich jetzt auf diese Zeit zurückschaue, als Mutter von zwei gesunden Teenagern, dann wünschte ich, ich könnte in der Zeit zurückreisen und mein dreißigjähriges

Ich fest umarmen. Ihr sagen, dass sie sich entspannen und Vertrauen haben soll – dass es passieren wird.

Aber damals agierte ich aus dem Mangel heraus. Ich vertraute nicht auf mein Bauchgefühl, das mir gesagt hatte, ich würde Mutter werden. Ich hatte zu viel Angst, dass die Sache, die ich mir auf dieser Welt am meisten wünschte, nie passieren würde.

Wen ich doch nur von diesem magischen Schritt gewusst hätte: Lass los. Vertraue auf das göttliche Timing. Darauf, dass wir nicht alles kontrollieren können. Es gibt gar nichts, was wir tun müssen. Und wenn unsere Träume noch nicht aufgetaucht sind, dann heißt das nicht, dass wir etwas falsch machen, nicht genug machen oder etwas ändern müssen. Die Träume brauchen nur ein wenig Raum. Und eine Prise Zeit.

Wenn ich darauf vertraut hätte, hätte ich die Kinder bekommen, die ich so dringend haben wollte, UND ich hätte die drei Jahre, die es gedauert hat, mein erstes Baby zu bekommen, auch genossen. Stattdessen war es eine furchtbar verletzliche, schmerzvolle Zeit für mich.

Manchmal ist das Beste, was du für deine Karriere oder deine Zukunft tun kannst, dir selbst nicht länger im Weg zu stehen. Du hast deine Forderung hinaus ins Universum geschickt und jetzt gibt ihm Zeit und Raum, um zu arbeiten. Öffne dich der Möglichkeit, zu empfangen, ohne das Ergebnis kontrollieren zu wollen.

# FREIES SCHREIBEN: ERFORSCHE DEIN GENIE

Schreibe zu den folgenden Aufforderungen:

- Was sind Aspekte in meiner Karriere und in meinem Leben, die ich zu kontrollieren versuche? Wenn ich sie einfach loslassen würde, würden sie endlich aufblühen?
- Welche Entscheidungen habe ich über die Dinge getroffen, die ich erledigen muss, oder über die Reihenfolge, in der sie erledigt werden müssen, und wie haben diese Entscheidungen womöglich meine Möglichkeiten limitiert?
- Wie entscheide ich, dass Erfolg auch für mich möglich ist? Gibt es andere Wege, auf denen Erfolg passieren kann?
- Welche unendlichen Möglichkeiten warten auf meine Bücher? Auf meine Karriere?
- Wo gestatte ich der Magie des Universums Zutritt in mein Leben?
- Stelle dir vor, du hättest dich bereits der Magie des Universums anvertraut. Fühle in diesen

Zustand hinein. Wie fühlt es sich an? Erforsche diese Freiheit.

## 17

### SCHALTE EINEN GANG RUNTER

**Bitte das Universum: Zeig mir die Leichtigkeit / Bring es in Ordnung**

WIE MAN SICH VORSTELLEN KANN, hat meine Scheidung mich sehr aufgerieben. Ich entschied, mich selbst um den Papierkram zu kümmern, wollte nicht, dass die Dinge verbissen oder feindselig wurden, indem ich mir einen Anwalt nahm. Am Tag, als ich die Papiere einreichte, die ich vorbereitet hatte, war ich ein einziges Nervenbündel. Das ist ein weiterer der Momente, von dem ich mir rückblickend wünsche, ich könnte in der Zeit zurückreisen und mich selbst in den Arm nehmen, mir ins Ohr flüstern, dass alles schmerzlos vorübergehen würde. Ein Kinderspiel, sogar.

Aber ich war angespannt, spürte die Bedeutung und die Endgültigkeit dieser Handlung und hatte das Gefühl, als ob hinter jeder Ecke ein Desaster lauern würde. Während ich zum Gericht fuhr, flehte ich das Universum an, *mir Leichtigkeit zu zeigen.*

Das ist ein Hilfsmittel, dass ich von Access Consciousness® gelernt habe – meinen Körper oder das Universum zu bitten, mir die Leichtigkeit zu zeigen. Je nach Situation kann man den Zusatz „und mache es offensichtlich oder lukrativ oder unterhaltsam" anfügen.

In diesem Fall wollte ich einfach nur Leichtigkeit verspüren. Das Problem Nummer eins beim Gerichtsgebäude war es, einen Parkplatz zu finden. Ich war mir nicht sicher, ob das Gebäude eine Tiefgarage hatte, und wenn ja, ob sie öffentlich war.

Aber als ich auf das Gebäude zufuhr, entdeckte ich einen freien Parkplatz, einer von zweien, *direkt vor dem Gebäude*.

*Okay, wow*, dachte ich. Das Universum hält mir den Rücken frei. *Puh*. Ich parkte und stieg aus dem Auto, ging mit einer Handvoll Münzen zur Parkuhr. Als ich dort ankam, sah ich, dass sie noch voll war. Wer auch immer vor mir dort geparkt hatte, hatte mir eine volle Stunde Parkzeit geschenkt. Eine weitere großzügige Geste des Universums.

Ich passierte die Sicherheitskontrolle und betrat die Lobby, wo ich mich nach dem Weg erkundigte. Ich fand die richtige Etage, zog eine Nummer und nahm im Wartebereich Platz. Keine Minute später wurde ich an den Schalter gerufen, um meine Unterlagen abzugeben. Ich kann euch sagen – ich war vielleicht nervös. Mein Dad war Anwalt und ich habe während meiner Sommerferien im College immer für ihn gearbeitet. Ich war damit vertraut, Unterlagen und Akten ans Gericht zuzustellen. Ich erinnerte mich vor allem daran, dass sie keinerlei Geduld hatten, wenn man einen winzigen Fehler in den Unterlagen gemacht hatte. Und da ich keinen Anwalt genommen hatte und nicht wusste, was ich tat, befürchtete ich, dass diese Sache schlecht ausgehen könnte.

Aber wieder bat ich um Leichtigkeit und wieder war es das, was ich erhielt. Die Sachbearbeiterin hätte nicht freundlicher sein können. Sie sah die Unterlagen durch, kontrollierte, ob ich alles richtig ausgefüllt hatte, und erklärte mir den gesamten Prozess. Außerdem sagte sie mir, wie viel Glück ich hatte – normalerweise waren die Schlangen an ihrem Fenster freitags immer wahnsinnig lang.

Ich fühlte mich wirklich beschenkt. Ich hatte um Hilfe gebeten und sie erhalten.

Als ich später für meinen Gerichtstermin wieder ins Gebäude kam, hatte sich das Universum einmal mehr verschworen, mir hilfreiche Unterstützung zu liefern. Ich saß auf einem Stuhl im Gang und ein (heißer) Dad aus der Grundschule meines Sohns kam herein und entdeckte mich. Er kam herüber, beugte sich zu mir herunter und fragte, ob ich Hilfe bräuchte. Er sei Anwalt und sein Büro befände sich direkt um die Ecke. Es war wirklich super lieb und zeigte mir, dass es überall Hilfe und Unterstützung gibt, wenn ich dafür offen bin.

**Universum, bring es in Ordnung**, ist ein weiteres tolles Werkzeug, um sich selbst nicht länger im Weg zu stehen, wenn die Dinge schieflaufen. Indem wir das Problem dem Universum oder unserem Energieteam übergeben, treten wir einen Schritt zurück und geben die Kontrolle auf, gestatten damit all dem Guten, aufzutauchen, wenn wir noch zu sehr auf das Schlechte fokussiert sind.

Diese Methode bringt dich aus dem Widerstand und in den Flow der Dinge hinein. Du kannst dir sicher sein, dass sich um das Problem gekümmert wird, wenn du es an das Universum weitergegeben hast, und du brauchst dich nicht länger auf etwas versteifen, fokussieren, damit abmühen, tun und machen, Emotionen hegen oder die Lösung für dieses Problem energetisch abblocken.

Als Lee Savino und ich eine neue GmbH gegründet hatten, um unsere gemeinsam geschriebenen Bücher zu managen, eröffneten wir ein neues Amazon-KDP-Konto, veröffentlichten unser erstes Buch und ... KDP schob uns den Riegel vor, weil sie glaubten, wir hätten das Buch geklaut (von uns selbst!). Das hätte wahnsinnig ärgerlich sein können. Es war definitiv ein wenig frustrierend. Aber wir beide wussten genug über Energien, um zu wissen, dass es die Lösung für dieses Problem nur abblocken würde, frustriert zu sein. Also baten wir das Universum darum, es für uns zu lösen. Außerdem mailten und telefonierten wir fast täglich mit Amazon, bis das Problem gelöst war, aber ohne die Sache negativ aufzuladen. Wir vertrauten darauf, dass das Universum sich für uns darum kümmern würde, und das tat es. Vielleicht hast du schon mal den Satz „Let go and let God – Loslassen und Gott machen lassen" gehört. Wenn dich dieser Satz mehr anspricht – benutze ihn!

Wo könntest du um mehr Leichtigkeit bitten? Gibt es Dinge, die du zu kontrollieren versuchst? Bei denen du das Gefühl hast, dass es nicht passieren wird, wenn du es nicht selbst in die Hand nimmst – und dann was? Befürchtest du ein Desaster? Bitte das Universum, dir die Leichtigkeit zu zeigen, oder gib das Problem ans Universum weiter, um es zu lösen. Frage nach, welche unendlichen Möglichkeiten in dieser Situation zur Verfügung stehen. Indem du das tust, lädst du sie ein, vorbeizukommen und mit dir zu spielen. Und wenn die Möglichkeiten zum Spielen vorbeikommen – dann passieren Wunder!

. . .

## Hör auf, alles richtig machen zu wollen (es gibt kein Falsch!)

Laut Gary Douglas und Dain Heer, den Gründern von Access Consciousness®, ist das Bedürfnis, recht zu haben, eins der größten Hindernisse, das uns davon abhält, das Leben zu erschaffen, das wir führen wollen. Ich habe das während der Pandemie 2020 gespürt. Die Leute waren so polarisiert, nachdem sie ihre Seite gewählt hatten – Masken tragen versus keine Masken tragen. „Das ist eine grauenhafte Krankheit" versus „Das ist nur eine andere Grippe". Es wurden Entscheidungen darüber getroffen, wie man sich richtig verhielt, und dann wurde die andere Seite gnadenlos verurteilt, wenn sie sich nicht anschloss.

Das Bedürfnis, „recht" zu haben, lenkt uns davon ab, der Energie zu folgen, Magie zu nutzen und zu empfangen. Während ich lernte, all die Dinge zu meistern, die in der Autor*innenwelt für Marketing wichtig sind, habe ich immer versucht, alles richtig zu machen. Ich wollte die Methoden lernen, die am besten funktionierten, und dann noch beweisen, dass es auch wirklich funktionierte.

Ich entwickelte eine Vorgehensweise, wie ich Facebook-Anzeigen einsetzen konnte, und es funktionierte super, aber dann verlor ich mich völlig darin, zu beweisen, dass meine Methode am besten funktionierte. Ich wollte es nicht nur richtig machen, sondern recht haben. Diese Methode wandte ich immer und immer wieder an, ignorierte die Fälle, wenn es für ein bestimmtes Buch nicht funktionierte. Oder vielleicht ignorierte ich auch das Bewusstsein dafür, dass diese Strategie generell aufgehört hatte, zu funktionieren. Aber mein Bedürfnis, recht zu haben, ließ mich nur immer mehr Geld das Klo runterspülen in dem Versuch, mir selbst etwas zu beweisen. Eine bessere Strategie wäre es gewesen, auf meine Intuition als Führung zu vertrauen. Jedes Buch zu fragen, wie viel Geld ich für es ausgeben sollte. Ob ich alles auf Anzeigen setzen oder einen Schritt zurücktreten sollte.

Dieses Festklammern am „recht" haben – und die Umkehrseite, die Abneigung dagegen, „falsch" zu liegen – sind großartige Methoden, um die eigenen Ziele aus den Augen zu verlieren. Wenn wir uns öffnen, wenn wir flexibel sind, wenn wir nichts beweisen müssen oder wollen, dann kann Magie passieren. Zu denken, wir kennen die „richtige" Art, etwas zu tun, ist ein Trugschluss, der uns davon abhält, die Richtung zu ändern, wenn wir sie ändern müssen. Hält uns davon ab, das Wispern der Inspiration zu hören oder unserem Bauchgefühl zu folgen anstatt konventionellen Weisheiten. Vergiss nicht, du kannst jederzeit deine Bücher fragen, was sie brauchen!

Sich an eine bestimmte Sichtweise festzuklammern, kann dich einschränken. Es ist so, wie den Fokus nur auf eine bestimmte Stelle in der Landschaft zu richten. Aber wenn du herauszoomst und den Blick schweifen lässt, kannst du so viel mehr des großen Ganzen sehen.

Benutze die Aufforderungen zum freien Schreiben, um herauszufinden, wo du versuchst, recht zu haben, oder Angst davor hast, falsch zu liegen. Kannst du diese beiden Extreme hinter dir lassen und dich wieder auf die Einfachheit des dritten Schritts zum Überfluss besinnen – *deine Bücher zu lieben*. Das ist die Energie, in der du dich befinden willst. Nichts zu beweisen. Nichts zu befürchten. Du musst nicht alle Antworten haben. Sie werden sich genau in dem Moment zeigen, in dem du sie brauchst.

# FREIES SCHREIBEN: ERFORSCHE DEIN GENIE

Folge diesen Aufforderungen zum freien Schreiben:

- Wo versuche ich, „alles richtig zu machen"? / Wo habe ich Angst, „etwas falsch zu machen"?
- Was versuche ich zu beweisen? Wem will es beweisen?
- Wo wurde ich konditioniert, etwas zu glauben oder zu tun?
- Was habe ich bereits „erfolglos" versucht und entschieden, es nie wieder zu versuchen?
- Was, glaube ich, wird für mich nie funktionieren?
- Welche limitierenden Entscheidungen habe ich getroffen oder welche Bedingungen habe ich für mich aufgestellt? Beispielsweise: Wenn ich _____ habe, dann _____.
- Wo limitiere ich mich selbst? Welche unendlichen Möglichkeiten sind in dieser Situation vorhanden?

- Denke an etwas, das in diesem Augenblick in deinem Leben passiert und das du gerne dem Universum übergeben würdest. Mit Liebe in deinem Herzen und dieser Situation in deinen Gedanken, frage dich immer und immer wieder: Was ist sonst noch möglich? Gestatte den Möglichkeiten einfach, sich zu zeigen.

# SCHRITT 7: STEHE FÜR DICH SELBST EIN

## 18

NUR DU HAST ES IN DER HAND

# Du bist der Architekt deines Lebens

Für sich selbst einzustehen beginnt damit, zu erkennen, wie wirklich mächtig, stark und magisch wir sind.

Um das zu verstehen, musst du einen freien Willen haben – den freien Willen, das Leben deiner Träume zu erschaffen.

Alles, was du tun musst, ist, dich dafür zu entscheiden.

Aber manchmal ist es ein sehr großer Schritt von „es hinaus ins Universum zu schicken" bis dahin, wirklich zu begreifen, dass man das eigene Schicksal selbst in der Hand hat. Manchmal bedeutet das eine kleine Entscheidung nach der anderen, und manchmal fühlt es sich an wie ein riesiger Schritt, um eine andere Entscheidung zu treffen.

Als ich den Schritt in meine eigene Stärke unternommen habe, musste ich mich von alten Mustern lösen, bei denen ich mich wie ein Opfer meines eigenen Lebens gefühlt habe oder mich im Selbstmitleid gesuhlt habe. Glaub mir, ich habe den Großteil meines Lebens damit verbracht, mich wie ein Opfer zu fühlen, also bin ich bestens qualifiziert, mit dir darüber zu sprechen.

Ich bin jemand, die es allen recht machen will, und laut Gretchen Rubins Persönlichkeitstest *Die 4 Happiness-Typen* ein „Teamplayer". Das ist einer der Gründe dafür, weshalb es für mich so gut funktioniert, Co-Autorinnen zu haben. Für jemanden anderen arbeite ich viel härter als für mich selbst.

Aber es bedeutet auch:

„Ich warte darauf, dass jemand anderes mein Potenzial erkennt."

MICH ENTDECKT. Ich hegte ein wenig eine Art Retter-Fantasie.

Wartest du auch darauf, dass jemand anderes dein Talent entdeckt? Dir endlich sagt, dass du gut genug bist? Sogar, dass du endlich angekommen bist?

Lass mich dir eins sagen – *das wird nicht passieren, bis du anfängst, für dich selbst einzustehen.*

In Beziehungen tendiere ich dazu, passiv zu sein, mich dem anzupassen, was die andere Person will. Die Führung jemand anderem zu überlassen. Das hängt mit meinem Bedürfnis zusammen, nichts falsch machen zu wollen oder verurteilt zu werden. Wenn die andere Person die Entscheidungen trifft, kann ich nicht zur Verantwortung gezogen werden.

Natürlich bedeutet das auch, dass ich diese Person vermutlich insgeheim – oder auch nicht so insgeheim – dafür verantwortlich mache, wenn die Dinge schiefgehen. Diese Energie, anderen Vorwürfe zu machen, war etwas, was ich in mir heilen musste. Ich erinnere mich daran, wie oft ich meinen Kindern wegen irgendwelcher Dinge Vorwürfe gemacht habe. Kleinigkeiten, wie beispielsweise, fünf Minuten zu spät zur Schule zu kommen. Ich gab ihnen das Gefühl, als ob es ihre Schuld wäre, sich nicht beeilt zu haben oder ihre Schuhe nicht schnell genug angezogen zu haben oder was auch immer.

Die Quantenheilerin Simone Gers hat mit mir daran gearbeitet und mir gesagt, ich bräuchte mehr der lateinamerikanischen Energie, einfach die Hände in die Luft zu werfen, mit den Schultern zu zucken und zu sagen, *tja, passiert*. Niemand ist schuld, es ist einfach passiert.

Dieser eine Anstoß hat mir so viel mehr Freiheit und Luft zum Atmen in meinem Leben geschenkt. Jedes Mal, wenn ich anfing, die Schuld auf jemanden abwälzen zu wollen, erinnerte ich mich daran, mit den Schultern zu zucken und zu denken, *es ist einfach passiert*. Aber mein Bedürfnis, Schuld zuzuweisen, hatte sich eng mit dem Verlangen verwoben, recht haben zu wollen. Angst davor zu haben, falsch zu liegen. Perfekt sein zu wollen, unfehlbar und schuldlos. Das brave Mädchen, das niemals einen Fehler macht oder etwas vermasselt.

Wenn ich solche Angst davor hatte, einen Fehler zu machen, dann kannst du sicher verstehen, wie wichtig es für mich war, die Schuld an jemand anderen abzugeben. Und wenn die Dinge nicht so liefen, wie ich es wollte, eher das Opfer zu spielen, anstatt zu denken, dass ich diese

Situation mit meinen eigenen Entscheidungen verursacht hatte.

In der Psychologie wird darüber gesprochen, dass Individuen einen internen oder externen Ort – oder Locus – der Kontrolle besitzen. Diejenigen mit einem internen Locus glauben, dass die Folgen ihres Handelns die Ergebnisse ihrer eigenen Fähigkeiten sind. Diejenigen mit einem externen Locus glauben, dass das Leben ihnen zustößt – dass ihre Erfolge oder Misserfolge von externen Faktoren abhängig sind, die außerhalb ihrer Kontrolle liegen, wie beispielsweise Glück, Schicksal, Umstände, Ungerechtigkeiten, Vorurteile oder auch Lehrer, die unfair, voreingenommen oder unfähig sind.

Die Individuen, die glauben, sie hätten ihr Leben selbst in der Hand, tendieren dazu, erfolgreicher zu sein.

Ich glaube ernsthaft, dass jedes Selbsthilfebuch der Welt letztlich nur darauf abzielt, den Leser*innen verständlich zu machen, dass sie die Kontrolle über ihr eigenes Schicksal in der Hand haben.

Das Gesetz der Anziehung besagt, dass die Schwingungen, in denen wir verweilen (unsere Gedanken und Glaubenssätze), unsere Realität formen und anziehen.

Ist dir jemals aufgefallen, wie wütend dieses Konzept Leute machen kann? Sie wollen nicht daran glauben, dass sie selbst dafür verantwortlich sein könnten, etwas nicht Perfektes erschaffen zu haben. Denn wenn sie in dem Glauben verharren, dass es Richtig und Falsch gibt, dann bedeutet das auch, dass sie selbst etwas falsch gemacht haben!

Das ist vor allem in hässlichen Situationen schwer zu glauben, beispielsweise bei Gewalt oder Krankheit. Das riecht förmlich nach Schuldzuweisung an die Opfer. Wenn jemand Krebs hat, kommt es uns beleidigend vor, zu denken, dass sie es auf irgendeiner Ebene selbst gewählt hätten. Wenn jemand gewalttätige oder misshandelnde Eltern hatte, haben sie sich diese Eltern dann als Baby selbst ausgesucht? Wie könnte ein Säugling sich jemals für Gewalt oder Misshandlung entscheiden?

Tanner Gers, der Sohn meiner Quantenschamanin Simone, hat bei einem Autounfall sein Augenlicht verloren, als er einundzwanzig war. Als er im Koma auf der Intensivstation lag, sein Kopf so angeschwollen wie ein Basketball, hing Simone die Wände des Zimmers mit Bildern aus seinem Leben voll, damit jede Person, die in sein Zimmer kam, ihn in seinen besten Momenten sehen konnte. Wenn er Besuch bekam, war das Erste, was Simone sagte: „Komm rein! Sieht er nicht großartig aus?!" Sie wusste, dass es ein Schlüssel zu seiner Genesung sein würde, wenn andere ihn auf den Bildern lebhaft und glücklich sehen würden, auch wenn er in diesem Augenblick nicht besonders gut aussah. Sie sah die Verwirrung auf den Gesichtern, während sich die Gedanken der Besucher von *Oh Shit, das ist furchtbar* zu *Okay, ich spiele mit* wandelten. Denn dadurch, an der Kraft von Tanners Seele festzuhalten, wusste Simone, dass sie die beste Mutter war. Das heißt nicht, dass sie nicht auch Momente der Angst erlebte, aber sie verhielt sich in diesen Umständen furchtlos.

Monate später, als Tanner sich zu Hause von seinem gebrochenen Rücken und der traumatischen Kopfverletzung erholte, lernte, mit seiner Blindheit umzugehen und ein Drittel seines Körpergewichts verloren hatte, kam Simones Mann einmal nach Hause und fand seinen Sohn in einem besonders niedergeschlagenen Zustand vor. Als er ihn fragte, was los sei, erwiderte Tanner etwas wie: „Verstehst du denn nicht? Ich bin blind. Ich bin schwach. Mein Leben ist vorbei." Und ihr Mann erwiderte etwas wie: „Ja, du bist blind. Aber du bist nicht blind und taub und querschnittsgelähmt. Es gibt so viel, wofür es sich zu leben lohnt. Kopf hoch. Los, lebe." Und das tat Tanner. Mit einer Entscheidung nach der anderen. Er wurde schließlich paralympischer Athlet für Leichtathletik, Radprofi, wurde als Baseballplayer in die Hall of Fame aufgenommen, machte drei Uniabschlüsse und wurde Vater und Autor. Er sagte Ja zum Leben.

Eine Sache, an die ich mich immer erinnere, ist, dass ich ein unendliches Wesen bin. Genauso wie jeder andere Mensch auch. Ich bin in diese Welt gekommen, um Dinge zu erleben und Entscheidungen zu treffen. Das tun wir alle. Jede Erfahrung birgt unendlich viele Entscheidungen, auch wenn wir manchmal nur sehr wenige davon sehen. Entscheidungen aus Angst, aus Wut, aus einem Opferdenken heraus, aus Schuldgefühlen, Scham, aus Freude, aus Hoffnung oder aus Liebe. Sie alle stehen uns zur Verfügung.

Möglicherweise bist du in diese Realität gekommen und hast dich Missbrauch, Krankheiten oder Trauma gegenüber wiedergefunden und entschieden, dich daraus zu befreien. Zu sagen, *nie wieder*, was auch anderen dabei hilft, die Entscheidung zu treffen, sich daraus zu befreien. Oder du hast dich für dich selbst entschieden anstatt dafür, dich selbst aufzuopfern. Hast dich diesmal entschieden, ab jetzt Erfolg zu erleben.

Es hilft zu verstehen, dass die Energien von Missbrauch, Krankheit und Trauma überall um uns herum auf diesem Planeten existieren. Wenn wir einfach nur vor uns hinleben, nicht daran glauben, dass wir bewusste Entscheidungen fällen können, dann können diese Energien einen negativen Effekt auf uns haben. Oder wir können etwas Größeres erschaffen.

Als ich sechzehn war, wurde bei meinem Bruder nach

einem Selbstmordversuch Schizophrenie diagnostiziert. Zu der Zeit fühlte ich mich wie ein Opfer in dieser Situation. Es kam mir unfair vor. Ich war wütend auf die Ärzte, ihm diese Diagnose zu stellen, an die ich nicht glaubte. Ich war wütend auf meine Mom, dafür, wie sie versuchte, diese Situation zu handhaben, eine Situation, von der mir nun klar ist, wie unglaublich schwer sie war, und die meine Mom praktisch ohne soziale Unterstützung meistern musste.

Aber jetzt, mit dem Wissen über Entscheidungen, kann ich sehen, wie wir vielleicht nicht alle dem Handeln eines gnadenlosen Gottes ausgeliefert waren. Ich glaube nun, dass mein Bruder – der mittlerweile ein voll funktionsfähiges Mitglied der Gesellschaft ist – sich für die psychische Erkrankung in seinem Leben entschieden hat, um Teil der Veränderung für mehr Akzeptanz und Fürsprache für psychisch Kranke zu sein. Das ist ein viel ermächtigenderer und ermächtigter Gedanke, als zu glauben, er sei ein Opfer von Schizophrenie und ich als seine Schwester wäre ebenfalls ein Opfer dieser Umstände (wie es mir damals definitiv vorkam).

Denke nur mal darüber nach. Wenn ich meinen Bruder als ein starkes Wesen sehe, das entschieden hat, etwas für das Wachstum seiner Seele zu erleben und um der Menschheit zu helfen, dann richtet diese Wahrnehmung und Energie uns beide auf. Mein Glaube verändert alles – für ihn und für mich. Die Forschung zeigt uns, dass Quantenverschränkung einen positiven Einfluss auf die Genesung von Patienten haben kann, wenn Ärzte eine positive Einstellung haben, daran glauben, dass die Patienten heilen und ein großartiges Leben führen können. Man möchte nicht erleben, wie der Arzt die Patientenakte anschaut und etwas Negatives denkt, bevor er das Zimmer betritt. Stell dir vor, wie viel Macht du jedes Mal hast, wenn du dich entscheidest, zu schreiben. Du hast die Wahl, zu denken: *Ich bin ein\*e großartige\*r Autor\*in. Ich liebe es, zu schreiben. Mein Leben ist so fantastisch. Ich liebe dieses Buch und es wird ein großer Erfolg werden! Ich liebe die Tatsache, dass mein Buch etwas zum Leben der Leser\*innen beisteuern wird. Wow! Ich bin ein\*e mächtige\*r Schöpfer\*in.* Und dann fange an zu schreiben. Was für ein starker Ausgangspunkt, um zu schreiben. Jedes Mal, wenn du schreibst, entscheidest du selbst, woran du glaubst.

Sich hilflos zu fühlen, als ob du keine Kontrolle hättest, ist furchteinflößend. Furcht ist eine der schlimmsten Energien, um eine Entscheidung zu treffen. Die Sache ist die, du hast die Kontrolle über deine nächste Entscheidung und über die Energie, von der aus du diese Entscheidung triffst. Ich sage nicht, dass es immer einfach ist. Ich sage nur, dass du die Wahl hast. Manchmal wirst du vielleicht einen Augenblick brauchen, um alles anzuerkennen und zu verarbeiten, was in dir hochkommt. Erkenne alles an. Schreib vielleicht darüber in dein Tagebuch. Aber du solltest dir immer bewusst sein, dass du von einem Ort der Kraft heraus entscheiden kannst. Wir setzen uns oft unter Druck, sofort in diesem Moment zu entscheiden. Und in diesem Moment hast du vor allem Angst. Atme. Gestatte dir selbst den Raum, den du brauchst, um in ein anderes Mindset zu kommen, ein Mindset, in dem du ein starkes, wundervolles Wesen bist, und entscheide dann von dieser Energie aus.

Wenn du daran glaubst, dass du in jeder Sache eine Entscheidung hast, dann kannst du dein Leben vollkommen umkrempeln. Wie wäre es, wenn du glaubst, du könntest entscheiden, dass Millionen von Leuten deine Bücher lesen werden? Dass Amazon dein Buch aus der Inhaltsprüfung oder dem Erotika-Verließ herausholt oder vor welchem Hindernis auch immer du gerade stehst?

Wenn Facebook dein Anzeigen-Konto sperrt, glaubst du daran, dass du es ohne Schwierigkeiten wieder entsperren kannst? Kannst du dich selbst in die Energie bringen, in der es bereits wieder entsperrt ist und mehr und mehr Leute darauf klicken, um dein Buch zu kaufen? Diese Energie existiert bereits und wartet nur darauf, dass du dich für sie entscheidest.

Alles ist möglich, wenn wir entscheiden, daran zu glauben.

Es ist so wichtig, dich daran zu erinnern, dass du eine Wahl hast. Vielleicht hast du bisher nur vor dich hingelebt, weil du dafür konditioniert wurdest, hart zu arbeiten, niedrige Erwartungen zu haben, deine Talente nicht zu würdigen und nicht zu erkennen, wie stark du tatsächlich bist. Aber jetzt weißt du es! Du kannst alles ändern!

Auf eine Art scheint es, als ob dieser Schritt der allererste sein müsste, und dennoch habe ich ihn hinten angestellt. Aber manchmal müssen wir erst sehen, wie wir Dinge verändert haben, wie das Universum auf unsere Forderungen reagiert. Manifestiere deine Wünsche, glaube daran, dass du Herr*in deines eigenen Universums bist. Wenn du diese Schritte nicht als linear, sondern als einen Kreislauf verstehst, den du immer und immer wiederholst, dann wirst du erkennen, dass du absolut bereit bist, wirklich Erfolg zu haben, sobald du diesen einen Schritt erfüllt hast – für dich selbst einzustehen, indem du daran glaubst, dass du ein mächtiges Wesen bist, das seine eigenen Gedanken, Gefühle und Energien erschafft. Dann kannst du die Welt erobern und deine ganze Realität auf den Kopf stellen, einfach, indem du deine Träume verwirklichst.

FÜR SICH SELBST EINZUSTEHEN, **ändert alles**

. . .

IN DIESEM SCHRITT GEHT ES DARUM, *dich selbst* wie eine*n Millionärsautor*in zu behandeln. Das bedeutet, dass du dich selbst ganz oben auf die Liste schreibst. Dich selbst priorisierst. So viele von uns werden in viele verschiedene Richtungen gezerrt. Wir müssen uns um unsere Kinder kümmern, um älter werdende Eltern, vielleicht um einen Partner, um Haustiere. Wenn du keinen anderen Job hast, dann bist du möglicherweise die- oder derjenige mit den flexiblen Arbeitszeiten. Deshalb verstehen die Leute oft nicht, warum du nicht einfach alles stehen und liegen lassen kannst, um dich um ihre Bedürfnisse zu kümmern.

Dieser Schritt mag dir nicht besonders wichtig vorkommen. Wen kümmern schon deine Bedürfnisse? Du arbeitest einfach hart und boxt dich durch. Sobald du reich bist, kannst du dich zurücklehnen und den Erfolg deiner Arbeit genießen. Oder?

*Falsch.*

Für dich selbst einzustehen, ist ein integraler Teil dessen, Überfluss anzuziehen. Es sendet eine starke Botschaft an das Universum, darüber, wie du gerne behandelt werden willst. Erinnere dich an meine Anekdote, wie ich das Miraval Spa besucht habe und mich nicht gut genug gefühlt habe? Wenn du deine eigene Zeit, Karriere oder Energie nicht priorisierst, dann vermittelst du dem Universum, dass du es nicht wert bist. Dass es auftauchen und dich zur Schnecke machen soll, weil du dein Auto nicht korrekt zwischen den Linien geparkt hast.

Wir wollen das Universum wissen lassen, wie wir gerne behandelt werden wollen – mit Respekt und Würde. *Wie eine verdammte Königin oder ein König!* Und das tun wir, indem wir uns selbst mit Würde und Respekt behandeln.

### Das bedeutet:

- Angemessene Grenzen zu setzen, einschließlich der, deine Zeit zum Schreiben zu honorieren
- Dich um deinen Körper zu kümmern
- Deinen Zeitplan oder deine Zeit nicht anderer Leute wegen zu verbiegen
- Dich nicht um alle anderen zu kümmern, bevor du dich um dich selbst kümmerst
- Zu bemerken, wo du andere an erste Stelle setzt

Als meine Co-Autorin Lee ihr zweites Baby bekommen hatte, war sie ausgelaugt und völlig erschöpft. Sie hatte zwei kleine Kinder, schrieb und vermarktete ihre eigenen Bücher und hatte seit Monaten keine Nacht mehr durchgeschlafen.

Kleine Kinder zu haben, ist intensiv. Es ist extrem schwer, sich selbst an erste Stelle zu setzen, wenn die Babys buchstäblich nichts allein tun können und dich zum Überleben brauchen. Lee hatte kaum die Zeit und die Konzentration, um sich um ihre Bücher und ihre Karriere als Autorin zu kümmern, und ganz sicher konnte sie nicht sich selbst priorisieren oder sich um ihren Körper kümmern, auch wenn er sich laut und deutlich beschwerte.

Das war etwa zur gleichen Zeit, als ich mich verpflichtet hatte, regelmäßig Sport zu treiben, was ein absolutes Muss für meinen Körper und meine mentale Gesundheit war, um heil durch die Scheidung zu kommen. Nachdem Lee gesehen hatte, wie ich mich selbst priorisierte, entschied sie, den nächsten Monat ihrem eigenen Wohlbefinden zu widmen. Sie erklärte ihn zum „Ich-Monat". Sie buchte sich eine Massage und eine Gesichtsbehandlung und meldete sich für regelmäßige Yogakurse an. Außerdem bat sie das Universum, ihr dabei zu helfen, einen Weg zu finden, mehr Zeit mit ihrem neuen Baby zu verbringen und dennoch eine funktionierende Karriere zu haben.

In diesem Monat, während sie sich auf sich selbst und ihr Wohlergehen konzentrierte, passierten Wunder.

Lee sprach mit einer befreundeten Autorin, Stasia Black, über eine alte, düstere Mafia-Liebesroman-Trilogie, die sie geschrieben hatte – ihre ersten veröffentlichten Bücher. Stasia bot an, sich die Bücher mit der Idee anzuschauen, sie möglicherweise als Lees Co-Autorin zu überarbeiten und neu zu vermarkten.

Diese Trilogie wurde zu Lees meistverkauften Büchern. Stasia übernahm den Großteil der Arbeit, indem sie die Bücher umschrieb, und dann investierten sie eine Menge in Facebook-Anzeigen, wobei Stasia wiederum die Führung übernahm. Sie verdienten mit der Trilogie ein kleines Vermögen. Im Ernst – ein Vermögen – und schrieben anschließend noch eine weitere dreiteilige Serie.

Das war das Wunder, um das Lee gebeten hatte – Zeit mit ihrem Baby und gleichzeitig Erfolg als Autorin zu haben. Indem sie sich selbst zur Priorität gemacht hatte, hatte sie dem Empfangen Tür und Tor geöffnet. Das war nichts gewesen, was sie hätte planen können oder von dem sie überhaupt gewusst hatte, dass sie darum bitten konnte.

Sie hatte sich nicht gegen die Energie gewehrt, die sie empfangen wollte – sie hat sich nicht beschwert und darüber genörgelt, wie unmöglich es sei, eine junge Mutter zu sein und gleichzeitig eine Karriere aufrechtzuerhalten. Sie kämpfte nicht gegen ihre Situation an. Das hätte sie nur in die Energie des Mangels versetzt, von der wir bereits wissen, dass sie nur noch mehr Mangel erzeugt. Lee bat um Hilfe und hat sich selbst zur Priorität gemacht.

Der Überfluss floss. Er kam schnell und einfach und aus einer vollkommen unerwarteten Richtung. Das war ihr bester Sommer überhaupt. Sie hatte sich an erste Stelle gestellt und gar nicht wirklich über das Business nachgedacht.

Wie viele andere Autor*innen auch hatte ich einen regulären Job, als ich mit dem Schreiben anfing. Außerdem hatte ich kleine Kinder. Ich machte es also zur Gewohnheit, in den sogenannten Zwischenzeiten zu schreiben. Ich tippte während der halben Stunde Schwimmunterricht meines Kinds in meinen Laptop. Ich tippte auf dem Spielplatz in mein Handy. Abends im Bett, nachdem die Kinder im Bett waren. Mittlerweile sind meine Kinder Teenager. Ihretwegen muss ich diese Verrenkungen nicht mehr vornehmen, aber ich habe es mir zur Gewohnheit gemacht. Anstatt meine Arbeit zu priorisieren, die ein Multi-Millionen-Dollar-Business ist, ist es immer noch meine größte Sorge, meine Kinder zur Schule zu fahren, sie abzuholen, sie zum Einkaufszentrum zu fahren oder zu Starbucks einzuladen.

Natürlich machen mir viele dieser Dinge großen Spaß, aber es ist auch wichtig, dass ich meine Verpflichtungen überprüfe und sicherstelle, dass ich mich bewusst dafür entscheide und sie nicht aus einem Automatismus heraus betreibe. Nicht aus der Angewohnheit heraus, die Bedürfnisse aller anderen über meine eigenen zu stellen.

Ich muss mich daran erinnern, mein Schreiben und meine Karriere zu priorisieren, denn andere Dinge können ebenfalls die Muskeln spielen lassen, nicht nur ich.

# FALLSTUDIE: REBECCA HEFNER / AYLA ASHER – ES REGNET BOOKBUBS!

Die Autorin Rebecca Hefner schreibt paranormale und Science-Fiction-Romane sowie unter dem Namen Ayla Asher zeitgenössische Liebesromane. Unter beiden Pseudonymen zusammen hat sie in dreieinhalb Jahren bisher zweiundzwanzig Bücher veröffentlicht.

„Meine größte Geldblockade war es, dass ich alles umsonst angeboten habe – ich verschenkte signierte Exemplare meiner Bücher, anstatt sie zu verkaufen."

Das ist eine häufige Blockade, die von einem Gefühl der Freundlichkeit und der Großzügigkeit herrührt. Mein Ex-Mann funktionierte genauso. Wenn ihn der Überfluss erreichte, hat er umgehend alles geteilt, was hieß, dass in der Regel nie viel davon übrigblieb. Natürlich wollen wir freundlich und großzügig sein, aber wir müssen auch uns selbst, unsere Arbeit und unsere Zeit wertschätzen.

Eine Sache, die Rebecca dabei geholfen hat, den Drang loszuwerden, ihre Bücher zu verschenken, war es, einen Onlinestore einzurichten, in dem die Leser*innen signierte Exemplare ihrer Bücher direkt kaufen konnten. „Der Laden ist super, denn er bildet einen Puffer zwischen mir und den Leser*innen."

Rebecca ist die Administratorin einer Facebookgruppe für Autor*innen, die auf der Suche nach Informationen darüber sind, wie man Audiobücher am besten vermarktet. In dieser Gruppe bot Rebecca auch kostenlose Einzelberatung für andere Autor*innen an. „Ich mache das gerne – ich will allen helfen", erklärt sie.

„Vor ein paar Wochen gab mir eine Autorin, die ebenfalls in der Author-Abundance-Facebookgruppe ist, behutsam die Rückmeldung, sie hätte in mir einige Geldblockaden beobachtet." Rebecca erkannte, dass sie sich selbst nicht würdigte, wenn sie diese Beratungen kostenlos anbot, und dass es eine Auswirkung auf ihren Überfluss hatte.

„Ich war immer eine feurige Vertreterin von Manifestation, Meditation, dem Ausdrücken von Dankbarkeit, sich Ziele und Intentionen zu setzten etc. Aber ... das klang wirklich in mir nach und brachte mich dazu, beim nächsten Author-Abundance-Zoommeeting live dabei zu sein, anstatt mir später abends die Aufnahme anzuschauen, wie ich es normalerweise machte."

Bei dem Anruf dabei zu sein, war alles, was es brauchte. „Es war großartig und ich spürte, wie sich einige Dinge in mir verschoben. Ich glaube, sich das bewusst zu machen, war ein wichtiger Schritt."

Nach dem Anruf wurde Rebecca nicht nur für ein, sondern sogar für zwei gefeaturte BookBub-Deals angenommen (einen für jedes Pseudonym) sowie in derselben Woche für einen Chirp-Deal, **nachdem sie beinahe drei Jahre lang leer ausgegangen war.** Sie sagt: „Ich fing an, daran zu arbeiten, und *voilà* ... es regnet BookBubs!

Mein erster Gedanke war: *Ich frage mich, ob BookBubs*

*gehackt wurde und sie mir diese Briefe mit den Zusagen nur aus Versehen geschickt haben ...* Aber dann wurde mir klar, dass es vermutlich die Manifestation der Arbeit ist, die ich getan habe, von der viel durch deine Author-Abundance-Community begründet wurde."

Für einen Moment fing sie wieder an, sich kleinzumachen, fragte sich, ob sie die Bücher, die angenommen wurden, noch einmal durchlesen sollte, nur für den Fall, dass sie nicht gut genug waren, aber sie fuhr damit fort, ihre Geldblockaden aus dem Weg zu räumen. „Ich muss darauf vertrauen, dass es funktionieren wird und ich die richtigen Leser*innen anziehen werde."

# 19

## LASS DEINEN KÖRPER MITSPIELEN

**Dein Körper kann Überfluss anziehen**

WÜRDEST DU MIR GLAUBEN, dass dein Körper tatsächlich Mitglied deines Teams ist, wenn es darum geht, Überfluss anzuziehen oder zu manifestieren, was du dir wünschst?

Die Sache ist die – Überfluss ist nicht wirklich von Vorteil für unser Wesen. Er ist von Vorteil für unsere Körper. Indirekt hat er auch positive Auswirkungen auf unseren Verstand, denn er lässt in vielen Situationen den Stress verschwinden, aber größtenteils ist der Nutznießer des Überflusses der Körper. Dein Körper wird den Vorteil und die Herrlichkeit dessen erleben, luxuriöse Dinge zu besitzen. Er wird der Empfänger davon sein, ein besseres Auto zu fahren, in einer angenehmeren Umgebung zu leben, besseres Essen zu essen. Also ergibt es auch Sinn, dass dein Körper in den Schaffensprozess einbezogen werden sollte, oder?

Ein paar von euch wissen vielleicht, dass ich auch Körperarbeit anbiete. Ich habe eine vierjährige Ausbildung in der Feldenkrais-Methode® absolviert, eine somatische Therapie, die das Nervensystem einsetzt, um den Körper in eine verbesserte Ausrichtung und Leichtigkeit zu bringen. Eine Sache, die mir während meiner Ausbildung beigebracht wurde, war es, Körper und Geist NICHT zu trennen. Wenn wir eine bestimmte Bewegungsübung oder Ausrichtung der Gliedmaßen beschreiben, dann sollten wir immer „du" sagen, nicht „dein Körper".

Allerdings fing ich erst an, große Fortschritte in der Arbeit mit meinem Körper zu bemerken, als ich auch anfing, Körper und Geist wie zwei unterschiedliche energetische Wesen zu betrachten. Hast du schon von intuitivem Essen gehört? Tja, diese Botschaft kann verwirrend sein, wenn wir versuchen, in uns hineinzuhören, aber nicht wissen, worauf wir eigentlich hören sollen. Beispielsweise habe ich versucht, intuitiv zu entscheiden, was ich frühstücken sollte. Das Problem war nur, dass mein Gehirn Futter für die Seele wollte (Cornflakes), wohingegen mein Körper um etwas Gesünderes bat (Smoothie), und da ich beide Stimmen hörte, wusste ich einfach nicht, was ich tun sollte. Zwei Optionen zu haben, machte es mir leicht, mir die gesunde Option auszureden. Aber sobald ich anfing, meinen Körper als ein separates Wesen zu betrachten, bekam ich eindeutige Antworten. Außerdem hörte ich damit auf (na gut, es ist ein Prozess, aber ich mache immerhin Fortschritte), meinen Körper fertigzumachen. Ich behandle ihn mit mehr Freundlichkeit, Respekt und Rücksicht, anstatt alles von ihm zu erwarten und sauer zu sein, wenn er nicht liefert.

. . .

## DEN KÖRPER BENUTZEN, um unsere Wünsche zu manifestieren

DER KÖRPER AGIERT TATSÄCHLICH WIE EIN WEGWEISER ODER EIN SCHUTZENGEL, wenn es darum geht, zu manifestieren und dein bestes Leben zu erschaffen. Vermutlich weißt du schon, dass du deinen Körper benutzen kannst, um Informationen über bestimmte Situationen zu bekommen (was wir damit meinen, auf das eigene Bauchgefühl zu hören), aber du kannst ihn auch einsetzen, um Überfluss anzulocken und zu empfangen.

Der Körper agiert als Magnet, um das anzuziehen, was du dir wünschst. Wie? Überlasse ihm diese Aufgabe. Mache ihn zum Teil deines Teams. Höre auf ihn. Und vor allem ... SEI NETT ZU IHM.

Wenn du deinem Körper keine Beachtung schenkst, ihm nicht gibst, was er braucht oder verdient hat, und nicht zuhörst, wenn er mit dir spricht, dann bist du nicht mit ihm verbunden und kannst diese Magie nicht entstehen lassen. Ich weiß, dass ich immer, wenn ich meinen Körper fertig mache, ihn zu sehr antreibe oder ignoriere, das Gefühl bekomme, als ob ich von meiner Energiequelle abgetrennt bin.

Wenn du es nicht zu einer Gewohnheit machst, auf die Botschaften deines Körpers zu hören, dann kannst du ihn nicht dafür einsetzen, besser auf dieses „Bauchgefühl" zu hören. Dein Körper ist dein allerwichtigster intuitiver Führer. Wenn du Körper und Geist trennst, überhörst du womöglich die Informationen, die dein Business florieren lassen könnten.

Also, meine lieben Rockstar-Autor*innen ... Was sind

Methoden, mit denen ihr die Magie des eigenen Körpers einsetzen könnt?

# HEIMSPIEL

Frage deinen Körper vor deiner nächsten Mahlzeit, was er essen will, und vertraue auf das, was in deinen Gedanken auftaucht. Wenn du in einem Restaurant bist, versuche zuerst, deinen Körper zu fragen, und schaue dann in die Speisekarte und beobachte, wohin deine Augen wandern. Wann immer ich dieser Methode folge, schmeckt das Essen, das ich bestelle – Essen, das ich normalerweise als nicht meinem Ernährungsplan entsprechend oder als nicht interessant für mich abgeschrieben hätte – so unglaublich gut, dass mein ganzer Körper zu strahlen beginnt.

- Nimm dir Zeit für Bewegung – idealerweise eine Stunde pro Tag. Jede Art von Bewegung funktioniert – was immer deinem Körper gefällt.
- Achte darauf, wann dein Körper protestiert. Hast du zu lange gesessen? Musst du auf Toilette, hast deinen Körper aber warten lassen? Hast du Durst? Dein Körper ist für dich da – es ist an der Zeit, dass auch du für ihn das bist.

- Höre in dich hinein und frage deinen Körper, wo er arbeiten möchte. Vielleicht will er an einem Tag draußen sein. An einem anderen Tag will er vielleicht in einem bequemen Sessel sitzen. An wieder einem anderen Tag will er vielleicht vor einer herrlichen Aussicht sitzen oder in einem Café, das du liebst.
- Frage deinen Körper, ob er den Raum mag, den du dein Büro nennst. Wenn nicht, frage ihn, was ihm stattdessen gefallen würde. Vielleicht will er eine neue Farbe an der Wand sehen oder die Möbel umstellen.
- Richte deinen Schreibtisch oder Arbeitsplatz optimal und ergonomisch aus. Gönne dir den Muista-Stuhl oder den teuren ergonomischen Bürostuhl. Investiere in einen Laptopständer, damit du nicht die ganze Zeit nach unten schauen und deinen Nacken verspannen musst. Benutze eine externe Tastatur und Maus. Schreiben ist dein Handwerk und wenn du es während des Schreibens nicht bequem hast, wird das seine Konsequenzen haben.
- Schreibe über folgende Denkanstöße: *Auf welche Arten könnte ich mich um meinen Körper kümmern? Was für Bewegungen würde mein Körper gerne machen?*

**Sex erschafft Überfluss**

Waaaaas? Ich weiß, was du jetzt gerade denkst: Renee, jetzt gehst du eindeutig zu weit. Wir wissen, dass du eine kluge und sexy Autorin bist, aber das ist einfach eins zu viel.

Okay, wenn du dich gerade etwas prüde fühlst, dann überspringe diesen Teil einfach.

Wenn du weiterlesen willst, dann habe ich ein weiteres Schmankerl für dich.

***Sex erschafft.***

Denk mal darüber nach – beim Sex geht es im eigentlichen Sinne darum, zu empfangen. Außerdem birgt Überfluss einen sexuellen Reiz. Warum, glaubst du denn, verkaufen sich diese Milliardärs-Liebesromane so gut? Das liegt nicht nur an der Macht, die Geld vermittelt. Geld selbst ist für uns sexy.

Das erste Mal wurde ich von einer meiner Klientinnen darauf hingewiesen, die mir erzählte, wie sie mit einem anderen Paar zusammen Abend gegessen hat. Dieses Paar, erzählte sie mir, wurde durch Geld erregt. Sie liebten es, am Esstisch darüber zu sprechen und damit herumfuchteln. Es war beinahe so etwas wie ihre Perversion.

Ich hatte das vorher schon in einer Dokumentation über Haute Couture gesehen. Die Frau darin erzählte, dass Paare oft in die teuren Boutiquen kamen, um Anziehsachen zu kaufen ..., und zwar *als Vorspiel*.

Hey, das habe ich bereits in dem ein oder anderen Roman verwurstet.

Wenn du dich gerade abenteuerlustig fühlst, nimm dir einen Augenblick Zeit und höre in deinen Körper hinein. Jetzt stell dir vor, du würdest an eine riesige Summe Geld kommen. Beobachte, wo du es in deinem Körper spürst. Mache die Augen zu und höre richtig in dich hinein.

Was kannst du beobachten? Eine Wärme in deinem Herzen? Eine Fülle in deiner Brust? Oder ein Kribbeln zwischen deinen Beinen? Ist da vielleicht ein gewisser Reiz in diesem Überfluss aufgeblitzt?

In unserer Gesellschaft gilt Sexualität als Tabu. Es fühlt

sich tabu an, auf die Sexiness von Geld hinzuweisen. Aber es ist nicht falsch. Wir wurden nur konditioniert, zu glauben und zu fühlen, es wäre falsch.

Ich lenke deine Aufmerksamkeit nur aus dem Grund auf dieses Thema, falls du dich von der Möglichkeit des Überflusses abtrennst, weil du generell deine Sexualität unterdrückst. Wärst du bereit, dich von Geld anmachen zu lassen?

Was, wenn Sex tatsächlich eine magische Zutat wäre, die du brauchst, um Geld anzuziehen? Und hey, dafür brauchst du keinen Partner. Was, wenn du einfach nur deine eigene Eine-Million-Dollar-Masturbationssession brauchen würdest? Nur du weißt, wie das aussehen würde, aber was, wenn du dir das Ziel deiner Manifestation direkt vor oder nach deinem Orgasmus vorstellst? Orgasmen zünden sämtliche Lustzentren in unserem Gehirn an und fluten den Körper mit Wohlfühl-Hormonen. Du verbindest also dieses Wohlfühlen mit den Gedanken und Bildern der Schöpfung, die du dir wünschst.

Wenn ich an etwas denke, was ich manifestieren will, achte ich darauf, ob es mich anmacht oder nicht. Wenn ja, dann sagt mir das, dass die Manifestation eintreten wird – ich empfange bereits ihren Überfluss. Wenn ich mich nicht angturnt fühle, dann weiß ich, dass ich meine Schwingungen erhöhen und es anziehen muss.

*Eine-Million-Dollar-Masturbation, irgendwer?*

## 20

### FEIERN, UM ZU ERSCHAFFEN

Die Energie der Dankbarkeit ist beinahe die gleiche wie bei Überfluss, was der Grund ist, weshalb *jeder Prozess der Manifestation Dankbarkeit einschließt.*

Oftmals kommen wir aus einem Gefühl des „Ich sollte" zur Dankbarkeit. Wir versuchen, uns in die Dankbarkeit zu zwingen. Ich denke, das passiert immer dann, wenn man sich selbst nicht wahrnimmt und würdigt. Wenn du dich selbst nicht verdammt noch mal wertschätzt, dann wird es schwer werden, für irgendetwas anderes dankbar zu sein, oder?

Wir alle haben diese Angewohnheit, unsere Erfolge abzuschmettern. Ich selbst habe in meinen Gedanken so viele Erfolge in Misserfolge verwandelt, indem ich mir Dinge eingeredet habe wie beispielsweise: „Die *USA-Today-*Bestsellerliste zählt nicht, weil ich mit einem Boxset darauf gelandet bin", oder dass es nicht zählte, letztes Jahr Tantiemen in siebenstelliger Höhe verdient zu haben, weil das Bücher mit einschloss, die ich gemeinsam mit meinen

Co-Autorinnen geschrieben habe. Ich hatte diese vollkommen dämliche Vorstellung, dass es nicht zählte, weit oben auf der Liste zu stehen, wenn ich Werbung für meine Bücher machte. Als ob ich das System irgendwie manipulieren würde und Erfolg nur dann zählt, wenn andere Leute meine Bücher auf mysteriöse Weise fanden, anstatt von mir darauf hingewiesen zu werden! Als ob nur Mundpropaganda zählen würde und alles andere bedeutete, ich hätte die Karten gezinkt.

Und all diese Minimierungen meines Erfolgs vernichteten die Magie. Magie passiert dann, wenn wir dem Universum sagen: JA! ICH HABE DAS GETAN! ES WAR DER HAMMER! ICH BIN FANTASTISCH! ICH LIEBE ERFOLG! Diese Energie sagt dem Universum, dass du mehr von diesem Erfolg haben willst. Dass du ihn liebst, dass du darin aufblühst und dass es dir bitte schön eine weitere, ordentliche Dosis davon liefern soll.

Je mehr du jeden Erfolg feierst, auch die alltäglichen Erfolge wie etwa, tausend Wörter zu schreiben, die nächsten Schritte der Handlung festzulegen oder deinen Newsletter rauszuschicken, umso einfacher werden die Dinge für dich fließen. Klopf dir heute hundertmal selbst auf den Rücken und beobachte, wie du anfängst, Dinge mit absoluter Leichtigkeit zu erschaffen.

Mache das zu deiner neuen, wichtigsten Angewohnheit. Schätze dich verdammt noch mal den ganzen Tag, jeden Tag, wie verrückt wert. Verbinde dich gut zu fühlen mit deinem Erfolg und deinen Gewinnen. Mache nicht einfach mit dem nächsten Ziel weiter, ohne zu feiern, wie unglaublich es ist, dass du das vorangegangene Ziel erreicht hast. Diesen Erfolg zu umgehen, dir nicht zu gestatten, ihn vollständig zu empfangen, schickt dem Universum die Botschaft, dass du noch immer nicht gut genug bist, und dementsprechend wird es für dich arbeiten.

Habe keine Angst davor, dass es dir „zu Kopfe steigen" könnte, deine Erfolge zu feiern, oder dass du aufhören wirst, dich zu verbessern, oder faul wirst. Tatsächlich glaube ich, dass das Gegenteil der Fall sein wird – du wirst all die Widerstände aus dem Weg räumen, die dich aufgehalten haben, die deine Kreativität verstopfen und den Vorstoß zu deinen Zielen verlangsamen.

Oftmals fühlen sich unsere Erfolge antiklimaktisch an und das liegt daran, dass wir energetisch betrachtet bereits an diesem Punkt angekommen waren, um das Ziel in unserem Leben zu verwirklichen. Bis der Erfolg tatsächlich eintritt, hast du ihn energetisch bereits „empfangen" und fokussierst dich vermutlich bereits auf das nächste Ziel. Zum nächsten Ziel weiterzueilen kann es uns zu einfach machen, das Feiern des Erfolgs zu überspringen, aber dabei ist das Feiern ein so wichtiger Bestandteil davon, ein Mindset des Überflusses zu kultivieren. Vertraust du darauf, dass dein Erfolg unvermeidbar ist und dass es tatsächlich etwas noch größeres erschaffen wird, innezuhalten und dich selbst und deine Leistungen zu würdigen? Bist du die Zeit und den Raum des Feierns wert?

Wie würdest du gerne feiern? Ich vergesse es oft. Ich schreibe so viele Bücher, dass es sich wie ein ganz normaler Tag anfühlen kann, wenn ich eins beende. Aber diese Erfolge und Meilensteine anzuerkennen, ist wichtig. Die Autorin Jane Henry spendiert sich jedes Mal, wenn sie ein Buch beendet hat, ein neues Paar Schuhe. Vanessa Vale geht Pflanzen shoppen.

Eine andere Autorin, Lisa Daily, klebt Sticker in Form von Geldsäcken in ihren Veröffentlichungsplaner, um die Tage zu markieren, an denen sie bezahlt wird. Wenn sie einen Blick in ihren Kalender wirft und sieht, dass er über und über mit kleinen grünen Stickern bedeckt ist, fühlt sie sich im Überfluss.

Vor Kurzem kam ich in einer Woche gleich mit zwei Büchern auf die *USA-Today*-Bestsellerliste. Mittlerweile stand ich bereits über ein Dutzend Mal auf dieser Liste, also könnte es ein Leichtes sein, es einfach ohne großes Trara vorüberziehen zu lassen. Ich sehne mich nicht länger danach als Beweis dafür, dass ich gut genug oder angekommen bin. Okay, vielleicht noch ein bisschen, aber ich versuche, dieses Denken zu beseitigen!

Ich weiß, dass es immer noch etwas Besonders ist, auf die Liste zu kommen, immer noch wert ist, gefeiert zu werden. Ich muss immer noch jedes Mal, wenn es passiert, die ganze Großartigkeit dieses Moments empfangen, um zu bestätigen, dass ich noch mehr von dieser Sorte Erfolg haben möchte. Mehr Bestseller. Mehr Hitlisten. Mehr, mehr, mehr.

Als mich also die Autorin Tess Summer aus meinem Ort anrief und fragte: „Wie feiern wir deinen Platz auf der Bestsellerliste?", wischte ich es nicht einfach fort. Wir veranstalteten eine Party, luden eine Reihe weiterer Autor*innen aus dem Ort ein und trafen uns in einer Bar, um auf diese Freude anzustoßen.

Ich sollte darauf hinweisen, wie fantastisch es ist, vor Ort eine Gruppe von Autor*innen zu haben, die bereit sind, sich gegenseitig zu feiern. Autor*in zu sein, kann ein sehr einsamer Job sein – also stelle sicher, dass du deine Clique findest, die dich anfeuert und deine Erfolge mit dir feiert. Wenn du noch keine Clique hast, lege die Absicht fest, und diese Freund*innen werden auftauchen.

Wenn du Mitglied in einer Mastermind- oder Autor*innengruppe sein solltest, versuche, es Teil deiner Routine zu machen, ihnen deine Erfolge regelmäßig mitzuteilen. In der 7-Figures-Mastermindgruppe, in der ich bin, nehmen wir uns am Anfang jedes Treffens dafür Zeit und es trägt viel zur Energie von Positivität und Rückhalt bei, für die wir dieser Gruppe beigetreten sind.

Mögliche Arten zu feiern / **Dinge, die man feiern kann**

- Veranstalte eine Wortzahl-Party für dich selbst. Ob du ein Wort geschrieben hast oder 10.000, das sind immer noch mehr als vorher. Schätze jedes Wort wert, dass du schreibst. Du kannst diese Party täglich, wöchentlich oder monatlich veranstalten – oder alle drei! Tess Summers bucht sich gerne einen Tag im Spa, wenn sie ihr Wortzahl-Ziel für den Monat erreicht hat.
- Mache eine Flasche Champagner auf, wenn du eine neue Veröffentlichung herausgebracht hast, ganz egal, ob das Buch die Charts hinaufklettert oder nicht. Du hast ein Buch geschrieben und es veröffentlicht! Das ist eine ziemlich große Leistung. Es ist wichtig, wirklich anzuerkennen, wie fantastisch es ist, dass du bereits erreicht hast, wovon viele andere nur träumen.
- Versuche es mit Lisa Dailys Trick, Sticker von Geldsäcken in deinen Kalender zu kleben für die Tage, an denen du bezahlt wirst.

**Die großen Ziele**

. . .

„Ja!" Ich sprang auf die Füße, riss die Hände in die Luft, als ob ich für mein Team bei einer Sportveranstaltung gerade den Siegestreffer gelandet hätte. Dann überkam mich ein Moment des Zweifelns. Ich ließ mich wieder auf den Stuhl vor meinem Rechner fallen, sprang aber augenblicklich wieder hoch und feierte weiter.

Meine Familie lachte über mich, als ich eine Ehrenrunde um den Küchentisch drehte.

Es war ein Mittwochnachmittag, 2016, und ich hatte gerade dieses geheime Hintertürchen benutzt, durch das man die neue *USA-Today*-Bestsellerliste einsehen konnten, bevor sie am nächsten Tag veröffentlicht wurde.

Ich stand auf der *USA-Today*-Bestsellerliste.

Ein Traum war wahr geworden. Etwas, von dem ich zutiefst überzeugt war, dass ich es verdient hatte, es aber auch ganz dringend brauchte. Weißt du, ich sehnte mich nach dieser Bestätigung. Ich brauchte eine Auszeichnung oder eine sprichwörtliche Medaille als Bestätigung dafür, dass das, was ich tat – das Schreiben von schmutzigen Liebesromanen – einen Wert hatte. Ich musste das Gefühl bekommen, eine *echte Autorin* zu sein. Später am Nachmittag sagte mein damaliger Mann zu mir: „Und was kommt jetzt?"

Ich strahlte ihn an. „Die *New-York-Times*-Bestsellerliste."

Er schüttelte den Kopf. „Nein, das meinte ich nicht. Ich meinte, was du jetzt noch brauchst, um das Gefühl zu haben, angekommen zu sein?"

Er hatte recht. Es war nicht genug, veröffentlicht zu werden. Es war nicht genug, ausreichend Geld zu verdienen, um die Hypothek zu bezahlen. Ich wollte alles haben.

Und es ist nichts falsch daran, alles zu wollen. Wie Abraham-Hicks sagt, der *Gesetz-der-Anziehung*-Guru: „Wenn man nie Fehler macht, hat man auch nie Erfolg." Wir sind ständig auf der Suche nach dem nächstbesten Ding – das liegt in unserer Natur. Das ist die Freude des Lebens und des Erschaffens, aber es ist auch wichtig, wirklich zu feiern, was du bereits erreicht hast. Je mehr du anerkennst, wie großartig du bereits bist – mit oder ohne diese Auszeichnungen –, umso einfacher können diese Dinge zu dir fließen.

Für mich ist es eine meiner innersten Verletzungen, zu glauben, ich wäre nicht genug. Also war es nicht genug, es als Teil einer Anthologie auf die *USA-Today*-Bestsellerliste zu schaffen, auch wenn ich das achtmal schaffte. Ich musste beweisen, dass ich es auch mit einem regulären Buch schaffen konnte (nicht als Teil einer Anthologie). Dann, dass ich es auch mit einem Buch zum vollen Preis schaffen konnte (im Gegensatz zu einem Buch für 99 Cent im Angebot). Und natürlich akzeptiert der „Romance Writers of America"-Verein das Buch erst, wenn es als eigenständiges Buch in den Top 50 steht, also schätze ich, das zählte auch noch nicht, richtig?

Was kommt als Nächstes? Tja, die *New-York-Times*-Bestsellerliste. Ja. Aber ich bin jetzt auch genug. Du bist genau jetzt schon genug.

Es ist vollkommen okay – mehr als okay – und ich möchte dich sogar dazu ermutigen, die Absicht zu haben, jedes einzelne dieser aufregenden Ziele zu erreichen. Netflix-Verträge. TikTok-Ruhm. Bestsellerlisten. Ja! Bitte, glaube und empfange. Alles davon. Hefte oder klebe es auf dein Visionboard, lege deine Intention fest.

Aber einer der Tricks dabei, deine Energie mit deinen Zielen in Einklang zu bringen, ist es, zu glauben, dass du sie bereits erreicht hast. In anderen Worten: *Du bist bereits genug.*

Vor Kurzem, direkt vor der Veröffentlichung der nächsten Bestsellerliste, wurde ich panisch. Ich hatte ein BookBub-Konto und mein Buch wurde für 99 Cent verkauft. Ich wollte versuchen, auf die Liste zu kommen, und hatte ein paar Tage lang tausend Dollar pro Tag für Facebook-Anzeigen ausgegeben, aber die Zahlen, die reinkamen, sahen nicht gut genug aus, um es auf die Bestsellerliste zu schaffen (ich hatte auf mindestens sechstausend verkaufte Exemplare gezielt). Bis Mitte der Woche musste ich entscheiden, ob ich weiter Geld für Anzeigen ausgeben wollte oder einen Rückzieher machte.

Meine Energie-Coachin Katherine McIntosh riet mir, das Buch zu fragen, was es will. Als ich mich auf die Energie des Buchs einließ, stellte ich fest, dass es dem Buch völlig gleich war, ob es auf die Bestsellerliste kam oder nicht, aber es *wollte*, dass ich an es glaubte. In anderen Worten, es wollte für mich schon der Bestseller sein. Es wollte genug sein. Oder ehrlich gesagt, *mehr* als genug. Es wollte in meiner Wahrnehmung das Allergrößte sein. Ich spürte den sanften Anstupser, meine Ausgabe für die Anzeigen zu verringern, aber deshalb nicht den Glauben an die Bestsellerliste aufzugeben. Also reduzierte ich mein Budget für die Anzeigen, schickte aber die Energie ans Universum, dass mein Buch bereits ein *USA-Today*-Bestseller war und es auch verdient hatte.

Unglaublicherweise – mit nur viertausend verkauften Exemplaren – schaffte ich es auf die Liste!

Das sind Quantenverschränkungen. Das ist Manifestation. Vielleicht einfach nur Glück, wenn man nicht an Energien glaubt.

Ich hatte das Buch nicht aufgegeben, aber ich klammerte mich auch nicht übermäßig an das Ergebnis. Logisch betrachtet schien es ausgesprochen unwahrscheinlich, dass ich es mit diesen Verkaufszahlen auf die Liste schaffen würde, und doch habe ich es irgendwie geschafft!

Das ist die Magie des Universums am Werk.

Glaube ich, dass du auf die *USA Today*-Bestsellerliste kommen musst, um zu beweisen, dass du einen Wert hast? Nein.

**Du. Bist. Genug.**

Du hast ein Buch geschrieben! Weißt du eigentlich, wie viele Leute davon träumen und nicht einmal ansatzweise so weit kommen? Du hast dein Buch veröffentlicht! Wenn du pro Jahr mehr als fünfstellig verdienst, dann befindest du dich bereits in den obersten zehn Prozent aller Autor*innen!

Empfange schon jetzt die Energie davon, jede Auszeichnung zu besitzen, von der du jemals geträumt hast – *USA Today*-Bestsellerliste, den Titel auf der *Zeit*-Literaturbeilage, den Vivian-Preis oder den Hugo oder was für eine Auszeichnung auch immer für dein Genre verliehen wird. Energetisch kannst du das alles bereits jetzt schon haben. Schließe einfach die Augen und bitte darum, diese Energie zu empfangen, und dann spüre in dich hinein, wie es sich anfühlt. Ich sage immer etwas wie „Universum, zeig mir die Energie meines Buchs auf der *New-York-Times*-Bestsellerliste", und dann spüre ich die Freude und die Herrlichkeit dieses Gefühls.

Wenn Energie nicht deine Sprache ist, dann benutze deine Fantasie. Tue einfach so. Tue so, als ob es bereits passiert wäre. Verhalte dich, als ob es bereits passiert wäre. Treffe Entscheidungen auf Basis dessen, dass du ein*e Autor*in bist, die oder der bereits auf der *New York Times*-Bestsellerliste steht, bereits eine Million oder mehr pro Jahr verdient, alle Ziele erreicht hat, die er oder sie jemals erreichen wollte. Glaube daran, dass sie dir gehören.

Und erinnere dich daran – wenn du hörst oder siehst, wie jemand anders etwas erreicht, das du auch haben willst, dann sage: *Das werde ich auch haben*. Spüre ihren Erfolg, als ob es dein eigener wäre, anstatt dich in Eifersucht, Mangel oder Abwehr zu verfangen.

# ÜBERFLUSS-MEDITATION: ENERGIEAUSRICHTUNG

1. Schließe die Augen.
2. Nimm die Energieblase um dich herum wahr, die sich einen Meter in jede Richtung erstreckt.
3. Weite dieses Energiefeld aus, bis es so groß ist wie der Raum, in dem du dich befindest.
4. Weite es nun aus, bis es so groß ist wie der Straßenblock, auf dem du wohnst. So groß wie die Stadt, in der du lebst. So groß wie das Land. Breite es aus, bis es so groß ist wie die Erde. Jetzt so groß wie die Galaxie. Breite dein Energiefeld hundert Millionen Meilen in jede Richtung aus.
5. Öffne dich allen Möglichkeiten, allen Geschenken des Universums. Lade die Energie der *USA Today*-Bestsellerliste für die Bücher deiner Wahl ein. Wenn das ein Ziel ist, das du bereits erreicht hast, lade die Energie ein, die Nummer eins auf der Liste zu werden, oder die Energie, zwanzig Wochen auf der Liste zu stehen oder fünf Bücher gleichzeitig auf der Liste zu

haben – was auch immer sich gut für dich anfühlt!
6. Bitte die Energie, in dein Feld zu kommen. Lade sie in deinen Körper ein, in jede Zelle. Bitte sie darum, sich mit deinem Energiefeld zu verbinden. Suche nach jedem Ort, an dem sich die Energie nicht verbinden will – alles, was diese Energie davon abhält, vollkommen dir zu gehören, und bitte sie, Harmonie zu finden oder zu gehen.

Wenn du bereits in den Startlöchern stehst, um einen Laufzettel für ein bestimmtes Buch zu erstellen, frage dein Buch, was es von dir braucht, entweder energetisch oder faktisch. Vielleicht willst du dazu in dein Tagebuch schreiben, um sicherzustellen, dass du alles festhältst, was das Buch braucht.

## FREIES SCHREIBEN: ERFORSCHE DEIN GENIE

- Schreibe eine Liste mit fünf Erfolgen, die du letzte Woche verbucht hast und die du nun feiern kannst. Das können große oder kleine Siege sein. Je mehr du es anerkennst, umso leichter wird es. Das ist wie ein Schmiermittel für die Räder des Erfolgs.
- Welche Erfolge und Leistungen hast du bereits in deiner Karriere verbucht, die du jetzt in diesem Moment honorieren und feiern kannst?
- Wie wirst du dich selbst dafür belohnen, deine Ziele zu erreichen?
- Wie kannst du dich als Autor*in verbessern?
- Was hast du im letzten Jahr erschaffen, was du jetzt gerne anerkennen würdest?
- Was war großartig und fantastisch und was hast du durchgezogen?
- Auf welches Ergebnis hast du abgezielt, darauf hingearbeitet und es erreicht?
- Was ist passiert, was dich auf magische Weise überrascht und erfreut hat?

# 21

## DRAMA ZERSTÖRT

Ein Teil dessen, dich selbst wertzuschätzen, ist es, Raum für sich selbst zu ermöglichen. Du kannst nichts erschaffen, wenn die Energie anderer dich bedrängt.

Autor*in zu sein, kann ein sehr einsames, abgeschiedenes Unterfangen sein, weshalb viele Autor*innen Teil einer Online-Community werden. Die Community der Liebesroman-Autor*innen – oder Romancelandia – ist besonders lebhaft und aktiv.

Das kann unglaublich unterstützend sein. Aber es hat auch das Potenzial, ein toxisches Umfeld zu erschaffen.

Es wird immer irgendein Drama geben. Drama macht abhängig. Es ist aufregend. Als Autor*innen von Fiktion ist das unsere Welt. Wir arbeiten mit Spannung und Drama, um eine fesselnde Geschichte zu erzählen.

Aber es lenkt auch davon ab, die Zukunft zu erschaffen, die du haben willst. Drama ist ein Energiesauger. Es hält dich von den wirklich wichtigen Dingen ab und senkt deine Schwingungen. Erinnerst du dich an meine Geschichte über das Drama mit den gestohlenen Klient*innen? Ich hatte mich darin verfangen, wollte herumrennen und es jedem erzählen, damit sie meinen Standpunkt übernehmen konnten, bis ich die Stimme in meinem Kopf hörte, die sagte: „Erzähle diese Geschichte nie wieder."

In Drama und Trauma einzutauchen, erschafft nie mehr. Es ist kein Raum für Freundlichkeit oder um Dinge zuzulassen, selbst wenn du glaubst, du würdest den Underdog anfeuern.

Überprüfe deine Abhängigkeit von Drama – ist Drama immerzu Bestandteil deiner Welt? Passt sich deine Schwingung denen des Dramas an, sodass es immer wieder zurückkommt? Wenn etwas Bedauernswertes passiert, rennst du gleich los und postest es auf den sozialen Medien? Wirst du von Posts über das neuste Drama förmlich angezogen? Denk darüber nach, was das erschafft. Du vermittelst dem Universum, dass du noch mehr Drama und schreckliche Ereignisse sehen willst. Du richtest deine Energie und deinen Fokus auf etwas, was dich kaputtmachen wird.

**Stell dir die Frage:** *Was erschafft es?*

Wenn du entscheidest, über dein eigenes Drama zu posten, oder auf den sozialen Medien deine Kommentare zu den neusten Dramen abgibst, überprüfe dein Bauchgefühl, bevor du auf veröffentlichen klickst. Stelle dir Fragen wie: „Wird dieser Post mehr [Gutes] erschaffen?", oder „Ist das freundlich? Bin ich rücksichtsvoll?" Wenn die Antwort Nein ist, dann befindest du dich vermutlich im Zustand der Abweisung oder der Reaktion auf etwas, was deine Zukunft nicht erschaffen wird, sondern sie zerstören kann. Wenn die Antwort Nein ist, lösche den Post. Sogar, wenn du glaubst, du hättest das „Recht" dazu oder müsstest irgendwas beweisen, oder vielleicht sogar vor allem, *weil* du glaubst, du hättest das Recht dazu oder etwas zu beweisen. Normalerweise erschafft es niemals mehr Gutes in deinem Leben, sich in die Schlägerei zu schmeißen. Andererseits, manchmal schon. Überprüfe dein Bauchgefühl und du wirst die richtige Antwort finden.

Je mehr du das Drama nicht beachtest, das sich um dich herum abspielt, umso weniger wird es in deiner Welt auftauchen. Mittlerweile bekomme ich nichts mehr von dem ganzen Autor*innendrama mit. Ich habe keine Ahnung, was los ist oder was diese vagen Posts auf Facebook (Vaguebook) über Bullys bedeuten, und das ist mir nur recht so!

Drama ist ein Energie- und Zeitfresser. Denk nur mal darüber nach – als du das letzte Mal in ein Drama hineingezogen wurdest, wie viel Zeit hat dir das aus deinem Tag geklaut? Was hättest du stattdessen alles erledigen können? Zur Massage gehen? Dein Kapitel fertig schreiben? Die Inspirationen für deinen nächsten Bestseller herunterladen? Und was waren die verweilenden Überreste davon, dich auf dieses Drama eingelassen zu haben? Hast du die Geschichte einem Freund oder Partner weitererzählt, wenn du stattdessen deine Schreiberfolge hättest feiern können? Wie lange hat sich dieses Drama noch in deinem Energiefeld aufgehalten?

Drama zu ignorieren ermöglicht Fokus, Zeit und Energie für das, was du erschaffen willst. Du wirst nicht davon abgelenkt, was alle anderen machen. Du wirst dich weniger vergleichen und bei deiner eigenen Energie bleiben, was ein sehr machtvoller Standpunkt ist, um von dort aus zu erschaffen.

Wenn du deine Erfolge feierst und deine Verluste minimierst (Probleme, Drama, Ungerechtigkeiten), dann erhältst du mehr davon, was du in deinem Leben haben willst – das gute Zeug.

. . .

## Vergleicheritis

„Niemand kann dir ohne deine Zustimmung das Gefühl geben, minderwertig zu sein."
– Eleanor Roosevelt

EIFERSUCHT IST EIN SO SCHRECKLICHES GEFÜHL UND BLOCKIERT UNS ENERGETISCH VOLLKOMMEN, wenn wir uns darauf einlassen. Die beste Herangehensweise, um sich damit auseinanderzusetzen, ist es, Eifersucht als ein Werkzeug einzusetzen, das dir zeigt, in welchen bestimmten Bereichen du mehr haben willst. **Wenn du dich selbst klein machst, dann fühlst du dich bedroht.**

Das Buch von jemandem hat gerade den ersten Platz auf der Amazon-Verkaufsliste geknackt und du spürst diesen Anflug von Eifersucht? Betrachte es als das Universum, dass dir das ungenutzte Potenzial in dir selbst zeigt. Du versperrst dich einer Sache, die du willst. Du willst auch die Nummer eins sein. Anstatt deine Intention darauf auszurichten und darauf zu vertrauen, dass du dort auch hinkommen wirst, kehrst du zurück zum Mangel-Mindset. Diese Person hat, was ich will.

Hier ist mein Lieblingstipp für die Momente, in denen du mitbekommst, wie jemand anderem widerfährt, was du gerne selbst hättest. Sag dem Universum einfach: „Das nehme ich auch." Das *lockt die Erfolgsenergie an, anstatt sie fortzustoßen.*

Wenn du einen Post über den siebenstelligen Deal zur Buchverfilmung einer*s anderen Autor*in siehst, sag einfach: „Universum, das nehme ich auch!" Wenn du mitbekommst, wie die Veröffentlichung einer*s befreundeten Autor*in mehr Erfolg hat als deine, dann feiere diesen Erfolg, als ob es dein eigener wäre. Spüre ihren Erfolg wirklich wie deinen eigenen. Das sagt dem Universum, dass du mehr DAVON haben willst (auch wenn DAS nicht wirklich dein persönlicher Sieg war). Das positioniert dich in einer Einstellung des Empfanges, anstatt Überfluss abzublocken. Ihr Erfolg ist dein Erfolg. Alles ist Energie. Und du kannst diese Energie genau jetzt schon haben. Und das wird die physikalische Verwirklichung davon in dein Leben bringen.

Umgekehrt bestärkst du nur, dass du etwas nicht hast, und gibst dich der Eifersucht hin, wenn du jedes Mal sagst „Warum nicht ich?" oder „Warum ihr oder sein Buch?". Du bekräftigst den Mangel. Ich werde nicht so tun, als ob ich das nicht eine Million mal gespürt hätte. Das habe ich. Und tue es noch. Aber es wird immer einfacher, mich zu entscheiden, die Erfolge der Menschen um mich herum zu feiern (ob ich sie persönlich kenne oder nicht), und dem Universum mitzuteilen, dass ich dieses Ergebnis liebe.

Als ich 2012 anfing, meine Bücher zu veröffentlichen, fand ich es wahnsinnig interessant, wie sehr sich andere Autor*innen von Liebesromanen aufregten und wie verurteilend sie wurden, wenn es um E.L. James und ihre *„Fifty Shades of Grey"*-Trilogie ging. Ihr kometenhafter Erfolg hat die Leute eindeutig in Aufregung versetzt, und zwar nicht auf eine gute Art und Weise. Es gab so viele Diskussionen über den Verdienst ihres Schreibens, über die Geschichte an sich und über die Darstellung von BDSM. Es gab so viele Streitigkeiten darüber, vor allem unter den schmutzigen Autor*innen (was die Kategorie war, in die ich fiel).

Anstatt die *„Eine steigende Flut hebt alle Boote"*-Mentalität an den Tag zu legen – und ganz ehrlich, ich glaube, *Fifty Shades* **hat** die steigende Flut für den Rest von uns mitgebracht –, waren die Leute ganz versessen darauf, das Buch und seine Autorin auseinanderzunehmen. Es herrschte ein Element der Eifersucht auf ihren Erfolg und eine Verbitterung darüber, dass der gleiche Erfolg nicht allen in den Schoß gefallen war. Tatsächlich hätte es energetisch den Pfad zum Überfluss bereitet, wenn die Leute stattdessen einen riesigen Berg *Dankbarkeit* für James und *Fifty Shades* gezeigt hätten, die so vielen Leser*innen die Tür zu erotischer Literatur geöffnet hat.

Ich habe eine ähnliche Reaktion auf die unglaubliche Fünfzig-Millionen-Dollar-Kickstarterkampagne des Science-Fiction-Autors Brandon Sanderson erlebt. Einige Leute waren begeistert darüber, weil er bewies, was möglich war, aber für viele schien es ein Trigger zu sein. Die Leute schienen beinahe wütend über seinen Erfolg zu sein, schienen mit den Füßen aufzustampfen und zu rufen: „Warum nicht ich?" Als ob ihnen sein Erfolg das Gefühl gäbe, nicht gut genug zu sein, und sie das damit kompensieren mussten, die ganze Idee zu kritisieren.

Wettbewerb ist eine alte Energie – eine Energie, die die Menschheit langsam überwinden sollte. Ich denke gerne, dass Wettbewerb ursprünglich eine Überlebenshilfe war. Als wir noch Höhlenmenschen waren, mussten wir uns anpassen und so sein wie alle anderen in unserem Stamm, um zu überleben. Wir benutzten Wettbewerb und haben uns so verhalten wie alle anderen, um nicht von wilden Tieren gefressen zu werden und genug Essen zu finden.

Dieser Instinkt beunruhigt und verunsichert uns, wenn wir uns mit anderen vergleichen, und in unserer eigenen Vorstellung reichen wir nicht an sie heran. Wir glauben, wir müssten genau das Gleiche tun wie die erfolgreichen Autor*innen und sind dann enttäuscht, wenn unsere Ergebnisse nicht die gleichen sind wie bei ihnen. Die Wahrheit ist

– du kannst und wirst nicht den gleichen Erfolg haben, den sie für sich geschaffen haben. Du bist nicht hier, um jemand anderes zu sein, das Leben von jemand anderem zu leben, die Geschichten von jemand anderem zu schreiben. Du bist ein einzigartiges Wesen. Deine Bücher sind einzigartige Schöpfungen. Du wirst auf deine eigene Weise Erfolg haben, und dich mit anderen zu vergleichen, wird diesen Weg nur verschließen. So sehr DU zu sein, wie du kannst, ist die einzige Methode, um dein Potenzial zu nutzen.

Früher bin ich immer als totales Nervenbündel zu Autogrammstunden gegangen. Ich war überzeugt, dass ich sie falsch machte. Alle anderen machten sie besser. Es gab irgendeine geheime Formel, die ich nicht kannte, und sobald ich dahinter kam, würde mir alles viel leichter fallen.

Meine Co-Autorin Lee Savino hat mir dabei geholfen, herauszufinden, dass die geheime Formel darin bestand, einfach ich selbst zu sein. Bei den Autogrammstunden aufzutauchen und „die beste Renee zu sein, die jemals reneet hatte." Diese Einstellung zu übernehmen, hat mir so viel mehr Freiheiten geschenkt. Ich konnte mich entspannen und das Universum die Dinge einfacher machen lassen, anstatt zu versuchen, alles genauestens zu kontrollieren und alles, was ich tat, zu beurteilen.

Jedes Mal, wenn du denkst, du müsstest dich mit jemand anderem vergleichen, um alles richtig zu machen, wärst du bereit, diesen Instinkt einfach fallen zu lassen und stattdessen deine eigene Magie aufzudrehen? Dein eigenes Licht anzuknipsen? Mehr du selbst zu sein? Du wirst es schaffen. Du wirst ihren Erfolg haben, aber auf deine eigene Art und Weise, denn niemand sonst ist so wie du. Vertraue darauf. Benutze die Energie des Erfolgs anderer als einen Auslöser für deine Neugierde. Versuche, deinem Körper Fragen zu stellen wie: *Wie würdest du Erfolg gern erleben? Wie fühlt sich Erfolg für dich an?* Anstatt dich darauf zu fokussieren, wie sich Erfolg für andere manifestiert, richte dich danach aus, wie Erfolg für dich aussieht und sich anfühlt.

Beobachten wir doch einfach, wie unsere fantastischen, befreundeten Autor*innen auf die *New York Times*-Bestsellerliste oder in die Top 25 auf Amazon kommen, und sagen: „Das nehme ich auch. Danke, Universum, dass du mir zeigst, was möglich ist!" Wenn ein*e befreundete*r Autor*in für ein Buch ein BookBub-Angebot erhält, feiern wir mit ihnen zusammen! Und dann, nachdem du die Energie des Erfolgs in deinem eigenen Feld erhalten hast, frage deinen Körper: *Was für einen Erfolg möchtest du jetzt erfahren?*

Bist du bereit und gewillt, den Wettbewerb hinter dir zu lassen? Ganz ehrlich, wenn einer von uns als Autor*in erfolgreich ist, dann können und werden alle von uns profitieren. Wir müssen nicht in Konkurrenz miteinander stehen.

Bist du bereit, all den Erfolg zu besitzen, den du manifestieren kannst? Das ist der komplizierte Teil. Wir wünschen uns oft großen Erfolg, aber irgendwo in unserem Hinterkopf lauert ein Glaubenssatz, der uns davon abhält, diesen Erfolg zu realisieren. Wenn du also anfängst, die Energie des Erfolgs anderer zu genießen, und Teil daran nimmst, achte darauf. Lass dich ganz darauf ein, wenn du vor einer Herausforderung stehst. Habe den Mut, herauszufinden, was dich von deinem Erfolg abhält.

Vor Kurzem telefonierte ich mit einer Freundin, die mir erzählte, dass ihr Mann gerade an einem Tag 200.000 Dollar mit Bitcoin verdient hatte! Später wurde mir bewusst, dass ich nicht einmal für eine Sekunde Eifersucht oder Missgunst oder Angst verspürt hatte, ich könnte etwas verpassen. Ich kam aus dem Gespräch und schwebte förmlich, als ob ich das Geld selbst verdient hätte. Denn ich hatte wirklich das Gefühl, als ob ihr Erfolg mein Erfolg wäre! Ich entschied, selbst ein bisschen zu investieren, während ich auf diesem High surfte, und fühlte mich, als ob ich bereits den Erfolg hatte, den sie erlebt hatten.

Ich sage euch Bescheid, wenn ich die 200.000 Dollar knacke.

# HEIMSPIEL

1. Identifiziere ein paar Autor*innen, die auf unterschiedliche Arten richtig Erfolg haben, und bitte darum, die Energie ihres Erfolgs zu erfahren. Dann lasse das Universum wissen, dass du das Gleiche nimmst.
2. Jetzt denke an ein paar Leuten, die dich manchmal triggern – normalerweise jemand, der mit dir in etwa auf Augenhöhe ist, was den Erfolg angeht. Oft ein*e Freund*in. Manchmal ein „Hassfreund". Versuche, wirklich zu spüren, dass ihr oder sein Erfolg deiner ist. Heiße diesen Erfolg zusammen mit deinem willkommen. Deinen zusammen mit deren. Unterstütze sie oder ihn wirklich und beobachte, wie diese Unterstützung direkt zu dir zurückkommt.

* Als Anmerkung: Manchmal werden wir vor allem von Leuten getriggert, die uns als ihre Konkurrenz betrachten. Das ist ihr Problem, nicht deins. Manchmal hilft es schon, das zu verstehen, um dich vom Spiegeln und Aneignen

ihrer Energie zu entfernen, aber manchmal musst du Verbindungen kappen und neue Freunde finden, die dich mehr unterstützen. Deinen Fokus von Beziehungen abzuwenden, die nichts Großes für dich schaffen, ist starke Arbeit. Du musst nichts anderes tun, außer deine Aufmerksamkeit auf die Erfahrungen und Beziehungen zu lenken, die etwas Größeres für dich erschaffen, denn Menschen und Beziehungen, die dich aus deiner eigenen Stärke herausziehen wollen, werden schließlich verschwinden. Sei furchtlos und beobachte, was in den Bereich deines Lebens fließt, den die Energie dieser Beziehungen freigemacht hat.

## 22

### HÖRE AUF, DICH SELBST ZU VERURTEILEN (ODER DEINE BÜCHER)

Du bist bereits perfekt. Wenn du dieses Buch in die Hand genommen hast, weil du glaubst, irgendwas würde mit dir nicht stimmen, dann lass mich dich auf der Stelle beruhigen. Du hast bereits alle Zutaten, die du brauchst. Verurteile dich nicht.

Verurteilung ist überall zu finden und niemand verurteilt dich strenger als du selbst. Diese Angewohnheit zu verändern, wird den größten Unterschied in deiner Geldrealität machen, denn es wird dem Universum mitteilen, dass du nicht etwa ein Stück Scheiße bist (wie du es vermutlich hinausgesandt hast), sondern dass du allen Überfluss und allen Erfolg verdient hast und jeder deiner Träume wahr werden soll.

Wenn du dein Buch verurteilst, dann vertraust du nicht auf deine Instinkte und wirst das Feld der Möglichkeiten extrem einschränken. Du wirst nicht erkennen, was getan werden muss, noch bist du objektiv.

Vor Kurzem habe ich die Rechte zu einer Serie zurückerhalten, die ich 2015 geschrieben habe. Obwohl ich die Bücher zu der Zeit liebte, war offensichtlich, dass ich mich in den Jahren danach als Autorin weiterentwickelt hatte. Als ich die Bücher aufschlug, um sie erneut zu lesen, schüttelte es mich förmlich, meinen alten Stil zu lesen, und die Tatsache, dass die Bücher eher Erotika als Liebesromane waren, war mir unangenehm.

Weil ich wusste, dass das nicht die richtige Energie war, um damit meine Bücher neu aufzulegen, konzentrierte ich mich darauf, meine Verurteilung der Bücher abzustellen, damit ich sehen konnte, was sie brauchten. Ich nahm Kontakt zu einer meiner Co-Autorinnen auf, Vanessa Vale, um eine objektive Meinung darüber einzuholen, wie viel Arbeit ich in das Umschreiben der Bücher investieren sollte, bevor ich sie veröffentlichte.

Das war nicht einfach. Es ist viel einfacher, in die Verurteilung der eigenen Bücher zu rutschen, als sie zu feiern, aber ich habe jetzt einen Plan, die Bücher umzurüsten (und der hat nichts damit zu tun, sie in einer Kiste unter meinem Bett zu verstecken!). Jetzt habe ich große Freude daran, sie mit Liebe umzuschreiben. Stell dir die Umgestaltung eines Hauses vor. Wenn du dein Haus neu gekauft oder gebaut hast, liebst du es. Nach einer Weile verändert sich dein Geschmack. Renovieren, Verändern und Anbauen sind Bestandteil des Lebens. Sich auf die Schönheit zu konzentrieren, die du erschaffst, ist stärker, als sich auf die Energie zu konzentrieren, die es in der Vergangenheit war.

Ich habe es schon früher gesagt, aber ich kann es nicht oft genug sagen: Du hast bereits alle Antworten.

**Höre auf, allen anderen recht zu geben und dir selbst unrecht.**

ODER ANDERSHERUM. So oder so befindet sich deine Energie im Widerstand zu etwas. Du musst deine Entscheidungen nicht rechtfertigen. Es sind einfach deine Entscheidungen. Möglicherweise gefallen dir die Entscheidungen von jemand anderem nicht und es ist okay, dass du dich anders entscheiden würdest. Du musst die Entscheidung eines anderen nicht als falsch bezeichnen, um dich selbst anders entscheiden zu dürfen.

Hör auf, alle Antworten außerhalb von dir selbst zu suchen. Sei offen dafür, wann und wie sich deine Antworten zeigen. Ja, vielleicht tauchen sie in Form einer Expertenmeinung auf oder als Lektion über ein bestimmtes Thema, als irgendeine Inspiration, die du durch etwas bekommst, das du siehst, aber letztendlich kannst nur du wissen, ob deine Methoden für dich funktionieren werden oder wie du sie einsetzen kannst. Du wirst wissen, wenn dich etwas begeistert. Ob es sich einfach und echt anfühlt. Ob die Umsetzung reibungslos verläuft.

Wenn du immer wieder mit dem Kopf gegen die Wand rennst, weil du versuchst, etwas zu meistern, von dem dir gesagt wurde, du müsstest es tun, hör vielleicht einfach auf und nimm dir einen Moment Zeit, um dich zu fragen, was du tatsächlich über _____ weißt (TikTok-Videos erstellen, Werbetexte schreiben, Einbandgestaltungen auswählen, Bücher übersetzen). Halte dich nicht einfach an das, von dem du *entschieden* oder *abgeleitet* hast, dass man es so macht. Du musst offen bleiben, nicht aufhören, Fragen zu stellen, und den ersten sechs Schritten in diesem Buch folgen, damit du dich wirklich auf die Magie des Universums einlassen und Dinge mit Leichtigkeit und im Fluss erschaffen kannst.

# HEIMSPIEL

Fange damit an, all die Momente zu identifizieren, in denen du dich verurteilst oder dir selbst nicht vertraust. Dann ersetze alle Urteile mit Fragen (aber keine „Warum"-Fragen!). Stelle dir die Fragen und sei offen für die Antworten, die sich im richtigen Augenblick zeigen werden. Oder versuche es mit freiem Schreiben, am besten direkt als Allererstes am Morgen, wenn dein Unterbewusstsein noch offen ist und dem Universum gestattet, einzuspringen und dir zu helfen. Anstatt beispielsweise zu sagen: „Ich bin so langsam, ich kann einfach nicht mehr als 500 Wörter in einer Stunde schreiben", drehe es um und formuliere es als Frage:

- Körper, würde es sich gut anfühlen, schneller zu schreiben?
- Wie könnte ich mit absoluter Leichtigkeit schneller schreiben?
- Wie könnte ich mehr Spaß daran haben, meine Wortzahl zu erreichen?

- Wie kann ich es feiern, wenn ich die Worte tatsächlich auf die Seite gebracht habe?

Anstelle von „Warum kann ich nicht genug Tantiemen verdienen, um meinen anderen Job an den Nagel zu hängen?", versuche es mit:

- Was kann ich tun oder sein, um aus dem Schreiben einen Vollzeitjob zu machen?
- Was bin ich *nicht* bereit, zu tun oder zu sein, um das Schreiben zum Vollzeitjob zu machen? Diese Frage kann alle möglichen Blockaden oder Widerstände oder versteckten Beweggründe zum Vorschein bringen, von denen aus du agierst.
- Was würde es brauchen, um genug Geld mit meinen Büchern zu verdienen, damit ich meinen Job an den Nagel hängen kann? Universum, zeig es mir.

Anstelle von „Meine Buchveröffentlichungen funktionieren für mich nie", versuche es mit Fragen wie:

- Was würde es brauchen, damit das meine bisher beste Veröffentlichung wird?
- Was braucht meine Veröffentlichung, um \_\_\_\_ verkaufte Exemplare zu erreichen?
- Welche Energie muss ich sein oder haben, damit das meine beste Veröffentlichung bisher wird?

Fällt dir auf, dass ich *bisher* und nicht *jemals* gesagt habe? Denn wir wollen uns noch weiter steigern. Und natürlich will ich auch anerkennen, dass Wachstum nicht linear ist.

Manche Bücher verkaufen sich besser als andere, und dennoch haben sie alle ihren Platz in deinem Portfolio verdient!

# FREIES SCHREIBEN: ERFORSCHE DEIN GENIE

Schreibe über Folgendes:

- Wo (und wann und mit wem) würdigst du deine Zeit / dich selbst nicht?
- Wo (und wann) verurteilst du dich selbst, bist zu hart mit dir selbst, schätzt dich selbst nicht wert?
- Wann (und wozu) hast du große Erwartungen an dich selbst gestellt, die nicht möglich sind oder die du ohnehin nicht erfüllen wolltest?
- Wann hast du von dir selbst erwartet, lineare Anforderungen zu erfüllen oder auf eine vorformulierte Weise Leistungen zu erfüllen, um deine Ziele zu erreichen? Könntest du diese Ziele auch auf eine andere, neue Methode erreichen?
- Gibt es etwas, was sich dabei beschämend anfühlt? Würdest du bereit sein, diese Verurteilungen zu beseitigen? Dir selbst zu verzeihen? (Diverse Reinigungsmethoden findest du in Schritt 1.)

- Wo zweifelst du an deinem eigenen Wissen und versuchst, stattdessen die Ratschläge der Experten zu befolgen?
- Wo versuchst du, dich selbst zu korrigieren, anstatt anzuerkennen, wie fantastisch du bereits bist?
- Wo leistest du Widerstand gegen deine eigene Großartigkeit?

## 23

### GEHE BEHUTSAM MIT DIR UM

Seien wir ehrlich – niemand ist grausamer zu dir selbst als du selbst. Würdest du mit einem*r Freund*in so sprechen wie mit dir selbst? Würdest du an ihn oder sie die gleichen Anforderungen stellen wie an dich selbst?

Im Jahr, als mein Vater starb und ich die Scheidung einreichte, hatte ich noch immer die gleiche Erwartung an mich selbst wie vorher – meine Einnahmen zu verdoppeln. Aber es war nicht überraschend, dass mein Einkommen mehr oder weniger unverändert blieb. Ich verbrachte das Jahr mit dem Gefühl, auf der Stelle zu treten und enttäuscht darüber zu sein, dass ich nicht wie gehofft geschafft hatte, meine Einnahmen zu verdoppeln. Aber am Ende des Jahres gewährte ich mir selbst etwas Gnade.

Ich gestand ein, dass ich in diesem Jahr viel durchgemacht hatte und es schon eine Leistung war, mein Einkommen einfach gleich zu halten. Wenn ich höre, wie sich Freundinnen von mir fertig machen, weil sie nicht schreiben können, nachdem ein Elternteil gestorben ist oder sie sich gerade scheiden lassen oder hochschwanger sind, dann erinnere ich sie daran, dass sie im Augenblick einfach viel verarbeiten. Überhaupt auf der Matte zu stehen und den Tag zu bewältigen, ist in diesem Fall schon fantastisch.

Die Wahrheit ist, je mehr du dich in schwierigen Zeiten um dich selbst kümmerst, umso einfacher und schneller wirst du dich erholen und wieder durchstarten, wenn Energie und Fokus zurückkommen. Und vielleicht wirst du es ja als dein bestes Jahr bisher bezeichnen, wenn du dem Universum gestattest, seinen Teil beizutragen, so wie Lee es getan hat, als sie sich nach der Geburt ihres zweiten Kinds um sich selbst gekümmert hat.

Als ich mich frisch von meinem Mann getrennt hatte, konnte ich nicht aufhören, zu weinen. Ich verabredete mich mit Katherine McIntosh, meiner Energiecoachin, zum Zoomen und entschuldigte mich bei ihr, dass ich nicht einmal so lange mit Weinen aufhören konnte, um ihr zu erzählen, was los war. Sie fragte mich: „Wie lange musst du weinen? Fünf Tage? Fünf Wochen? Fünf Monate?"

Mein Bauchgefühl sagte mir eine Woche. Katherine forderte mich auf, mir selbst die Erlaubnis zu geben, eine Woche lang zu weinen. Alles rauszulassen und mich nicht dafür zu verurteilen.

Das kam mir wie ein sehr radikaler Ratschlag vor. Ich musste mich nicht zusammenreißen und so tun, als ob alles normal wäre? Ich musste die Tränen nicht runterschlucken?

Ich nahm ihren Ratschlag an und gestattete mir, zu weinen. Ich erlaubte mir außerdem, die Angst und die Nervosität darüber zu verspüren, zum ersten Mal in meinem Leben allein zu sein. Jedes Mal, wenn ich mich nervös fühlte, setzte ich mich hin, legte meine Hand auf meine Brust und ließ mich ganz darauf ein. Anstatt gegen Angst und Nervosität anzukämpfen oder mich ihnen zu verweigern, gestattete ich ihnen, hervorzubrechen. Interessanterweise bemerkte ich, dass sich dieser Zustand dann oftmals innerhalb einer halben Stunden löste, wohingegen er mich in der Vergangenheit monatelang geplagt hätte.

Das Weinen dauerte fünf Tage an. Das war alles.

Denn indem ich mir gestattete, diese Ausdrücke von Emotionen einfach zu durchleben, ohne sie zu verurteilen oder mich ihnen zu verweigern, lauerten sie nicht länger in mir, nahmen meinen Verstand gefangen, hatten eine Auswirkung auf mein Nervensystem oder nagten auf sonst irgendeine Weise an meinem Wohlbefinden. Ich sträubte mich nicht gegen den Schmerz und die Trauer, die herausbrechen wollten. Ich ließ sie ohne Filter oder Verurteilung fließen.

Indem ich mir selbst die Erlaubnis gab, fünf Tage lang zu weinen, und mich deswegen nicht unter Druck setzte, verarbeitete ich dieses Trauma relativ schnell. Hinterher fühlte ich mich etwas müde und ein bisschen leer, aber viel, viel klarer.

In der Vergangenheit wäre es mein Instinkt gewesen, die Tränen unter Kontrolle zu halten. Ich hätte befürchtet, mich „im Selbstmitleid zu suhlen" oder depressiv zu werden. Ich hätte dagegen angekämpft oder versucht, es schnell wieder in Ordnung zu bringen. Als meine Mom starb, hatte ich davor solche Angst, dass die Trauer noch Monate später in meinem Hals feststeckte. Simone Gers, meine Quantenheilerin, sagte mir, ich solle einfach loslassen und die Trauer ausdrücken – dass meine Tränen eine Anerkennung meiner Mom seien und nicht etwa Ausdruck meiner Unfähigkeit, mich unter Kontrolle zu haben.

Wenn wir uns selbst mit Nachsicht begegnen, wenn wir in den Zeiten, in denen wir das Gefühl haben, den Erwartungen nicht gewachsen zu sein, behutsam und freundlich und unterstützend mit uns umgehen, dann ist es einfacher, diese härteren Zeiten durchzustehen und wieder in die Spur zu kommen. Und nicht nur zurück in die Spur – sondern regelrecht vorwärtszupreschen.

Wenn du dich nicht besonders fähig fühlst, schau dir an, was du bereits geschafft hast, und nicht das, was du nicht geschafft hast. Du hast deine Wortzahl nicht erreicht, weil dein Haustier einen Notfall hatte und du den ganzen Tag beim Tierarzt verbracht hast? Erkenne an, dass du ein*e fantastische*r Tierhalter bist und es deine Priorität war, dich um ein geliebtes Mitglied deiner Familie zu kümmern.

Erkenne auch die winzigen Erfolge an.

Du hast den ganzen Tag mit Erledigungen verbracht, anstatt am Schreibtisch zu sitzen? Versuche, nur für fünfzehn Minuten zu schreiben, und dann gratuliere dir dafür, dir diese Viertelstunde Zeit genommen zu haben. Du hast dich vorwärtsbewegt. Erkenne an, was du geschafft hast.

Ich kenne so viele Autor*innen, die während der Pandemie zu kämpfen hatten. Kinder oder einen Partner zu Hause zu haben, wenn die meisten von uns tagsüber normalerweise ein ruhiges Haus genießen, hat viele von uns völlig aus dem Konzept gebracht. Das ist das perfekte Beispiel für eine Zeit, während der wir einfach unsere Erwartungen runterschrauben müssen. Es wäre uns selbst gegenüber nicht freundlich gewesen, zu erwarten, dass wir einfach mit der gleichen Geschwindigkeit weiter funktionieren.

Einen Tipp, um dir selbst Freiheit und Verständnis entgegenzubringen, wenn du nicht deine volle Leistung erbringen kannst, ist es, dich zu fragen: *Was würde ich* *einer\*m Freund\*in sagen, die oder der diese Situation durchmacht?* Und dann gib dir selbst diesen Ratschlag.

### HONORIERE DEINE EIGENE ZEIT – stelle jemanden an, der dir hilft

DIESE SACHE FÄLLT MIR RICHTIG SCHWER. Hart zu arbeiten, wurde uns in der Familie von klein auf anerzogen. Sogar jetzt noch habe ich ein schlechtes Gewissen, wenn ich ein Buch zum Vergnügen lese, weil ich das Gefühl habe, ich sollte stattdessen eigentlich ein eigenes Buch schreiben.

Ich sträube mich dagegen, Hilfe anzuheuern, bis sich die Dinge praktisch jenseits eines kritischen Levels befinden. Manche meiner limitierenden Glaubenssätze diesbezüglich sind:

- Es würde genauso lange dauern, jemandem zu erklären, was er tun soll, wie es einfach selbst zu erledigen. Das mag auf kurze Sicht stimmen, ist aber sehr kurz gedacht. Sobald andere wissen, wie man es macht, muss ich es nie wieder erklären.
- Ich kann das selbst machen.
- Ich scheue mich nicht vor harter Arbeit.
- Ich weiß, wie es besser geht.
- Ich habe nicht die Zeit, um andere zu managen.
- Ich könnte jemanden anstellen und dann nicht genug Aufgaben für sie haben.

- Ich könnte jemanden anstellen und dann versiegen meine Tantiemen und ich kann sie nicht länger bezahlen.
- Ich könnte jemanden feuern müssen und ich mag einfach keine Konfrontationen.

UNTER DIESEN GLAUBENSSÄTZEN LIEGT TATSÄCHLICH EINE MEINER INNERSTEN VERLETZUNGEN VERSTECKT: Ich bin nicht gut genug. Ich bin es nicht wert, Hilfe anzustellen. Außerdem spielt da auch eine kleine Geldwunde mit hinein. Ich identifiziere mich nicht mit der Chefin. Ich identifiziere mich mit der fleißigen Biene.

Wie dumm ist das denn, bitte schön? Ich verdiene siebenstellig – man sollte eigentlich meinen, ich könnte mich und meine Zeit genug wertschätzen, um Hilfe anzustellen.

Unterm Strich heißt das: Du bist es wert, Hilfe zu bekommen. Du hast es verdient. Deine Zeit ist es wert. Deine geistige Gesundheit ist wichtiger, als alles allein zu erledigen. Hol dir Hilfe.

Bitte lies das noch einmal.

*HOLE DIR HILFE, wann immer du sie brauchst.*

ÜBERSPRINGE DIESEN TEIL NICHT EINFACH, weil du glaubst, du könntest es dir nicht leisten oder du wärst noch nicht so weit.

Hilfe kann bedeuten, für ein paar Stunden einen Babysitter anzuheuern, damit du deine kreative Quelle mit etwas

„Ich-Zeit" auffüllen kannst. Es kann eine Putzhilfe bedeuten. Jemanden anzustellen, der den Garten winterfertig macht. Es kann heißen, die Marketingaufgaben abzugeben. Gibt es etwas in deiner Autor*innenkarriere, das du nicht gerne tust? Bitte – hol dir Hilfe. Möglicherweise gibt es da draußen jemanden, dem es Spaß macht. Vielleicht gibt es in deiner Autor*innengruppe jemanden, der oder die das liebt, was du hasst, aber etwas anderes hasst, das du liebst. Tauscht. Du gewinnst somit nicht nur Zeit zurück, sondern es schenkt dir auch so viel mehr, dich selbst wertzuschätzen. Etwas zu tun, was du hasst, saugt dir die Energie aus. Dich um dich selbst zu kümmern, schenkt dir mehr Energie, um die Dinge in deiner Karriere zu tun, die liebst, wie beispielsweise das Schreiben.

Es muss keine langfristige Verpflichtung für eine*n Angestellte*n bedeuten.

Du könntest eine Aufgabe abgeben – Social Media. Oder deinen Newsletter. Oder die Anzeigen. Die Person muss sich nicht am gleichen Ort oder sogar im selben Land wie du befinden. Vielleicht findest du jemanden mit günstigem Stundenlohn auf Upwork oder Fiverr. Während ich dieses Buch schreibe, gibt es eine Facebookgruppe, die Autor*innen mit persönlichen Assistent*innen vernetzt. Sie heißt Author PA Meet & Greet *(alle Inhalte auf Englisch)*:

https://www.facebook.com/groups/628826870633445

Außerdem kann ich Tim Ferris' Buch *Die 4-Stunden Woche* wärmstens empfehlen, wenn es um Ideen dafür geht, wie man virtuelle Assistenten einsetzen kann, und für Inspirationen darüber, aus dem Trott des Solo-Entrepreneurs herauszukommen.

Als jemand, die es allen recht machen will, brauchte ich eine Weile, um wirklich zu begreifen, dass die Person, die ich angestellt hatte, da war, um mir zu helfen, und nicht etwa andersherum. Als ich darüber nachgedacht habe, wen ich einstellen wollte, kreisten meine Gedanken um Fragen wie: „Wer kann das zusätzliche Geld gebrauchen?" oder „Wem könnte ich mit diesem Job helfen?", anstatt mich zu fragen, wer am besten zu mir passen würde.

Meine ersten Versuche, Leute anzustellen, gingen nicht besonders gut. Ich ließ mich von meinem ersten Übersetzer herumschubsen und er stritt sich mit den Lektoren. Es war wirklich absurd. Außerdem verbog ich mich förmlich für meine ersten PA, versuchte, Jobs zu finden, die ihr gefallen könnten, anstatt die Arbeit, bei der ich am meisten Hilfe brauchte. Ich war einfach nicht bereit, die Boss-Bitch zu sein, nicht einmal einfach der Boss. Ich schätze, ich versuchte zu zeigen, wie cool ich als Boss war.

Es wurde erst besser, als ich anfing, Leute einzustellen, die bereits Erfahrungen mit bestimmten Jobs für Autor*innen hatten – wie einen Publizisten, jemanden, der sich um meine Grafiken und Posts auf den sozialen Medien kümmert, jemanden, der meinen Newsletter erstellt und jemanden, der sich um meine TikTok-Post kümmert.

Wenn du dich weigerst, dir Hilfe zu holen, dann ist eine sehr nützliche Frage: „Wofür hätte ich Zeit, wenn ich jemanden anstelle, um mir Dinge abzunehmen?" oder „Was entgeht mir, weil ich mir keine Hilfe hole?" (Geld, Zeit für die Dinge, die du liebst, Stress, mentales Wohlergehen.) Wenn du es aus diesem Blickwinkel betrachtest, wird dir schnell klar, wie verrückt es ist, dir keine Hilfe zu holen.

Eine weitere Methode, es umzuformulieren, ist es, deinen Stundenlohn auszurechnen (oder potenziellen Stundenlohn) und es damit zu vergleichen, was es kosten würde:

- Dein Haus zweimal pro Monat von einer Putzhilfe reinigen zu lassen
- Jemanden zu beauftragen, deine sozialen Medien zu managen und Grafiken zu posten
- Jemanden zu beauftragen, deinen Newsletter vorzubereiten und zu verschicken
- Deine Bücher von jemand anderem formatieren zu lassen
- Dir Hilfe für die Buchhaltung zu holen
- Jemanden deinen Kalender managen zu lassen
- Jemanden dein Goodreads-Konto managen zu lassen
- Jemanden Wettbewerbe / Facebook-Partys veranstalten zu lassen
- Jemanden Posts für Preisausschreiben und Giveaways posten zu lassen
- Jemanden zeitgleich auf Plattformen wie Goodreads, Facebook etc. posten zu lassen
- Jemanden TikTok- und Instagram-Videos für dich erstellen zu lassen
- Jemanden zu beauftragen, deine Webseite mit deinen neusten Büchern und Bonusmaterialien zu updaten.

ÜBERPRÜFE, ob alles selbst zu machen zu eng mit deiner Identität verstrickt ist. Du bist stolz darauf, alle Aufgaben zu erledigen, die im Haushalt anfallen, oder alles allein schaffen zu können. Du willst dieses Selbstbild nicht loslassen. Für mich war es schwer, mich von dem Bild zu lösen, die Elternausschuss-Mom zu sein. Ich hatte mich so sehr mit dieser Rolle identifiziert. Bevor meine Kinder in die

Schule kamen, hatte eine andere Mutter sehr dafür plädiert, die Mom zu sein, die immer auf dem Schulgelände anzutreffen war. Dann würden die Lehrer sich mehr um das Kind kümmern und andere Eltern würden einem alles erzählen, was das Kind betraf. Ich wollte, dass meinen Kindern die Schule Spaß machte und dass ich ein Teil davon war.

Aber dann kam es zu einem Punkt, an dem ich es nur noch aus einem schlechten Gewissen und der Last der Verantwortung heraus tat. Als ob niemand mehr diese Rolle übernehmen würde, wenn ich es nicht tat. Meine Kinder wurden älter und es wurde ihnen mehr und mehr egal, ob ich auf dem Campus war oder nicht. Ich musste diese alte Identität loslassen und mir stattdessen die der Millionärsautorin überziehen. Es birgt einen gewissen Hauch der Trauer, den Zerfall des Alten zu akzeptieren und stattdessen in das Neue hineinzutreten. Solange diese Identität Teil von mir war, liebte ich sie wirklich. Aber ich verspreche dir, ich bin jetzt, mit meinem neuen Millionärsautorinnen-Image, noch glücklicher als vorher. Und der Elternausschuss läuft auch ohne mich wunderbar weiter. (Sorry, Elternausschuss, ich hoffe, niemand gibt sein Amt auf, nachdem sie dieses Buch gelesen haben. Ich liebe dich von ganzem Herzen.)

**Probleme suchen**

Ich hatte seit jeher diese ineffiziente Methode, Probleme zu lösen. Ich taufe sie meine „Ruf drei Freunde an"-Herangehensweise. Jedes Mal, wenn etwas schiefging – in meiner Ehe, mit einem meiner Kinder, mit egal was in meinem Leben – rief ich immer mindestens drei unterschiedliche Freunde an, um zu hören, was sie dazu zu sagen hatten. Ich meine, das war kein offizielles Rezept. Es waren nicht immer drei und mir war auch nicht bewusst, dass das mein vorhersehbares Verhalten war, aber das war die Methode. Anschließend packte ich alle Ratschläge zusammen, vermischte sie gut und benutzte sie, um meine nächsten Schritte zu planen. Ich würde gerne sagen, um mich *vorwärtszubewegen*, aber ich glaube ehrlich gesagt nicht, dass es mich vorwärtsgebracht hat. Ich habe mich nur besser über den Graben gefühlt, in dem ich mich verschanzt hatte.

Zum einen vermittelt es dem Universum, dir einfach immer mehr Probleme aufzutischen, je mehr du über deine Probleme sprichst, und von daher verwurzelte allein die Tatsache, drei Freunde anzurufen, die Probleme noch tiefer. Zum anderen – *niemand hat die Antwort auf meine Probleme außer mir selbst*. Ratschläge und Meinungen von Freund*innen einzuholen oder die Geschichte immer und immer herunterzuleiern, hilft nicht.

### Hole dir Hilfe von deinem Energie-Team

ALLES IST ENERGIE. Dank der Physik wissen wir, dass sogar feste Gegenstände aus winzigen, beweglichen Partikeln bestehen, und durch Quantenphysik wissen wir, dass der Beobachter Einfluss darauf haben kann, wie sich diese Partikel verhalten.

Kannst du dann auch glauben, dass alles um dich herum dich auf deiner Reise unterstützen kann? Du hast ein Energie-Team – deine Helfer, die sich zusammentun, um Dinge für dich möglich, einfach und reichlich zu machen.

Du kannst bewusst mit deinem Team zusammenarbeiten und ihre Hilfe heranziehen, was dich dafür öffnet, noch mehr zu empfangen.

Dein Team könnte aus allen möglichen Energien bestehen – deinen Haustieren, dem Baum vor deinem Fenster, wenn du schreibst, deinen Kindern, deinem Partner, den Wesen, die nicht länger in Körpern wohnen, wie Familienmitglieder, die gestorben sind, großartige Parkplätze. Möglicherweise hast du einen Schutzengel, Feen, Baumnymphen, spirituelle Führer, Seelentiere oder Naturintelligenz, die in dir arbeiten.

Deine Zimmerpflanzen könnten zu deiner Zukunft beitragen. Deine Anziehsachen könnten zu deiner Zukunft beitragen. Dein Garten. Deine Kinder – sogar das winzigste Baby – sind Mitglieder des Energie-Teams und helfen dir dabei, deine Zukunft zu gestalten.

Dein Körper ist Teil des Teams! (Ein weiterer Grund, sicherzustellen, dass du ihn würdigst und dich gut um ihn kümmerst.)

Deine Bücher, geschriebene und noch ungeschriebene, sind Teil deines Teams!

Weiter vorne in diesem Buch habe ich die Geschichte davon erzählt, wie ich mich selbst so sehr wertgeschätzt habe, dass ich mein Haus gekauft habe, was einen riesigen Unterschied in meinem Leben gemacht hat. Als ich hier eingezogen bin, wurde mein Haus Teil meines Energie-Teams. Es unterstützt, wer ich bin und wer ich werde. Mein Tesla unterstützt meine Zukunft, weil er mich jedes Mal glücklich macht, wenn ich mich hinters Lenkrad setze.

Die Bedeutsamkeit der Energie der Dinge zu erkennen, mit denen du dich umgibst, zeigt dir, warum Ausmisten und Reinigen und dir hin und wieder einen Luxus zu gönnen ein erfolgreicher Teil dessen sein kann, Überfluss zu manifestieren.

Autor*in zu sein, kann sich einsam anfühlen. Die eigenen Bücher zu vermarkten, kann sich manchmal wie Sisyphusarbeit anfühlen. Es hilft, zu wissen, dass man nicht wirklich allein ist, dass die Energien, mit denen du dich umgibst, bereit sind, ihren Teil zu deinem Überfluss beizutragen und dir dabei zu helfen, Geld zu verdienen.

# KINDER SIND HERVORRAGENDE TEAMMITGLIEDER, UM ÜBERFLUSS ANZUZIEHEN!

Sie haben noch nicht so viele festgefahrene Ideen darüber, wie einfach oder schwer es ist, Geld zu verdienen. Du kannst ihnen beibringen, zu glauben, was du selbst noch nicht einmal wirklich glaubst. Als meine Kinder jünger waren und große Wünsche an mich hatten (wie beispielsweise die zehntausend Dollar teure Dinosaurierskulptur auf der Gemshow), sagte ich immer: „Ja! Wir können sie kaufen, wenn meine Bücher eine Million Dollar verdient haben." Auf diese Weise fingen sie an, vor Vorfreude über das, was möglich wurde, wenn ich schließlich Millionärsautorin war, förmlich zu vibrieren. Ich achtete darauf, nicht zu sagen: „Das können wir uns nicht leisten", oder eine andere Einschränkung zu vermitteln, die nur auf unserem derzeitigen Lebensumstand basierte. Ich versuchte, es im Rahmen des Möglichen zu halten, so unwahrscheinlich es zu der Zeit auch scheinen mochte.

Man muss nichts Besonderes tun, um das Team aufzustellen und seine Hilfe zu empfangen, abgesehen davon, anzuerkennen, dass man dieses Team hat. Du kannst es in dein Bewusstsein aufnehmen, wenn du Anforderungen an das Universum stellst. Ich sage gerne ein energetisches *Hallo* zu meinen Kindern, meinen Haustieren, dem Auto und dem Haus, und lade sie ein, mir dabei zu helfen, Geld zu verdienen, da uns allen damit geholfen ist.

Du kannst sie außerdem mit dazuholen, wenn du um Führung bittest. Ich habe von Leuten gehört, die Geister in ihre Häuser eingeladen haben, damit sie ihnen eine Million Dollar oder Aufträge bringen, und wir könnten sie einladen, um uns Leser*innen zu bringen. Wenn du mehr darüber erfahren willst, dich direkt mit deinen höheren Führer oder den Wesen zu verbinden, kann ich dir die Bücher *Opening to Channel* von Sanaya Roman und *Mit den Entitäten sprechen* von Shannon O'Hara empfehlen.

# FREIES SCHREIBEN: ERFORSCHE DEIN GENIE

**Was sind Arten, auf die ich Hilfe erhalten könnte?**

- Wer oder was ist Teil meines Energie-Teams?
- Wie kann ich mich öffnen und mehr von ihnen empfangen?

## 24

INVESTIERE IN DEIN BUSINESS

In diesem Buch geht es darum, Überfluss anzuziehen, nicht, ihn auszugeben. Richtig?
Manchmal sind wir blockiert, weil wir nicht bereit sind, zu investieren. Indem wir unser Geld festhalten, können wir es nicht vermehren.

Trage die Einstellung des Mangels nicht in dein Business hinein – manchmal musst du Geld ausgeben, um Geld zu verdienen, und es gibt eine Zeit, um in dein Geschäft zu investieren.

Teil davon, dich und deine Karriere zu würdigen, kann es sein, zu investieren. Das kann in Form von Werbung passieren, durch Aufträge für Grafikdesign, dadurch, Leute anzustellen, die dir helfen, maßgefertigte Buchumschläge zu kaufen, oder deine Bücher übersetzen zu lassen. Es gibt Momente, in denen es sich merklich auszahlt, Geld auszugeben. Lass dich nicht durch deine Angst, das investierte Geld zu verlieren, davon abhalten.

Dein Glaube daran, dass deine Karriere wichtig genug ist, um dafür Geld auszugeben, schickt ein starkes Signal an das Universum. Wenn du dein Geschäft würdigst, dann wird es das Universum auch tun.

Wenn du über eine Ausgabe nachdenkst, benutze die Werkzeuge, die wir in diesem Buch geschärft haben, um dein inneres Wissen anzuzapfen. Versuche es mit freiem Schreiben über Fragen wie:

- Wird mir das helfen, neue Leser*innen zu erreichen?
- Wird es mir mehr Geld verdienen?
- Erschafft es mehr?

Manchmal erhältst du ein Ja für das eine, aber nicht zwangsläufig auch für das andere. Als ich beispielsweise versuchte, mich zu entscheiden, ob ich viel Geld für Facebook-Anzeigen ausgeben soll, um mit einem bestimmten Buch auf die Bestsellerliste der *USA Today* zu kommen, fragte ich, ob ich damit mehr Geld verdienen würde, und bekam ein Nein als Antwort. Aber als ich fragte, ob es mehr erschaffen würde, hörte ich Ja. Ich verstand also, dass es möglicherweise Gründe jenseits des kurzfristigen Profits geben könnte, Geld dafür auszugeben, auf die *USA-Today*-Bestsellerliste zu kommen. Wie sich herausstellte, landete das Buch tatsächlich auf der Liste und bescherte mir einen Profit, aber vielleicht hätte es ohne die Liste einen höheren Profit erzielt. Ich machte mir nichts daraus, denn ich vertraute der Information, die ich erhielt. Auf der Liste zu landen, würde mehr für meine Karriere bringen, und die Investition war es wert.

Außerdem fand ich heraus, dass die Frage *„Erschafft es*

*mehr?"* zu stellen dabei hilft, zu entscheiden, in was ich meine Zeit und meine Anstrengungen investiere. Beispielsweise werde ich oft eingeladen, für Anthologien zu schreiben. Obwohl sie eine Ablenkung von meinen Serien sind – mein Hauptbroterwerb – und mir selten viel Geld verdienen, verspüre ich meistens den Antrieb, für sie zu schreiben. Sie mögen keine umgehenden Einnahmen erzielen, aber sie erschaffen mehr für meine Karriere. Möglicherweise stellen sie einen Kontakt zu einer anderen Autorin her, der Früchte trägt. Möglicherweise ergibt sich daraus ein nicht greifbarer Vorteil, wie beispielsweise, Reichweite oder Prominenz zu erhöhen. Samen für meine zukünftigen Projekte zu säen.

Wenn du dich entscheidest, in dein Business zu investieren, und du noch immer nervös deswegen bist, versuche es damit, die Aussage herumzudrehen, wie wir in früheren Kapiteln besprochen haben.

**„Jeder Dollar, den ich für mein Business ausgebe, kommt zehnfach zu mir zurück."**

EINE WEITERE METHODE, um Klarheit zu gewinnen, ist es, dir vorzustellen, wie es sechs Monate nach der Investition für dich aussieht und wie du dich fühlst – schwer oder leicht?

**WAS, wenn sich deine Investition nicht auszahlt?**

. . .

SEIEN WIR EHRLICH: Nicht jede Investition in dein Business wird sich unmittelbar auszahlen. Manchmal gibt man große Summen aus und der Ertrag ist mies. Das passiert. Als ich noch bei Kindle Unlimited war, passierte es häufiger, denn aggressive Anzeigenkampagnen gehörten dazu und es war in gewisser Hinsicht ein Glücksspiel. Man konnte die Rendite der Investition nicht in Echtzeit verfolgen, denn man wettete darauf, dass sich die Investition anhand von gelesenen Seiten auszahlte.

Ich erfuhr einige sehr enttäuschende Verluste. Aber anstatt sie als Misserfolge zu verbuchen, half es mir, mich daran zu erinnern, dass jeder Dollar, den ich ausgab, dennoch eine Investition in mein Business war. Ich habe bereits erwähnt, dass es heißt, ein Kunde müsse ein Produkt erst siebenmal sehen, bevor er kauft. Tja, vielleicht haben die ganzen Ausgaben für meine Anzeigen den Grundstein für den Erfolg meiner späteren Bücher gelegt. Das nächste Mal, wenn die Leser*innen deine Anzeige sehen, erinnern sie sich daran, dass sie deinen Namen schon einmal gesehen haben, und klicken diesmal auf *Kaufen*.

Es gibt keine Fehler. Jeder Schritt, den du tust, jede Entscheidung, die du in deiner Karriere triffst, bringt sie *tatsächlich* vorwärts. Das Einzige, was sie stillstehen lässt, ist es, nichts zu tun. Keine Entscheidung zu treffen, nicht auf dein Bauchgefühl zu hören, nicht zu investieren, keine inspirierten Maßnahmen zu ergreifen.

Sogar wenn es der Weg vorwärts sein sollte, herauszufinden, dass eine Entscheidung, die du getroffen hast, keine Entscheidung ist, die du noch einmal treffen würdest, hast du dennoch etwas gelernt. Du bist eine andere Person als die, die du vor dieser Entscheidung warst.

# MIT RÜCKSCHLÄGEN UMGEHEN

# 25

## BURN-OUT UND SCHREIBBLOCKADEN

Die Themen der Überforderung und des Burnouts kommen in unserer Author-Abundance-Mitgliedercommunity oft zur Sprache.

Wir alle durchleben mit unserem kreativen Schaffen Höhen und Tiefen. Alles im Leben hat sein Auf und sein Ab, aber es gibt Momente, in denen du glaubst, vor einer Wand zu stehen und festzustecken. Du fühlst dich erschöpft oder so, als ob deine kreative Quelle versiegt wäre. Die Worte kommen einfach nicht aus dir heraus oder du willst dich nicht einmal an den Computer setzen, weil es sich erzwungen und wie Arbeit anfühlt.

Normalerweise hat Überforderung nichts mit der tatsächlichen Arbeit zu tun, die erledigt werden muss – die könntest du mit relativer Leichtigkeit verrichten. Sogar ambitionierte Wortzahlziele können einfach erreicht werden, wenn wir unsere Einstellung verändern. Überforderung ist ein Widerstand gegen das, von dem du glaubst, du müsstest es erledigen, und wenn sich das noch nicht schwer genug anfühlen sollte, dann ist es zudem meist noch mit einem riesigen Berg Verurteilung dir selbst gegenüber überschüttet, der dich runterzieht, weil du diese Aufgabe noch immer nicht erledigt hast, zu langsam bist oder glaubst, du würdest der Anforderung irgendwie nicht gerecht werden.

Schreibblockade ist eine Mischung aus **Widerstand und Verurteilung.**

Wir setzen uns selbst unter Druck, um unsere Manuskripte zu schreiben, und weil sich dieser Druck nicht gut anfühlt, widersetzen wir uns dieser Arbeit. Dann verurteilen wir uns selbst, weil wir die Arbeit nicht tun. Das Ganze wird zu einem Negativkreislauf. Ein perfekter Sturm, um nie wieder auch nur ein einziges Wort zu schreiben. Jemals.

Normalerweise ist es deine eigene Erwartung an dich selbst, die dich hier verbrennt.

Perfektionismus ist ein riesiger Übeltäter. Die Zeiten, in denen ich an einem Manuskript geschrieben habe und dachte, ich müsste es für einen Agenten schreiben, im Vergleich zu den Momenten, wenn ich ein Buch für meine Fans schrieb, waren vollkommen gegensätzliche Erfahrungen. Für einen Agenten zu schreiben, lässt mich erstarren. Jedes Wort beurteilen.

Lässt mich meine Arbeit viel zu kritisch betrachten. Mich mich selbst in die Niederlage zwingen.

Die Gesellschaft bringt uns bei, uns selbst auseinanderzunehmen. Nach jedem Mangel zu suchen. Ich bin in einer dieser Familien aufgewachsen, in der Liebe dadurch gezeigt wurde, Fehler aufzuzeigen. Der Gedanke dahinter war, dass wir uns gegenseitig „abstauben" sollten – sicherstellen wollten, dass niemand Spinat zwischen den Zähnen hatte, bevor wir das Haus verließen und in die Welt hinaustraten. Ich weiß, dass es aus dem Wunsch heraus passierte, mich zu unterstützen und mir Blamagen zu ersparen, aber lass mich dir eins sagen – es hat mich nicht gerade mit Selbstbewusstsein ausgestattet.

Ich habe gehört, dass der Hauptgrund für zwanghaftes Horten Perfektionismus ist. Wenn der Messy Dinge nicht perfekt aussortieren kann, tut er es überhaupt nicht. Im College hatte ich eine Mitbewohnerin, die mir das Gleiche beschrieben hat. Sie sagte, dass sie ihr Bett entweder mit einem Lineal machen würde, die Laken auf jeder Seite ausmessen würde, um sicherzustellen, dass sie perfekt symmetrisch waren, oder sie würde ihr Bett überhaupt nicht machen. Es gab für sie kein Dazwischen. Kein schnelles Glattstreichen der Decke, um den Eindruck eines gemachten Bettes zu vermitteln.

Meine Co-Autorin Lee Savino entschied eines Tages, dass es an der Zeit sei, ihr Schreiben auf das nächste Level zu bringen. Sie hatte Interesse daran, romantische Komödien zu schreiben, und las ein paar Bücher darüber, wie man das am besten anstellte. Dann setzte sie sich hin und schrieb ihre nächsten Bücher und ... puh.

Es war schmerzhaft. Zum Haareraufen. Sie schaffte im Durchschnitt kaum 1.000 Wörter pro Tag. Sie sträubte sich förmlich dagegen, zu schreiben, weil sie diese riesigen Erwartungen an sich selbst hatte.

Das zog sich beinahe ein Jahr hin, bevor sie ihren Ausweg fand: Sie entschied, ab jetzt einfach *mittelmäßig* zu sein. Ihr wurde bewusst, dass ihre derzeitigen Fans ihre Arbeit liebten. Die Leser*innen verlangten überhaupt nicht, dass sie ihre Bücher auf ein neues Level brachte. Sie musste einfach nur Bücher schreiben, die genauso gut waren wie die Bücher davor.

Sie musste einfach nur mittelmäßig sein.

Sobald sie sich selbst die Erlaubnis erteilt hatte, nicht mehr perfekt sein zu müssen, strömten die Worte wieder aus ihr heraus. Sie fing wieder an, Gefallen an den Geschichten zu finden und ihre Figuren zu lieben. Es wurde alles einfach.

Und natürlich, nachdem sie sich nicht mehr unter Druck gesetzt hatte, perfekt zu sein, stiegen auch ihre Bücher auf ein ganz neues Level.

Kritisch zu sein, ist vernichtend. Es sorgt für eine Abwärtsspirale. Du verlierst den Glauben an dich selbst und dann kannst du deine Erwartungen nicht erfüllen, also verlierst du noch mehr Selbstvertrauen. Die ganze Sache ist eine einzige Lawine.

Es ist genau wie mit Schlaflosigkeit. Einer der Hauptgründe für Schlaflosigkeit ist ... *sich Sorgen darüber zu machen, dass man nicht schläft*. Es ist vollkommen normal für uns Menschen, mitten in der Nacht aufzuwachen. Wir sind biologisch so programmiert – vielleicht, um ursprünglich in unseren Höhlen das Feuer zu bewachen. Das Problem ist, wenn Leute mitten in der Nacht aufwachen und dann schlichtweg durchdrehen, weil sie wach sind. Dieses Durchdrehen lässt sie nur noch länger wachliegen ... Du siehst also, wie sich das zu einem Negativkreislauf entwickelt.

Die Zeiten, als ich ein Buch für einen Agenten geschrieben habe anstatt für meine Fans, waren absolut unerträglich. Anstatt mich auf die Geschichte einzulassen, habe ich die meiste Zeit damit verbracht, mich in Frage zu stellen und zu versuchen, das Buch mit Kritikeraugen zu betrachten.

Es gibt eine Zeit und einen Ort für die Augen anderer –

normalerweise im Editiervorgang. Was auch immer dich davon abhält, zu schreiben, entscheide dich dafür, die entgegengesetzte Richtung einzuschlagen – befreie dich aus dem Gefängnis der Glaubenssätze, der Sichtweisen oder Erwartungen, die dich gefangen halten. Entscheide dich für eine andere Sichtweise, zum Zukunftsvorhersagen, frage nach, was noch alles möglich ist, gehe deinen limitierenden Glaubenssätzen auf den Grund. Entscheide dich für etwas anderes. Wenn dich etwas davon abhält, zu schreiben, dann muss es aufhören.

Hier sind noch weitere Vorschläge, wie du dich aus dem Feststecken befreien kannst.

**Benenne es nicht**

Allem voran: Worte besitzen Energie. Auch wenn ich es gerade benannt habe, *tue das nicht*. In dem Augenblick, indem du es *Schreibblockade* oder *Burn-out* nennst, verfestigst du diese Energie. Du hast ihr einen Namen gegeben und dadurch eine Form und eine Struktur, an der man sich festhalten kann. Du besitzt es. Du hältst dich daran fest. Je länger du dich darauf konzentrierst, umso fester und schwerer wird es.

Was, wenn du stattdessen ganz in dem Moment sein kannst, zusammen mit allem, was du erlebst. Du könntest sagen: „Ich fühle mich gerade ein wenig erschöpft, aber das wird vorübergehen", anstatt zu sagen: „Ich *bin* erschöpft" oder „Ich *habe* Burn-out".

Wenn du etwas benennst, wirst du es schon bald als eine reale Sache sehen. Du wirst förmlich beweisen, dass es stimmt. Psychologen nennen das den „Bestätigungsfehler". Du suchst nach einem Problem und findest Beweise dafür, dass es existiert.

Ich merke das mit meinem ganzen Körper. Wenn ich anfange, Dinge zu sagen wie: „Mein Stoffwechsel ist langsamer geworden und ich kann einfach nicht abnehmen", beweist mir mein Körper, dass ich recht habe. Die Waage wird bei der gleichen Zahl feststecken und nichts, was ich tue, wird das ändern. Aber wenn ich diesen limitierenden Glaubenssatz beseitige und stattdessen entscheide, dass sich mein Körper großartig anfühlt, dann nehme ich in einer Woche fünf Pfund ab und werde sichtbar straffer auf eine Art und Weise, die unmöglich zu sein scheint.

**Beseitige Verurteilungen und Widerstände**

Die zweitbeste Methode, um die Energie des Burn-outs oder der Schreibblockade zu verfestigen, ist es, dich selbst oder deine Erfahrung zu verurteilen. Was, wenn es kein Versagen wäre, vor einer Mauer zu stehen und fünf Tage zu brauchen, während denen du auf der Couch liegst und Süßigkeiten futterst, bevor du wieder etwas schreiben kannst? Vielleicht ist das der Prozess. Das zu verurteilen, führt nur dazu, dass es für dich nicht funktioniert. Wenn du deine Erfahrung zulässt, dann öffnet sich alles.

Manchmal, wenn ich vor einer Mauer stehe und an meine Grenzen stoße, rufe ich meine Freundin Simone an, und im natürlichen Verlauf unseres Gesprächs kommen wir schließlich auch auf das Buch zu sprechen, an dem ich gerade schreibe. Sie stellt mir aus ehrlichem Interesse heraus Fragen dazu, und während ich ihr die Antworten mitteile, bekomme ich selbst Einsichten darüber. Der Raum öffnet sich. Wer in deinem Kreis liebt und schätzt dich und deine Arbeit so sehr, dass sie gerne in deinem kreativen Prozess schwelgen, mit dir Gedanken hin- und herwerfen wollen, vielleicht sogar einfach über potenzielle Figuren oder Handlungen oder zukünftige Ideen herumspinnen wollen? Manchmal kann es alles verändern, laut mit jemandem über diese Dinge nachzudenken.

In vielen Fällen ist es das Sträuben und der Widerstand gegen Burn-out und Schreibblockaden, die sie überhaupt erst befähigen und eine Spirale ermöglichen, die diese Situation nur weiter verfestigt. Du fühlst dich ausgebrannt und hast Angst vor dem Burn-out, also wehrst du dich mit aller Kraft dagegen, was eine Menge Energie verbraucht und den Burn-out nur verstärkt.

Vielleicht bist du der Typ Mensch, der sich sehr anstrengt und sich dann ausruhen muss. Es gibt Zeiten für das Schreiben. Gibt es einen Grund, weshalb man sich vor der Ruhezeit fürchten sollte? Vor dem Winter? Der Landwirt hat keine Angst davor, Land brach liegen zu lassen. Er weiß, dass diese Zeit der Ruhe notwendig ist, um die Fruchtbarkeit des Bodens wiederherzustellen.

Was, wenn du dich ganz auf den empfundenen Burn-out einlassen würdest und ihm gestattest, vorüberzugehen? Was, wenn du eine Unterhaltung mit ihm suchen würdest? Oder mit deinem Körper? „Hallo, Körper. Wie lange würdest du dich gerne ausruhen?" Oder mit dem Buch, das du versuchst zu schreiben (oder gegen dessen Schreiben du dich sträubst)? „Hallo, Buch! Gibt es etwas, was du mich wissen lassen willst?"

Der beste Ausweg aus dem, was du als Burn-out oder Schreibblockade wahrnimmst, ist es, Fragen zu stellen.

Versuche es mit den folgenden Schreibaufforderungen oder schließe einfach die Augen und spüre in deine Energie hinein, um die Antworten zu finden.

- Welche Glaubenssätze habe ich über Burn-out?
- Welche Lügen glaube ich über Burn-out? (Unser natürlicher Zustand ist Freude, Gesundheit, Überfluss. Wenn das also nicht auftaucht, bist du einer Lüge aufgesessen. Was ist diese Lüge?)
- Wogegen sträube ich mich?
- Höre in deinen Körper hinein und frage ihn: Was brauchst du? (Brauche ich eine Pause, Inspiration, einen Tapetenwechsel, einen lustigen Film?)
- Ist das überhaupt meine Energie? (Manchmal ziehen wir uns die Energien anderer über, so wie wir uns eine Erkältung oder Grippe einfangen.)
- Ist es ein Problem oder ist es eine Möglichkeit?

Wenn du EFT praktizierst, versuche, dich in das Statement „Es ist sicher für mich, zu schreiben" hineinzuklopfen.

# FALLSTUDIE: JENNIFER OWENBY – SCHNELLER SCHREIBEN

Bevor sie sich hinsetzt, um zu schreiben, wendet Jennifer Owenby, ein Mitglied unserer Author-Abundance-Community, die Schneller-Schreiben-Meditation an, die ich in der Gruppe anbiete. „Ich liebe diese Meditation. Ich konnte dieses Jahr bisher alle zwei Monate ein Buch veröffentlichen. Es ist Juni und ich arbeite gerade an einem Weihnachtsbuch, also bin ich in meinem Zeitplan sogar voraus, was das Schreiben so viel weniger stressig macht."

Sie sagt, dass die Meditation ihr dabei hilft, klarer zu werden, wenn sie keine Ahnung hat, was sie als Nächstes schreiben soll. „Sobald ich mir über die nächste Geschichte im Klaren bin, läuft alles, aber es gibt Tage, an denen es mir so vorkommt, als läge mir ein riesiger Felsbrocken im Weg und mein kreativer Prozess hockt schmollend in der Ecke. Wenn ich meine Barrieren fallen lasse und mich entspanne und die Meditation mache, und seit ich Mitglied in der Author-Abundance-Community bin, dann habe ich es bisher immer geschafft, jedes Buch VOR der Deadline fertigzuschreiben. Außerdem arbeite ich gerne vor. Wenn ein Buch also sagt, ‚veröffentliche mich früher', dann bin ich bereit."

Außerdem hat sie mit dem Im-Voraus-Schreiben mehr Ruhe. „Ich mag es, ein Buch oder eine Serie zu veröffentlichen und dann eine Pause zu machen. Ich vertraue meinem Körper und meinem Gehirn, dass sie einfach sagen: ‚*Nö, jetzt ist Pause.*'"

Auch Jennifers Einkommen hat sich erhöht. „Mein neuestes Buch war bisher meine beste Veröffentlichung und der größte Kassenschlager. Es stand auf Platz 356 der Amazon-Verkaufscharts. Diese Meditationen funktionieren definitiv."

Sie erzählt, dass eine ihrer Blockaden gegen den Erfolg ihre Angst war. „Je erfolgreicher du bist, umso mehr haben es die fiesen Autor*innen auf dich abgesehen. Es war so, als ob ich den Erfolg wollte, aber ich habe mich verkrochen, mich selbst vor Gerüchten und Beschimpfungen beschützt." Dank der monatlichen Live-Meetings in der Gruppe achtet sie nun bewusst darauf, wann sie sich in sich selbst verkriecht. „Sooft ich kann, lasse ich meine Schutzmauern fallen, nehme Raum ein, richtig viel Raum, und dann befinde ich mich an meinem sicheren Ort mit dem Universum, erhalte all meine Geschenke, alle Hilfe, alle Liebe, Frieden und Führung. Manchmal mache ich das mehrmals am Tag. Manchmal habe ich viel um die Ohren und vergesse es, aber ich achte darauf, zu bemerken, wenn ich mich klein mache und verstecke, und dann benutze ich die Werkzeuge, die du uns an die Hand gegeben hast."

## 26

SCHLECHTE ODER GAR KEINE KRITIKEN

**Schlechte Kritiken können dir Geld einbringen**

HABE ICH DICH DAMIT ÜBERRASCHT? Es stimmt. Vielleicht nicht so, wie du glaubst, aber vielleicht ja doch. Manchmal können Rezensionen mit nur einem Stern helfen, ein Buch zu verkaufen. Ich habe jede Menge cleverer Autorenfreundinnen, die Ein-Stern-Rezensionen bekommen haben und Zitate daraus benutzt haben, um ihre Bücher zu bewerben.

Aber ich betrachte das aus einer Energie-Sichtweise. Du kennst den Spruch „Es gibt keine schlechte Presse", oder? Tja, das stimmt aus dem Grund, weil alle Rezensionen Energie für dein Buch sind. Gut oder schlecht, das ist irrelevant. Nur du kannst bestimmen, welchen Einfluss sie auf dein Buch haben. Kleiner Tipp – es sind nicht die Worte der Rezension, sondern deine Reaktion (oder Nicht-Reaktion) darauf, die die Energie bestimmt.

Gary Douglas, ein international anerkannter Vordenker

und Gründer von Access Consciousness® sagt, dass du für jede Kritik, die du erhältst, ohne darauf zu reagieren, oder besser noch: die du mit Dankbarkeit empfängst, in diesem Jahr fünftausend Dollar mehr verdienen wirst. Andersherum wird jede Kritik, gegen die du dich sträubst und auf die du reagierst, dich zehntausend Dollar kosten. Warum? Weil es dich auf der Position des Empfangens verortet, schlechte Rezensionen deiner Bücher mit Dankbarkeit zu empfangen, was genau die Einstellung ist, die wir kultivieren wollen, um Überfluss anzulocken.

Ich liebe es, mich jedes Mal daran zu erinnern, wenn ich mich an einer Rezension stoße. Ich treffe die bewusste Entscheidung, die Energie in eine Energie des Empfangens umzudrehen. „Oh! Du hasst mein Buch? Danke, das sind fünftausend Dollar mehr für mich!"

Die Meinungen anderer Leute über unsere Bücher gehen uns nichts an, wirklich nicht. Ich weiß nicht, ob diese Zahlen hundertprozentig stimmen, aber ich weiß, dass mein Einkommen durch die Decke gegangen ist, seit ich aufgehört habe, Rezensionen zu lesen. Ich kann mich erinnern, dass ich zu Beginn meiner Karriere auf den Ratschlag der *New-York-Times*-Bestsellerautorin Annabel Joseph gehört habe, die sagte, man solle sich nicht auf Rezensionen konzentrieren, denn man könne sie ja nicht kontrollieren. Bleibe dabei, dich auf die Dinge zu fokussieren, die du kontrollieren kannst, wie die Qualität deiner Bücher und dein Marketing.

Ich war immer der Meinung, wenn ich glaube, etwas sei großartig, wenn ich es liebe, dann wird das auch jemand anderes denken. Jeder? Nein. Und das ist okay. Kein Buch ist für jeden. Manche Bücher sind nur für eine kleine Leserschaft vorgesehen. Manche für ein größeres Publikum. Es gibt kein Richtig oder Falsch. Kein Gut oder Schlecht. Dein

Buch ist deine brillante Kreation und es wird seine perfekten Leser*innen finden.

Wenn du eine Rezension liest, die dich aufregt, dann erschafft das ein Schwanken in deiner Welt. Dein Sträuben und deine Reaktion darauf (oder deine Übereinstimmung mit einer guten Rezension) können für eine positive oder negative Aufladung der Energie sorgen.

Entweder teilt man dem Universum mit, dass man auf irgendeiner Ebene glaubt, der Kritiker hätte recht, was einfach nur weitere schlechte Rezensionen und Verurteilungen anzieht. Du willst nicht die Energie ins Universum hinausschicken, dass dein Buch tatsächlich mangelhaft IST (und ganz ehrlich – ist nicht jedes Buch für manche Leser*innen mangelhaft? Wir können es nicht jedem recht machen!), denn dann werden andere Leser*innen diese Energie aufnehmen und die Mängel sehen anstatt alles, was großartig daran ist. Du solltest dich nicht dagegen sträuben und auf jede Rezension reagieren und diese energetische Aufladung ermöglichen. Übe stattdessen, sie einfach durch dich hindurch- und hineinfließen zu lassen oder dich tatsächlich von dieser Energie auftanken zu lassen. Das funktioniert nicht nur bei schlechten Rezensionen, sondern bei jeder Art Kritik. Du kannst üben, sie mit Dankbarkeit anzunehmen.

Bei meinen Live-Meetings in der Community beginne ich die Meditationen oft damit, die Mitglieder einzuladen, ihre Barrieren fallen zu lassen und sich bis an die Ränder des Universums auszubreiten. Dieses Raumeinnehmen lässt alle Energie durch dich hindurchfließen, ohne eine Auswirkung auf dich zu haben. Wenn du in diesem Zustand Kritiken oder schlechte Rezensionen erhältst, können sie dir tatsächlich Energie verleihen. Öffne dich dafür, die Energie der Rezensionen zu empfangen – aller Rezensionen. Du kannst sogar die Energie der Rezensionen zu Büchern anderer Autor*innen empfangen, falls deine Bücher noch keine Rezensionen haben. Sag mit deiner wohlwollendsten inneren Stimme: „Vielen Dank für diese Kritik." Es mag sich zunächst anfühlen wie Sarkasmus, aber das ist okay! Du hast gerade Gold erschaffen! Du hast gerade eine schlechte Kritik in Geld verwandelt, womöglich sogar buchstäblich.

Hast du schon mal von NetGalley gehört? Das ist ein Portal, auf dem man Rezensionen für seine Bücher bekommen kann. Ich gab 500 Dollar aus (zu der Zeit eine riesige Summe für mich), um eins meiner Bücher dort reinzustellen. Aber dann wurde ich panisch, hatte Angst, nur schlechte Kritiken zu bekommen, denn das Buch war versaut und von daher nichts für jeden. Meine Angst lockte keine schlechten Rezensionen an, sie lockte GAR KEINE Rezensionen an. Mein Buch saß einfach nur monatelang herum und bekam gerade mal eine Handvoll Rezensionen. Mir wurde klar, dass ich das Buch versteckt hatte und es davon abhielt, gesehen zu werden. Sobald mir das bewusst wurde, öffnete ich meine Energie wieder und lud Rezensionen ein, und ab da strömten die Rezensionen nur so herein. Und sie waren alle gut!

Ein anderes Beispiel ist die Veröffentlichung des zweiten Bands meiner *„Meister von Zandia"*-Serie. Es war meine erste unabhängige Veröffentlichung einer Serie für Kindle Unlimited. Ich hatte den Impuls verspürt, den zweiten Band so schnell wie möglich herauszubringen, um beim Algorithmus dank der „Fließbandveröffentlichung" aufzutauchen. Anstatt also ein zweites Buch mit 50,000 Wörtern zu schreiben, wie für den ersten Band, schrieb ich ein kürzeres Buch – nur 35.000 Wörter – und veröffentlichte es drei Wochen nach dem ersten Band. Eine gute Strategie? Absolut! Das einzige Problem – ich hatte furchtbare Angst, dass alle sauer sein würden, weil das Buch so kurz war. Ich ließ meine Energie der Angst in die Veröffentlichung mit einfließen und siehe da, die ersten Rezensionen beschwerten sich, dass das Buch zu kurz sei.

Ich rief meine beste Freundin und Co-Autorin Lee Savino an. Sie ist eine wundervolle und einzigartige Freundin, da sie sich nicht nach mir ausrichtet und mir in allem zustimmt, wenn ich mit einem Problem anrufe (was, wenn wir ehrlich sind, meistens das ist, was wir von Freunden wollen). Stattdessen servierte sie mir augenblicklich eine ordentliche Dosis Wahrheit. „Das hast du selbst erschaffen!", sagte sie zu mir. „Du hast dir Sorgen deswegen gemacht, also ist das die Energie, die du empfangen hast. Lass es los. Das Buch ist vollkommen in Ordnung. Liebe dein Buch", riet sie mir. Optimistisch gestimmt verschob ich meine Energie, erkannte die Wahrheit in ihren Worten. Und rate mal was? Diese ersten Rezensionen waren die letzten, die sich über die Länge des Buchs beschwerten. Alle anderen liebten es!

# ÜBERFLUSSMEDITATION: REZENSIONEN ANZIEHEN

Hast du Lust, dein Buch durch Rezensionen mit Energie zu versorgen?

1. Schließe die Augen und lass deine Barrieren fallen.
2. Breite die Energie nun aus, bis sie so groß wie der Straßenblock ist, in dem du wohnst. So groß wie die Stadt, in der du lebst. So groß wie der Bundesstaat oder die Provinz. Breite sie aus, bis sie dein ganzes Land ausfüllt. Jetzt die Erde. Jetzt die Galaxie. Und schließlich so groß ist wie das ganze Universum.
3. Nimm in deiner Fantasie dein Buch in die Hand – oder auch ein physisches Exemplar. Deine Entscheidung, es funktioniert beides gleich gut.
4. Stell dir einen Magneten in dem Buch vor, der all die großartigen Rezensionen anzieht, die dein Buch nur erhalten könnte.
5. Dann lass jede Meinung über gute oder schlechte Kritiken fallen und empfange einfach

nur die Rezensionen – unendliche Mengen von Augenpaaren und Meinungen über dein Buch.
6. Spüre jetzt, wie die Energie um dein Buch herum wächst und wächst, je mehr energiegeladene Bewertungen es erhält.
7. Schicke Dankbarkeit hinaus zu all den Rezensionen, weil sie dein Buch mit Energie aufgeladen haben.

## 27

### WIE ICH BEI KINDLE UNLIMITED RAUSGESCHMISSEN WURDE ... UND IM SELBEN JAHR MEIN EINKOMMEN VERDOPPELT HABE

Zuallererst muss ich sagen, wenn du denkst, ich will hier für oder gegen Kindle Unlimited argumentieren, liegst du falsch. Ich spreche hier nicht von den Vorteilen, bei Kindle Unlimited oder unabhängig zu veröffentlichen, denn ich bin der absoluten Überzeugung, dass du in deiner Karriere als Autor*in deinem eigenen Bauchgefühl vertrauen musst. Was für mich richtig ist, muss nicht automatisch auch für dich richtig sein. Nur du weißt, was für dich funktioniert.

Diese Geschichte soll nur verdeutlichen, wie ein Mindset des Überflusses Zitronen in Limonade verwandeln kann. Wie Gedanken die Realität erschaffen. Wie das Universum dir den Rücken freihält.

Als ich 2017 anfing, selbst zu veröffentlichen, war Kindle Unlimited mein täglich Brot. Das letzte Mal, als ich nachgeschaut habe, hatte mein Dashboard annähernd 300 Millionen gelesene Seiten vermerkt, was über eine Million Dollar in Tantiemen bedeutete. Es hätte also schmerzen müssen, meine Kindle-Unlimited-Privilegien zu verlieren, richtig?

Das hätte es definitiv. Das erste Mal, als ich Gefahr lief, diese Privilegien zu verlieren, hätte ich mich beinahe übergeben. Ich hatte versehentlich ein dauerhaft kostenloses Buch bei Kindle Unlimited reingestellt, bevor es auf einer anderen Verkaufsplattformen heruntergenommen worden war, und erhielt einen Brief, in dem stand, dass Amazon mein Konto sperren würden. Ich bekam eine totale Krise, kam mir so winzig klein wie ein Kieselsteinchen vor und genauso machtlos. Aber ich war sehr schnell in der Lage, eine andere Richtung einzuschlagen. Ich befreite mich von den Gefühlen der Scham und der Machtlosigkeit und bat das Universum, dieses Problem zu lösen. Nachdem ich bei Amazon angerufen hatte, wurde die Sache schnell und problemlos geklärt. Aufgeplustertes Gefieder wurde geglättet und ich wurde nicht rausgeschmissen.

Aber im letzten Frühjahr hatte ich nicht so viel Glück.

Obwohl, Moment – wie die Geschichte zeigt, hatte ich richtig viel Glück! Es war die gleiche Situation wie beim ersten Mal und ich hatte ein dauerhaft kostenloses Buch bei Kindle Unlimited hochgeladen, von dem ich glaubte, ich hätte es auf allen anderen Plattformen gelöscht. Amazon kontaktierte mich und informierte mich darüber, dass es noch auf einer Plattform namens Ghandi.mx zu finden war. Ich war verwirrt und dachte zunächst, dass es sich um eine Seite für Raubkopien handelte, aber sie schien rechtmäßig zu sein. Meine Co-Autorin Vanessa Vale half mir bei meiner Recherche und fand heraus, dass es ein Zwischenhändler von Kobo war. Ich kontaktierte Kobo und bat um ihre Hilfe, das Buch zu löschen. Sie waren sehr hilfreich und schickten Ghandi.mx eine Nachricht. Ich dachte, das Problem wäre gelöst. Aber wie sich herausstellte, war es das nicht. Absolut meine Schuld. Da es sich um ein dauerhaft kostenloses Buch handelte, hatte ich es über Draft2Digital hochgeladen, nicht über Kobo direkt, also war ich an der falschen Adresse, als ich Kobo bat, die Sache für mich zu klären. Im nächsten Brief, den ich von Amazon bekam, stand, dass sie aufgrund meiner wiederholten Verstöße gegen ihre AGBs meine gesamte Bibliothek aus Kindle Unlimited entfernt würde.

Anstatt in eine Krise zu verfallen, wie ich es beim ersten Mal getan hatte, **hörte ich auf mein Bauchgefühl, das mir sagte, das hier sei kein Problem, sondern eine Chance.** Das Universum sagte mir, großflächig zu veröffentlichen.

Zu der Zeit war meine Serie, die ich zusammen mit Vanessa Vale geschrieben hatte, bereits im breiten Verkauf, und ich hatte dadurch mitbekommen, wie viel einfacher das Veröffentlichen war, wenn man sich nicht den Stress einer umgehend erfolgreichen Veröffentlichung machen musste, um den Amazon-Algorithmus anzustupsen. (Ich sage es noch einmal, ich versuche nicht, dich von einer der beiden Optionen zu überzeugen – du weißt, was das Beste für dich ist!) Ich unternahm also einen halbherzigen Versuch, Amazon umzustimmen, und als sie sich weigerten, veröffentlichte ich meinen gesamten Katalog auf sämtlichen Plattformen.

Du kannst dir meine Freude vorstellen, als ich meine Ergebnisse für 2021 in Händen hielt. Ich hatte mein gesamtes Einkommen verdoppelt, aber mein Einkommen bei Amazon war nur etwa um 100.000 Dollar gestiegen. Der Großteil des Zugewinns in diesem Jahr – *beinahe eine ganze Million* – kam durch die anderen Händler. Ich hatte mich an die Schritte gehalten, um ein Mindset des Überflusses aufrechtzuerhalten – ich hatte Negativität beseitigt, auf mein Bauchgefühl vertraut und mich für das Empfangen geöffnet –, und es hatte sich ausgezahlt.

Und es kann sich auch für dich auszahlen.

Es gibt wissenschaftliche Studien, die belegen, dass Leute, die glauben, sie hätten Glück, *tatsächlich mehr Glück haben*, denn sie suchen nach Chancen und entdecken sie auch, wohingegen andere Leute, die glauben, das Leben hätte sich gegen sie verschworen, diese Chancen nicht sehen.

Eine Überfluss-Einstellung kann den Schmerz aus dem Autor*innendasein herausnehmen, indem es mehr Freude, Geld und Leichtigkeit in dein Leben lockt.

**Höhen und Tiefen**

SEIEN WIR EHRLICH, Erfolg und Wachstum sind in diesem Business nicht immer linear. Man fängt nicht mit einem bestimmten Einstiegsgehalt an und bekommt jedes Jahr eine Gehaltserhöhung, bis man schließlich beim Goldtopf angelangt. Es gibt Höhen, aber es gibt auch Tiefen. Wenn man sich mitten in einem Tal befindet, ist es wichtig, sich daran zu erinnern, dass es nur ein Tal ist. Es wird auch wieder ein Gipfel kommen. Das heißt nicht, dass du etwas falsch gemacht hast. Dass dein Buch Mist ist. Dass die Leute nicht mehr XY oder Z lesen. Oder dass deine Zeit vorbei ist. Oder dass du nie wieder Erfolg haben wirst.

Lass dich nicht auf diese Gedanken ein. Selbst die größten Autor*innen haben Höhen und Tiefen. Das hat nichts mit der Qualität ihrer Bücher zu tun. Sie haben während ihrer Höhen keine besseren Bücher geschrieben als bei ihren Tiefen. Es sind einfach so viele Energiefaktoren am Werk. Als ich im College kreatives Schreiben studiert habe, gewann Jane Smiley den Pulitzer-Preis, und ich erinnere mich, wie einige ihre Kollegen sagten: „Das war nicht einmal ihr bestes Buch." Vielleicht war es nicht ihr bestes Buch, aber es war ihre Zeit. Da hatte göttliches Timing seine Finger im Spiel. Weltgeschehen. Lesetrends. Alle möglichen Dinge, die wir nicht nachverfolgen können. Aus diesem Grund müssen wir die Aufgabe, diese Dinge nachzuverfolgen, dem Universum überschreiben und unserem Bauchgefühl vertrauen. Unsere Forderungen stellen. Unsere Absichten festlegen. Den Brotkrumen folgen, wenn sie für uns ausgestreut werden.

Ich höre oft von Autor*innen, die einen ersten Überraschungshit landen, auf den dann eine Enttäuschung folgt. Möglicherweise hilft es, sich die Energie genauer anzuschauen, derentwegen das passiert. Wenn wir ganz am Anfang unserer Veröffentlichungen stehen, befinden wir uns in einem Zustand der Hoffnung – wir haben keine Erwartungen daran, wie es laufen wird, weil wir nie zuvor veröffentlicht haben. Wir sind offen für alle Möglichkeiten. Diese Kombination aus Hoffnung und der Offenheit für jegliche Möglichkeiten bringt uns den Erfolg ein. Dann veröffentlichen wir das nächste Buch und anstatt uns in einem Zustand der Hoffnung und der Offenheit zu befinden, haben wir eine Erwartung daran, wie es laufen wird. Wir denken, es wird genauso laufen wie beim ersten Mal. Erwartungen verschließen Türen zu Möglichkeiten. Diese Erwartungen, diese Vorhersage, beschränkt all die unendlichen Möglichkeiten, die diesem Buch verfügbar sind. Und daher kann das Ergebnis nur enttäuschend sein.

Vertraue darauf, dass der Erfolg, nach dem du gefragt hast, auf dem Weg ist. Du hast dem Universum einen Auftrag gegeben und der Erfolg wird kommen. Wenn du offen dafür bist, die Herrlichkeit dieses Erfolgs zu empfangen, dann wird er kommen, ob du ihn in dem Augenblick erkennst oder nicht. Es wird Höhen und Tiefen in deinem

Einkommen geben. Bücher, die Hits in den Charts und Bestsellerlisten sind, und andere Bücher, die eher mäßigen Erfolg haben. Das ist alles Teil des Spiels, aber du spielst auf lange Sicht. Du kannst Höhen und Tiefen durchstehen, denn du besitzt nun ein Mindset des Überflusses. Du vertraust darauf, dass das Universum dir den Rücken freihält und dir liefern und ermöglichen wird, worum du es gebeten hast.

# FALLSTUDIE: A.L. JACKSON – HÖHEN UND TIEFEN

Die *New-York-Times-*, *Wall-Street-Journal-* und *USA-Today-*Bestsellerautorin A.L. Jackson schreibt seit nunmehr dreizehn Jahren zeitgenössische Liebesromane. Wie bei vielen unabhängigen Autor*innen schwankte ihr Einkommen im Laufe der Jahre stark.

Ihr erstes Buch verkaufte sie an ein kleines Verlagshaus in Australien. „Das Buch verkaufte im ersten Jahr fünfzig Exemplare. Es war entmutigend, aber ich lernte viel über die Welt der unabhängigen Verlage. E-Bücher kamen gerade erst auf. Ich sah, wie Leute Erfolg damit hatten, und wollte es auch versuchen."

Nach zwei weiteren Büchern kaufte sie die Rechte an ihrem ersten Buch vom Verleger zurück und versuchte sich als freie Autorin.

„Im ersten Jahr hatte ich so gut wie keinen Erfolg. Aber dann landete mein viertes Buch auf der *New-York-Times-*Bestsellerliste und zog das erste Buch der Serie ebenfalls mit auf die Liste. Ich hatte plötzlich diesen riesigen Anstieg in meinem Einkommen – es war vollkommen verrückt. Ich dachte, ab jetzt würde jeder Monat so sein."

Sie akzeptierte einen Vertrag mit Penguin über drei Bücher, aber das lief nicht gut. „Ich bekam einen ziemlich ordentlichen Vorschuss, aber Penguin wusste nicht, wie sie meinen Erfolg in der Indie-Szene mit ihrem Profil als etabliertes Verlagshaus vereinbaren sollten. Es war sehr frustrierend, dass es nicht funktionierte. Ich hatte all diese Erwartungen und Versprechen, die sie mir gemacht hatten. Das waren harte Lektionen, die wir auf beiden Seiten lernen mussten."

Das Ergebnis war, dass A.L. einen großen Rückgang in ihren Einnahmen hatte. „Ich hatte gerade ein neues Haus gekauft. Es war wirklich beängstigend."

Als sie den Vertrag über drei Bücher erfüllt hatte, kehrte sie ins Dasein der Indie-Autorin zurück. „Ich liebe es, Indie-Autorin zu sein, die Kontrolle darüber zu haben, wann ich einen Sale anbiete, zu welchen Preisen ich meine Bücher verkaufe und wie meine Einbände aussehen."

Sich den Erfolg wiederaufzubauen, dauerte lange. „Der Erfolg stellte sich keineswegs über Nacht wieder ein. Zu dieser Zeit hatten viele unabhängige Autor*innen zu kämpfen, aber ich habe mich auf den Hosenboden gesetzt und versucht, eine Erfolgswelle zu erwischen."

Und dann landete ihr zweites Buch einer neuen Serie auf der *USA-Today*-Bestsellerliste. „Nach der Veröffentlichung hatte ich zunächst ziemliche Einbußen im Einkommen zu verbuchen, aber es gab einen stetigen Fortschritt. 2016 fing ich an, Kindle Unlimited zu benutzen. Direkt nach den Veröffentlichungen konnte ich jedes Mal enorme Erfolge sehen, aber dann brachen die Verkäufe in den Monaten ohne Veröffentlichungen wieder extrem ein. Das hat sich allerdings nach und nach ausgeglichen, während sich meine Backlist aufgebaut hat."

Ihr ist bewusst, dass es in diesem Business immer

Höhen und Tiefen geben wird. „Ich weiß, dass ich auch in Zukunft Tiefen durchleben werde. Ich mache diesen Job jetzt lange genug, um das zu verstehen. Man muss für sich selbst entscheiden, warum man das macht, und sich an dieses Warum erinnern, wenn es nicht gut läuft."

Ihr Ratschlag für andere Autor*innen ist es, der eigenen Leidenschaft treu zu bleiben. „Wenn du ein brennendes Verlangen hast, zu schreiben, dann bist du Autor*in. Du musst es irgendwie hinbekommen. Feuere diese Leidenschaft mit diesen Worten an, wenn du kannst. Deine Einstellung muss sein, dass du es aus Liebe für die Sache tust und weil du einfach nicht anders kannst."

**DEINE ZEIT IST JETZT!**

## 28

### DU SCHAFFST DAS!

Wenn du mir so lange zugehört hast, dann hast du vermutlich bereits das Überfluss-Mindset aufgesogen und es wird dein Leben ändern. Mindset und Einstellung sind alles. Sie nehmen dir das schmerzende Gefühl, dass du das, was du willst, nicht erreichen wirst. Sie heilen die Wunden, die Vergleiche und angebliche Misserfolge hinterlassen haben. Sie lösen die Anspannung und die Sorge, die von dem Glaubenssatz herrühren, du würdest es schaffen, wenn du nur härter arbeiten würdest. Oder es endlich richtig machen würdest.

Es gibt kein Richtig.

Du bist bereits perfekt.

Und du kannst alles haben.

Wenn du die sieben Schritte in diesem Buch befolgst – nicht als einen linearen Versuch, bei dem du einen Schritt nach dem anderen abhakst –, dann wirst du all deine Wüsche manifestieren. Ich kann dir nicht sagen, wann oder wie. Ich weiß nur, je mehr du an dich selbst glaubst – an deine Magie, dein Potenzial, deine Kraft –, umso stärker wirst du.

Dieses Buch ist dafür da, in dir das Feuer des Überflusses anzufachen, damit du dich für die Möglichkeit öffnest, die richtigen Antworten zu haben, die richtigen Verbindungen, all die Magie des Universums, die dir zum richtigen Zeitpunkt in den Schoß fallen werden. Wenn du an dich selbst und an deine Bücher glaubst, wenn du offen dafür bist, Überfluss zu empfangen, dann können die Quantenverschränkungen ihre Arbeit verrichten und deine Karriere in die höchsten Höhen katapultieren.

Du wirst nicht länger nur aus Gewohnheit erschaffen – aus einem alten System heraus funktionieren, das tief in Selbstzweifeln und einem Mangel-Denken verwurzelt ist. Du kannst jetzt mit Vorsatz erschaffen. Kannst dir eine Karriere ausmalen, die du dir für dich selbst wünschst, und die Energie dieser Zukunft in dein Jetzt einladen.

Ich glaube, dass du all deine Ziele als Autor*in erreichen kannst, ohne dich zu Tode zu schuften. Du kannst das Universum darum bitten, dir zu helfen, und diese Hilfe mit vollkommener Leichtigkeit empfangen. Du kannst dem Universum gestatten, dir auf eine Weise zur Seite zu stehen, an die du noch überhaupt nicht gedacht hast, aber du kannst deiner inneren Führung vertrauen, in Aktion treten, wenn es nötig ist, das schreiben, was du liebst, und es von ganzem Herzen vermarkten. Du kannst das Universum all seine Wunder wirken und dich mit Überfluss überschütten lassen.

Ich weiß, dass du diese Vision verwirklichen kannst, die du für dich selbst hast.

Erinnere dich daran, dass es keine Fehler gibt – jede Entscheidung, die du triffst, bringt dich vorwärts.

Du schaffst das und wir sind für dich da. Du kannst die Magie des Universums nutzen, um diese Vision für dich zu erschaffen.

. . .

**Tritt der Community bei**

EINE DER BESTEN METHODEN, um Überfluss in deinem Leben zu sehen, ist es, dich mit gleichgesinnten Menschen zu umgeben. Es heißt, dass wir energetisch gesehen den Durchschnitt der fünf Menschen spiegeln, die uns jeden Tag umgeben, also wollen wir sicherstellen, dass das Menschen sind, denen wir ähnlich sein wollen.

Wenn du bereit bist, dich mit anderen Autor*innen zu umgeben, die Möglichkeiten und Chancen erschaffen und daran interessiert sind, auch andere dort hinaufzuheben, dann laden wir dich ein, Mitglied in der Author-Abundance-Central-Gruppe auf Facebook zu werden.

https://www.facebook.com/groups/authorabundance/

*Alle Angebote, Inhalte und Facebookgruppen sind auf Englisch.*

# BÜCHER, DIE MEINE WELT VERÄNDERT HABEN

*Du bist ein Geldgenie* von Jennifer Sincero

*Get Rich, Lucky Bitch* and *Chill and Prosper* von Denise Duffield-Thomas

*Feel Free to Prosper: Two Weeks to Unexpected Income with the Simplest Prosperity Laws Available* von Marilyn Jennett

*Die Matrix der Wunscherfüllung* von Mike Dooley

*E² – Wie Ihre Gedanken die Welt verändern* von Pam Grout

*Das Universum schenkt dir alles* von Gabrielle Bernstein

*We Should All Be Millionaires* von Rachel Rodgers

*Die 4-Stunden-Woche* von Tim Ferriss (für einen Überfluss an Zeit und Lifestyle-Design)

*Excuse Me, Your Life is Waiting: The Power of Feelings* von Lynn Grabhorn

*Don't Diet, Be Happy* von Katherine McIntosh (für Freundlichkeit deinem Körper gegenüber, und um es in deinen Prozess der Manifestation einfließen zu lassen)

*Being You, Changing the World* von Dr. Dain Heer (für eine Einführung in die fantastischen Energie-Werkzeuge, die ich von Access Consciousness® gelernt habe)

# DANKSAGUNGEN

Ich bin den folgenden Rockstars unendlich dankbar, die mir dabei geholfen haben, dieses Buch zu realisieren: Autor*innen-Coachin Lisa Daily und meine liebe Freundin und Lektorin Simone Gers. Vielen Dank an meine wundervolle Co-Autorin Lee Savino, für ihre immerwährende Bereitschaft, mit mir zusammen mit dem Überfluss-Mindset herumzuspielen.

Dank an die Autorinnen, die sich bereiterklärt haben, ihre Geschichten für die Fallstudien zu teilen, und an euch Leser*innen, dafür, mir auf dieser Reise zum Überfluss energetisch Gesellschaft zu leisten.

Außerdem bin ich meinen Energie-Coaches, Lehrerinnen und Heilerinnen in meinem Leben unermesslich dankbar, allen voran Simone Gers, Erin Chanel, Katherine McIntosh sowie den Hilfsmitteln von Access Consciousness®.

## ÜBER RENEE ROSE

Renee Rose, 15-fache *USA-Today*-Bestsellerautorin von Liebesromanen, brennt leidenschaftlich dafür, anderen Autor*innen dabei zu helfen, ihr Überfluss-Mindset zu finden und aufrechtzuerhalten, um ihre Karrieren vorwärts zu katapultieren und ihre bestmögliche Zukunft zu erschaffen. Dafür setzt sie Energie-Hilfsmittel und Techniken ein, die ihren Klient*innen helfen, Widerstände zu lösen und Geldblockaden aufzuheben, Zugriff auf ihre innere Führung zu finden und sich in die Liebe und Wertschätzung für ihre Bücher hineinzuklopfen, damit sie ihre Träume verwirklichen können.

www.write2riches.com
renee@reneeroseromance.com

www.ingramcontent.com/pod-product-compliance
Lightning Source LLC
Chambersburg PA
CBHW060348080526
44583CB00012B/219